A LIBRARY OF DOCTORAL DISSERTATIONS IN SOCIAL SCIENCES IN CHINA

中国社会科学博士论文文库

"一带一路"公共外交研究

Research on the Belt and Road Public Diplomacy

杨荣国 著

导师 张新平

中国社会科学出版社

图书在版编目（CIP）数据

"一带一路"公共外交研究/杨荣国著. —北京：中国社会科学出版社，2024.5

（中国社会科学博士论文文库）

ISBN 978-7-5227-3516-0

Ⅰ.①—⋯　Ⅱ.①杨⋯　Ⅲ.①国际关系—外交关系—研究　Ⅳ.①D81

中国国家版本馆 CIP 数据核字（2024）第 083679 号

出 版 人	赵剑英
责任编辑	侯聪睿
责任校对	周　昊
责任印制	李寡寡

出　　版	中国社会科学出版社
社　　址	北京鼓楼西大街甲 158 号
邮　　编	100720
网　　址	http://www.csspw.cn
发 行 部	010-84083685
门 市 部	010-84029450
经　　销	新华书店及其他书店
印　　刷	北京君升印刷有限公司
装　　订	廊坊市广阳区广增装订厂
版　　次	2024 年 5 月第 1 版
印　　次	2024 年 5 月第 1 次印刷
开　　本	710×1000　1/16
印　　张	19.25
插　　页	2
字　　数	321 千字
定　　价	108.00 元

凡购买中国社会科学出版社图书，如有质量问题请与本社营销中心联系调换
电话：010-84083683
版权所有　侵权必究

《中国社会科学博士论文文库》
编辑委员会

主　　任：李铁映

副 主 任：汝　信　江蓝生　陈佳贵

委　　员：（按姓氏笔画为序）

王洛林　王家福　王辑思
冯广裕　任继愈　江蓝生
汝　信　刘庆柱　刘树成
李茂生　李铁映　杨　义
何秉孟　邹东涛　余永定
沈家煊　张树相　陈佳贵
陈祖武　武　寅　郝时远
信春鹰　黄宝生　黄浩涛

总 编 辑：赵剑英

学术秘书：冯广裕

总　序

　　在胡绳同志倡导和主持下，中国社会科学院组成编委会，从全国每年毕业并通过答辩的社会科学博士论文中遴选优秀者纳入《中国社会科学博士论文文库》，由中国社会科学出版社正式出版，这项工作已持续了12年。这12年所出版的论文，代表了这一时期中国社会科学各学科博士学位论文水平，较好地实现了本文库编辑出版的初衷。

　　编辑出版博士文库，既是培养社会科学各学科学术带头人的有效举措，又是一种重要的文化积累，很有意义。在到中国社会科学院之前，我就曾饶有兴趣地看过文库中的部分论文，到社科院以后，也一直关注和支持文库的出版。新旧世纪之交，原编委会主任胡绳同志仙逝，社科院希望我主持文库编委会的工作，我同意了。社会科学博士都是青年社会科学研究人员，青年是国家的未来，青年社科学者是我们社会科学的未来，我们有责任支持他们更快地成长。

　　每一个时代总有属于它们自己的问题，"问题就是时代的声音"（马克思语）。坚持理论联系实际，注意研究带全局性的战略问题，是我们党的优良传统。我希望包括博士在内的青年社会科学工作者继承和发扬这一优良传统，密切关注、深入研究21世纪初中国面临的重大时代问题。离开了时代性，脱离了社会潮流，社会科学研究的价值就要受到影响。我是鼓励青年人成名成家的，这是党的需要，国家的需要，人民的需要。但问题在于，什么是名呢？名，就是他的价值得到了社会的承认。如果没有得到社会、人民的承认，他的价值又表现在哪里呢？所以说，价值就在于对社会重大问题的回答和解决。一旦回答了时代性的重大问题，就必然会对社会产生巨大而深刻的影响，你也因此而实现了你的价值。在这方面年轻的博士有很大的优势：精力旺盛，思想敏捷，勤于学习，勇于创新。但青年学者要多向老一辈学者学习，博士尤其要很好地向导师学习，在导师的指导下，发挥自己的优势，研究重大问题，就有可能出好的成果，实现自己的价值。过去12年入选文库的论文，也说明了这一点。

什么是当前时代的重大问题呢？纵观当今世界，无外乎两种社会制度，一种是资本主义制度，一种是社会主义制度。所有的世界观问题、政治问题、理论问题都离不开对这两大制度的基本看法。对于社会主义，马克思主义者和资本主义世界的学者都有很多的研究和论述；对于资本主义，马克思主义者和资本主义世界的学者也有过很多研究和论述。面对这些众说纷纭的思潮和学说，我们应该如何认识？从基本倾向看，资本主义国家的学者、政治家论证的是资本主义的合理性和长期存在的"必然性"；中国的马克思主义者，中国的社会科学工作者，当然要向世界、向社会讲清楚，中国坚持走自己的路一定能实现现代化，中华民族一定能通过社会主义来实现全面的振兴。中国的问题只能由中国人用自己的理论来解决，让外国人来解决中国的问题，是行不通的。也许有的同志会说，马克思主义也是外来的。但是，要知道，马克思主义只是在中国化了以后才解决中国的问题的。如果没有马克思主义的普遍原理与中国革命和建设的实际相结合而形成的毛泽东思想、邓小平理论，马克思主义同样不能解决中国的问题。教条主义是不行的，东教条不行，西教条也不行，什么教条都不行。把学问、理论当教条，本身就是反科学的。

在21世纪，人类所面对的最重大的问题仍然是两大制度问题：这两大制度的前途、命运如何？资本主义会如何变化？社会主义怎么发展？中国特色的社会主义怎么发展？中国学者无论是研究资本主义，还是研究社会主义，最终总是要落脚到解决中国的现实与未来问题。我看中国的未来就是如何保持长期的稳定和发展。只要能长期稳定，就能长期发展；只要能长期发展，中国的社会主义现代化就能实现。

什么是21世纪的重大理论问题？我看还是马克思主义的发展问

题。我们的理论是为中国的发展服务的，决不是相反的。解决中国问题的关键，取决于我们能否更好地坚持和发展马克思主义，特别是发展马克思主义。不能发展马克思主义也就不能坚持马克思主义。一切不发展的、僵化的东西都是坚持不住的，也不可能坚持住。坚持马克思主义，就是要随着实践，随着社会、经济各方面的发展，不断地发展马克思主义。马克思主义没有穷尽真理，也没有包揽一切答案。它所提供给我们的，更多的是认识世界、改造世界的世界观、方法论、价值观，是立场，是方法。我们必须学会运用科学的世界观来认识社会的发展，在实践中不断地丰富和发展马克思主义，只有发展马克思主义才能真正坚持马克思主义。我们年轻的社会科学博士们要以坚持和发展马克思主义为己任，在这方面多出精品力作。我们将优先出版这种成果。

2001 年 8 月 8 日于北戴河

摘　　要

"一带一路"倡议是在古代丝绸之路基础上创造性形成的、全方位推进世界各国各领域务实合作的一种开放、包容、均衡、普惠的新型多边合作架构，其以互联互通为主线，致力于加强中国同各国的政策沟通、设施联通、贸易畅通、资金融通、民心相通，旨在通过开展更大范围、更高水平、更深层次的国际合作，为世界经济增长注入新动能、为全球发展开辟新空间、为国际经济合作打造新平台。共建"一带一路"顺应世界多极化、经济全球化、文化多样化、社会信息化的时代潮流，符合国际社会的根本利益，彰显了人类社会共同理想和美好追求，增添了世界和平发展新的正能量。

"一带一路"倡议提出后，得到了国际社会的高度关注以及相关国家和国际组织的积极响应。与此同时，由于存在差异、隔阂以及缺乏了解，一些国家公众对"一带一路"倡议心存疑虑、误解和顾忌，由此导致了"认知赤字"和"信任赤字"的产生，这在一定程度上影响了"一带一路"建设的成效。建立深厚的理解信任、赢得坚实的社会民意基础成为推动共建"一带一路"的迫切需要。鉴于此，开展和实施"一带一路"公共外交，通过多种方式和途径向"一带一路"域内外国家公众全面、准确、鲜活地展示、宣介和传播"一带一路"倡议，对于增进"一带一路"域内外国家公众对"一带一路"倡议及中国的理解和信任、营造共建"一带一路"的良好国际舆论氛围、夯实共建"一带一路"的社会民意基础，具有重要的现实意义。

本书在吸收借鉴中西方公共外交理论与实践的基础上，运用多学科理论、观点和方法，提出了涵盖理论分析、概念界定、环境评估、策略规划、路径选择等环节的"一带一路"公共外交分析框架，对"一带一路"公共外交这一命题进行了探索性研究。具体来说，本书第一章从概念、特点、功能、发展历程、发展动力等方面对公共外交的兴起与发展进行了分析，从理论维度、理论范式、构成要素、运行机制等方面对公共外交的理论体系进行了梳理，并对"一带一路"公共外交提出的背景和意义进行了阐释；第二章从主体、对象、内涵、目标、任务、理念等方面对"一带一路"公共外交的概念范畴进行了界定；第三章从现实基础和影响因素两方面对"一带一路"公共外交的实施环境进行了评估；第四章从体制架构、策略安排、形式选择、效果评估等方面对"一带一路"公共外交的策略规划进行了探讨；第五章从话语体系、公关模式、交流领域、机制建设等方面对"一带一路"公共外交的实践路径进行了研究。

关键词："一带一路"倡议　民心相通　公共外交　中国外交

Abstract

Rooted in the ancient Silk Road, the Belt and Road Initiative (BRI) stands as an innovative and comprehensive cooperative framework aimed at fostering practical cooperation across multiple domains among countries worldwide, which is characterized by openness, inclusiveness, balance, and mutual benefit. Underpinned by the principle of connectivity, the BRI is dedicated to enhancing policy alignment, infrastructure connectivity, unimpeded trade, financial integration, and people-to-people bonds between China and other countries. Its ultimate objective lies in stimulating broader, higher-quality, and more profound international collaboration, thereby injecting new impetus into global economic growth, charting new frontiers for development, and forging a novel platform for international economic cooperation. The joint construction of the BRI aligns with the contemporary trends of multipolarity, economic globalization, cultural diversity, and social informatization, reflecting the fundamental interests of the international community. It embodies the shared ideals and aspirations of humanity, contributing a renewed positive energy to the global pursuit of peace and development.

Since its inception, the BRI has garnered significant attention from the international community, drawing enthusiastic responses from numerous countries and international organizations alike. Simultaneously, due to differences, disparities, and lack of understanding, a degree of skepticism, misperceptions, and reservations concerning the BRI persists among parts of the global public. This has led to "perception deficit" and "trust deficit", which, to a considerable extent, have impinged upon the BRI implementation. Building profound mutual understanding and trust, and winning a robust social consensus have become pressing necessities in advancing the joint construction of the BRI. In light of this, it is imperative to launch and carry out public diplomacy for the BRI. Employing a variety of methods and channels is crucial to present, promote, and disseminate the BRI to the public both within and beyond the BRI region in a comprehensive, accurate, and vibrant manner and is vital for enhancing their understanding and trust towards the BRI and China. It also helps to cultivate a favorable international public opinion atmosphere for the joint development of the BRI, and to solidify the social consensus and public support for the collaborative construction of the BRI.

Drawing on the theories and practices of public diplomacy in both China and the West, this book conducts exploratory research on the Belt and Road public diplomacy. Multidisciplinary theories, perspectives and methods are adopted to offer a comprehensive analytical framework which incorporates the theoretical analysis, concept definition, context assessment, strategy planning and practical approaches. Specifically, the first chapter analyzes the rise and development of public diplomacy in terms of concepts, characteristics, functions, historical development and motivations, and outlines the theoretical framework of public diplomacy in terms of theoretical dimensions, paradigms, components and implementation, and explains the background and significance of the Belt and Road public diplomacy. The second chapter defines the conceptual scope of the Belt and Road public diplomacy in terms of subjects, objects, connotation and meaning, goals, tasks and principles. Chapter Three assesses the implementation context of the Belt and Road public diplomacy from the perspectives of realistic foundations and influence factors. Chapter Four discusses the strategic planning of the Belt and Road public diplomacy from the aspects of institutional framework, strategic arrangements, form selection and effect evaluation. Chapter Five focuses on the practical approaches of the Belt and Road public diplomacy from the perspectives of discourse system, public relations, exchange fields and mechanism construction.

Key words: the Belt and Road Initiative; people-to-people connectivity; public diplomacy; Chinese diplomacy

目 录

导 论 …………………………………………………………（1）
    一 问题的提出 …………………………………………（1）
    二 国内外研究现状分析 ………………………………（4）
    三 研究思路与逻辑框架 ………………………………（18）

第一章 公共外交与"一带一路"倡议 ……………………（24）
  第一节 公共外交的兴起与发展 ………………………（24）
    一 公共外交的概念界定及其辨析 ……………………（25）
    二 公共外交的基本特点与功能 ………………………（31）
    三 公共外交的发展历程与动力 ………………………（38）
  第二节 公共外交的理论体系 …………………………（49）
    一 公共外交的理论维度 ………………………………（49）
    二 公共外交的理论范式 ………………………………（51）
    三 公共外交的构成要素与运行 ………………………（68）
  第三节 "一带一路"公共外交的提出 …………………（75）
    一 "一带一路"倡议的提出及时代内涵 ……………（76）
    二 国际社会对"一带一路"倡议的认知与反应 ……（79）
    三 中国实施"一带一路"公共外交的意义 …………（84）

第二章 "一带一路"公共外交的概念界定 ………………（86）
  第一节 "一带一路"公共外交的主体对象 …………（86）
    一 主体选择：政府与非政府行为体 …………………（87）

二　对象确定：域内外国家公众……………………………（91）

第二节　"一带一路"公共外交的内涵……………………………（94）
　　一　传播丝路文化………………………………………………（95）
　　二　传递丝路友谊………………………………………………（97）
　　三　讲好丝路故事………………………………………………（100）
　　四　弘扬丝路精神………………………………………………（102）

第三节　"一带一路"公共外交的目标任务………………………（104）
　　一　短期目标：消除疑虑与误解、提升"一带一路"
　　　　认同度………………………………………………………（104）
　　二　中期目标：夯实社会民意基础、增进各国战略互信……（105）
　　三　长期目标：强化共同体意识、化解中国崛起困境………（107）

第四节　"一带一路"公共外交的核心理念………………………（108）
　　一　和平合作、互利共赢的利益共同体理念…………………（109）
　　二　开放包容、互鉴互融的文明共同体理念…………………（110）
　　三　复兴发展、互存互荣的命运共同体理念…………………（112）

第三章　"一带一路"公共外交的实施环境……………………（114）

第一节　实施"一带一路"公共外交的现实基础…………………（114）
　　一　理论基础：中国外交思想与理论的创新与丰富…………（115）
　　二　实践基础：中国公共外交工作的拓展与深化……………（119）
　　三　资源基础：硬实力与软实力资源的潜能与优势…………（125）
　　四　经验借鉴：国外公共外交发展的经验与启示……………（136）

第二节　实施"一带一路"公共外交的影响因素…………………（145）
　　一　国内支撑体系的有效性……………………………………（145）
　　二　文化与文明间的融合度……………………………………（148）
　　三　域内外国家的政治社会环境………………………………（151）
　　四　国家间关系与地区地缘形势………………………………（154）

第四章　"一带一路"公共外交的策略规划……………………（158）

第一节　"一带一路"公共外交的体制架构………………………（158）

一　机构设置与定位 …………………………………………（159）
　　二　隶属关系与层级 …………………………………………（161）
　　三　权责分配与分工 …………………………………………（163）
　　四　组织运行与管理 …………………………………………（166）
第二节　"一带一路"公共外交的策略安排 ………………………（169）
　　一　主题形象策略 ……………………………………………（169）
　　二　信息传播策略 ……………………………………………（172）
　　三　公关营销策略 ……………………………………………（175）
　　四　人文交流策略 ……………………………………………（179）
　　五　危机管控策略 ……………………………………………（181）
第三节　"一带一路"公共外交的形式选择 ………………………（184）
　　一　媒体网络公共外交 ………………………………………（185）
　　二　文化宗教公共外交 ………………………………………（187）
　　三　跨国企业公共外交 ………………………………………（190）
　　四　对外援助公共外交 ………………………………………（194）
　　五　华人华侨公共外交 ………………………………………（199）
第四节　"一带一路"公共外交的效果评估 ………………………（202）
　　一　效果评估的理论依据 ……………………………………（203）
　　二　效果评估的方法技术 ……………………………………（205）
　　三　效果评估的指标体系 ……………………………………（208）
　　四　效果评估的过程控制 ……………………………………（211）

第五章　"一带一路"公共外交的实践路径 ………………………（214）
第一节　构建"一带一路"公共外交话语体系 ……………………（214）
　　一　"一带一路"的国际话语 …………………………………（215）
　　二　"一带一路"国际话语创新 ………………………………（220）
　　三　"一带一路"国际话语传播 ………………………………（223）
　　四　"一带一路"意见领袖培养 ………………………………（226）
第二节　丰富"一带一路"公共外交公关模式 ……………………（228）
　　一　政府公关：政府主导下的公关外交 ……………………（229）

二　游说外交：政府与民间合作的公关外交 …………… (232)
三　委托外交：非政府部门的公关外交 ………………… (236)
四　战略沟通：项目运作下的公关外交 ………………… (238)
第三节　拓展"一带一路"公共外交交流领域 ……………… (240)
一　教育学术领域的交流与合作 …………………………… (240)
二　科技医卫领域的交流与合作 …………………………… (244)
三　文化艺术领域的交流与合作 …………………………… (248)
四　体育旅游领域的交流与合作 …………………………… (253)
第四节　加强"一带一路"公共外交机制建设 ……………… (258)
一　高层磋商机制 …………………………………………… (258)
二　交流对话机制 …………………………………………… (259)
三　整合引导机制 …………………………………………… (260)
四　人才培养机制 …………………………………………… (261)
五　投入保障机制 …………………………………………… (263)

结　语 …………………………………………………………… (265)

参考文献 ………………………………………………………… (267)

索　引 …………………………………………………………… (280)

后　记 …………………………………………………………… (283)

Contents

Introduction ··· (1)
  i. Problems Statement ····································· (1)
  ii. Literature Review ······································ (4)
  iii. Research Thoughts and Structure ······················ (18)

Chapter I   Public Diplomacy and the Belt and Road Initiative ··· (24)
  Section One   Origin and Development of Public Diplomacy ······ (24)
    1. Definition and Distinction ··························· (25)
    2. Key Characteristics and Functions ···················· (31)
    3. Historical Development and Motivations ··············· (38)
  Section Two   Theoretical Framework of Public Diplomacy ······ (49)
    1. Theoretical Dimensions ······························· (49)
    2. Theoretical Paradigms ······························· (51)
    3. Components and Implementation ······················ (68)
  Section Three   Proposal of the Belt and Road Public Diplomacy ·· (75)
    1. Proposal and Connotation of the Belt and Road Initiative ········ (76)
    2. Global Perception and Responses to the Belt and Road Initiative ·· (79)
    3. Significance of the Belt and Road Public Diplomacy ············ (84)

Chapter II Definition of the Belt and Road Public Diplomacy ...... (86)

Section One Subjects and Objects of the Belt and Road Public Diplomacy ...... (86)
  1. Subjects: Governments and Non-governmental Entities ...... (87)
  2. Objects: Domestic and International Publics Within and Beyond the BRI Region ...... (91)

Section Two Connotation and Meaning of the Belt and Road Public Diplomacy ...... (94)
  1. Promoting the Silk Road Cultures ...... (95)
  2. Building the Silk Road Friendships ...... (97)
  3. Telling the Silk Road Stories ...... (100)
  4. Advancing the Silk Road Spirit ...... (102)

Section Three Goals and Tasks of the Belt and Road Public Diplomacy ...... (104)
  1. Short-term Goals: Address Misconceptions and Foster Agreement ...... (104)
  2. Middle-term Goals: Consolidatethe Public Support and Enhance Mutual Trust ...... (105)
  3. Long-term Goals: Cultivate Community and Dissolve Development Risks ...... (107)

Section Four Fundamental Principles of the Belt and Road Public Diplomacy ...... (108)
  1. The Community of Shared Interests in Peaceful Cooperation and Mutual Benefit ...... (109)
  2. The Community of Shared Cultures in Openness, Inclusiveness and Exchanges ...... (110)
  3. The Community ofa Shared Destiny in Rejuvenation and Mutual Prosperity ...... (112)

Chapter III　Context of the Belt and Road Public
　　　　　　　Diplomacy ……………………………………………（114）
　Section One　Rationale for Implementation …………………（114）
　　1. Theoretical Basis: Innovations in Chinese Diplomacy Thoughts
　　　and Theories ………………………………………………（115）
　　2. Practical Basis: Expansion of China's Public Diplomacy
　　　Efforts ………………………………………………………（119）
　　3. Resource Basis: Potential and Advantages of Hard and Soft
　　　Powers ………………………………………………………（125）
　　4. Lessons Learned: International Experience in Public
　　　Diplomacy Development …………………………………（136）
　Section Two　Influence Factors for Implementation …………（145）
　　1. Effectiveness of Supporting Systems in China ……………（145）
　　2. Cultural Integration and Civilizational Exchange …………（148）
　　3. Political and Social Contexts Within and Beyond the
　　　BRI Region …………………………………………………（151）
　　4. National Relations and Regional Geopolitical Dynamics ……（154）

Chapter IV　Strategic Planning for the Belt and Road
　　　　　　　Public Diplomacy ……………………………………（158）
　Section One　Institutional Framework and Positioning ………（158）
　　1. Organizational Structure and Role Definition ……………（159）
　　2. Hierarchical Affiliation and Reporting Lines ……………（161）
　　3. Allocation of Duties and Functional Division ……………（163）
　　4. Operational Management and Administration ……………（166）
　Section Two　Strategic Arrangements for the Belt and Road
　　　　　　　　Public Diplomacy …………………………………（169）
　　1. Theme and Image Strategy ………………………………（169）
　　2. Information Dissemination Strategy ………………………（172）
　　3. Public Relations and Marketing Strategy …………………（175）

4. People-to-People Exchange Strategy ……………………… (179)

5. Crisis Management Strategy ……………………………… (181)

Section Three　Forms of the Belt and Road Public
　　　　　　　Diplomacy …………………………………… (184)

1. Public Diplomacy in Media and Internet ………………… (185)

2. Public Diplomacy in Culture and Religion ……………… (187)

3. Public Diplomacy in Transnational Corporate ………… (190)

4. Public Diplomacy in Foreign Aid ………………………… (194)

5. Public Diplomacy in Overseas Chinese ………………… (199)

Section Four　Evaluation of the Belt and Road Public
　　　　　　　Diplomacy …………………………………… (202)

1. Theoretical Foundations for Effect Assessment ………… (203)

2. Methodologies for Effect Assessment …………………… (205)

3. Indicator System for Effect Assessment ………………… (208)

4. Process Control in Effect Assessment …………………… (211)

Chapter V　Practical Approaches to the Belt and Road
　　　　　　Public Diplomacy ………………………………… (214)

Section One　Construct the Discourse System of the Belt and
　　　　　　　Road Public Diplomacy ……………………… (214)

1. The International Discourse of the Belt and Road
Initiative ……………………………………………………… (215)

2. Innovations in the International Discourse of the Belt
and Road …………………………………………………… (220)

3. Dissemination of the International Discourse of the Belt
and Road …………………………………………………… (223)

4. Cultivation of Opinion Leaders for the Belt and Road ………… (226)

Section Two　Enrich the Public Relations Models for the
　　　　　　　Belt and Road Public Diplomacy ……………… (228)

1. Governmental Public Relations: Public Diplomacy Led by Government (229)
2. Lobbying Diplomacy: Public Diplomacy in Governmental and Non-governmental Cooperation (232)
3. Delegated Diplomacy: Public Diplomacy in Non-Governmental Departments (236)
4. Strategic Communication: Public Diplomacy under Project Operation (238)

Section Three　Expand the Exchanges of the Belt and Road Public Diplomacy (240)
1. Exchange and Cooperation in Education and Academia (240)
2. Exchange and Cooperation in Science, Technology, and Health (244)
3. Exchange and Cooperation in Culture and Arts (248)
4. Exchange and Cooperation in Sports and Tourism (253)

Section Four　Strengthen the Mechanisms of the Belt and Road Public Diplomacy (258)
1. High-level Consultation Mechanism (258)
2. Exchange and Dialogue Mechanism (259)
3. Integration and Guidance Mechanism (260)
4. Talent Cultivation Mechanism (261)
5. Investment and Guarantee Mechanism (263)

Conclusion (265)

References (267)

Index (280)

Postscript (283)

导　论

一　问题的提出

进入21世纪，在以和平、发展、合作、共赢为主题的新时代，面对复苏乏力的全球经济形势、纷繁复杂的国际和地区局面，传承和弘扬丝绸之路精神更显重要和珍贵。2013年9月，国家主席习近平在出访哈萨克斯坦期间提出与中亚各国共建"丝绸之路经济带"的重大倡议，全面强化与中亚等欧亚国家的务实合作。习近平主席在纳扎尔巴耶夫大学发表题为"弘扬人民友谊，共创美好未来"重要演讲时提出，"为了使我们欧亚各国经济联系更加紧密、相互合作更加深入、发展空间更加广阔，我们可以用创新的合作模式，共同建设'丝绸之路经济带'……以点带面，从线到片，逐步形成区域大合作"。[①] 2013年10月，习近平主席在印度尼西亚国会发表题为"携手建设中国—东盟命运共同体"主题演讲阐述中国对印尼和东盟睦邻友好政策时表示，"东南亚地区自古以来就是'海上丝绸之路'的重要枢纽，中国愿同东盟国家加强海上合作，使用好中国政府设立的中国—东盟海上合作基金，发展好海洋合作伙伴关系，共同建设21世纪'海上丝绸之路'"。[②] 2013年11月，党的十八届三中全会通过的《中共中央关于全面深化改革若干重大问题的决定》明确指出，要加快同周边国家和区域基础设施互联互通建设，推进丝绸之路经济带、海上丝绸之路建设，形

[①] 习近平：《弘扬人民友谊　共创美好未来——在纳扎尔巴耶夫大学的演讲》，《人民日报》2013年9月8日第3版。

[②] 习近平：《携手建设中国—东盟命运共同体——在印度尼西亚国会的演讲》，《人民日报》2013年10月4日第2版。

成全方位开放新格局。① 至此,"丝绸之路经济带"(The Silk Road Economic Belt)与"21世纪海上丝绸之路"(The 21st Century Maritime Silk Road)(简称"一带一路",The Belt and Road)上升到国家层面。

为推进"一带一路"建设和欧亚非拉各国互联互通与经济一体化进程,2014年10月,中国联合印度、新加坡、哈萨克斯坦等21国发起成立亚洲基础设施投资银行(AIIB),并随后出资400亿美元设立丝路基金强化"一带一路"沿线国家在基础设施、交通运输、资源能源、金融贸易等领域合作。2015年3月,国家发展和改革委员会、外交部、商务部联合发布了《推动共建丝绸之路经济带和21世纪海上丝绸之路的愿景与行动》(以下简称《愿景与行动》),从时代背景、共建原则、框架思路、合作重点、合作机制、中国各地方开放态势、中国积极行动、共创美好未来等八个方面对"一带一路"倡议进行了全面阐述和系统规划,② "一带一路"倡议从顶层构想开始进入务实合作阶段。2016年8月,中央召开推进"一带一路"建设工作座谈会,对推进"一带一路"建设做出了进一步部署。习近平总书记在座谈会上发表重要讲话,强调要以钉钉子精神一步一步把"一带一路"建设推向前进,让"一带一路"建设造福沿线各国人民。③ 2017年5月,"一带一路"国际合作高峰论坛在北京举行,论坛传递出各方合力推进"一带一路"建设、携手构建人类命运共同体的积极信号,明确了"一带一路"建设国际合作的目标和方向。党的十九大报告也再次提出,积极促进"一带一路"国际合作,打造国际合作新平台,增添共同发展新动力。④ 2019年4月,第二届"一带一路"国际合作高峰论坛成功举行,与会各方就共建"一带一路"达成广泛共识,取得丰硕成果。2022年,党的二十大报告提出,推动共建"一带一

---

① 《中共中央关于全面深化改革若干重大问题的决定》,《人民日报》2013年11月16日第1版。

② 《推动共建丝绸之路经济带和21世纪海上丝绸之路的愿景与行动》,《人民日报》2015年3月29日第4版。

③ 《总结经验坚定信心扎实推进 让"一带一路"建设造福沿线各国人民》,《人民日报》2016年8月18日第1版。

④ 习近平:《决胜全面建成小康社会 夺取新时代中国特色社会主义伟大胜利——在中国共产党第十九次全国代表大会上的报告》,人民出版社2017年版,第60页。

路"高质量发展。① 2023年10月，在第三届"一带一路"国际合作高峰论坛开幕式上，习近平主席着眼于推动实现世界各国的现代化，郑重宣布了中国支持高质量共建"一带一路"的八项行动，擘画未来发展蓝图。②

"一带一路"倡议是党中央根据全球形势变化和中国发展面临的新形势、新任务，统筹国内国外两个大局做出的重大决策，是中国首次在国际社会提出的宏大区域合作倡议，是中国实施新一轮扩大开放的重要举措，是国际合作以及全球治理新模式的积极探索。"一带一路"倡议一经提出便引发了国际社会的高度关注和强烈反响，并得到了相关国家和国际组织的积极支持和参与，联合国大会、联合国安理会等重要决议也纳入"一带一路"建设内容。但不容忽视的是，国际社会对"一带一路"倡议的疑虑和误解仍在一定范围内存在，在"一带一路"推进过程中也夹杂着质疑和反对的声音。一些西方媒体对"一带一路"倡议进行了歪曲式、挑拨式的报道和解读，人为地赋予"一带一路"倡议浓厚的意识形态和政治色彩。此外，一些"一带一路"域内国家也对"一带一路"倡议表现出一定程度的疑虑和顾忌，怀疑中国可能借助"一带一路"倡议来扩大势力范围、争夺地区主导权，担心"一带一路"建设可能会对本国经济发展、国家主权和国防安全产生消极影响。而一些"一带一路"域外国家也怀疑"一带一路"倡议可能是中国进行对外扩张、挑战现有国际秩序的外交工具，担心"一带一路"建设将威胁到本国国家利益以及地区与全球稳定，因而对"一带一路"倡议采取怀疑、抵触、不参与的立场甚至对"一带一路"倡议进行遏制与围堵。在这种背景下，如何获得广泛的国际认同与深厚的社会民意基础已成为"一带一路"建设的关键问题。

国之交在于民相亲，民相亲在于心相通。"一带一路"建设以"五通"（政策沟通、设施联通、贸易畅通、资金融通、民心相通）为主要内容和战略方向，其中民心相通在"五通"之中具有基础性作用，而民心

---

① 习近平：《高举中国特色社会主义伟大旗帜　为全面建设社会主义现代化国家而团结奋斗——在中国共产党第二十次全国代表大会上的报告》，人民出版社2022年版，第33页。
② 习近平：《建设开放包容、互联互通、共同发展的世界——在第三届"一带一路"国际合作高峰论坛开幕式上的主旨演讲》，《人民日报》2023年10月19日第2版。

相通的实现离不开公共外交的推动。公共外交作为一种通过信息传播、国际公关、人文交流等方式改变国际公众心目中国家形象定位、获得人心和思想认同的外交形式，其目的就在于培养国际公众对一国的好感、对该国国家利益的理解以及对其政策的支持，推动民心相通的实现。习近平总书记指出，"关系亲不亲，关键在民心"。[①] "民心相通是'一带一路'建设的重要内容，也是'一带一路'建设的人文基础。要坚持经济合作和人文交流共同推进，注重在人文领域精耕细作，加强同沿线国家人民的友好往来，为'一带一路'建设打下广泛社会基础。要重视和做好舆论引导工作，通过各种方式，讲好'一带一路'故事，传播好'一带一路'声音，为'一带一路'建设营造良好舆论环境。"[②] 面对国际社会和"一带一路"域内外国家对"一带一路"倡议的疑虑、误解和责难，有必要围绕"一带一路"建设向"一带一路"域内外国家公众开展和实施以传播丝路文化、传递丝路友谊、讲好丝路故事、弘扬丝路精神为内涵的"一带一路"公共外交，通过多种方式和途径对"一带一路"倡议进行全面、准确、鲜活的展示、宣介和传播，以纠误解惑、增信释疑，深化"一带一路"域内外国家公众对"一带一路"倡议及中国的理解、信任与支持，为"一带一路"建设营造良好的国际舆论氛围与外部环境、奠定坚实的社会基础和民意基础以及赢得更多的参与者、建设者和支持者。

基于此，本书在吸收借鉴中西方公共外交理论、结合中西方公共外交实践的基础上，运用马克思主义理论、政治学、外交学、传播学、公共关系学等多学科理论、观点和方法，提出了涵盖理论分析、概念界定、环境评估、策略规划、路径选择等环节构成的"一带一路"公共外交分析框架，对"一带一路"公共外交这一命题进行探索性研究。

二 国内外研究现状分析

随着"一带一路"建设的不断推进，"一带一路"倡议逐步成为理论界和学术界关注的理论热点问题和重大现实性命题。对此，国内学者从不

[①] 《为我国发展争取良好周边环境 推动我国发展更多惠及周边国家》，《人民日报》2013年10月26日第1版。

[②] 《借鉴历史经验创新合作理念 让"一带一路"建设推动各国共同发展》，《人民日报》2016年5月1日第1版。

同层面和角度对"一带一路"倡议展开了积极有益的探讨和研究，国外学者也对"一带一路"倡议给予了较高的学术关注，相关研究成果不断涌现。

(一) 国内研究现状

国内理论界和学术界对"一带一路"倡议的研究较为全面深入，研究内容和研究领域也十分丰富广泛。一些学者认识到了国际社会和国际公众对"一带一路"倡议及中国的理解、信任和支持在"一带一路"建设中的重要性，对"一带一路"倡议的对外传播、人文交流、民心相通、公共外交等相关议题进行了研究和探讨。

1. "一带一路"倡议的国际舆论环境研究

关于"一带一路"倡议的国际舆论环境，学者们认为"一带一路"倡议正在吸引越来越多的国际目光，引发了国际舆论的持续关注和多方位解读，相关国际舆论表现出积极期待与消极疑虑并存的复杂状态，因而需要不断增进国际社会对"一带一路"倡议的了解和认识。一方面，学者们梳理了国际社会对"一带一路"的代表性观点，分析了"一带一路"倡议面临的国际舆论形势。例如，孙敬鑫指出，外界主要从"一带一路"倡议彰显中国外交政策转型和创新、帮助中国巩固世界强国地位、促进沿线国家经济发展和地区稳定、推动沿线人文交流等方面来看待"一带一路"倡议发挥的积极作用，同时外界对"一带一路"倡议也表现出了一定程度的误解和担心，误认为"一带一路"倡议是"中国版马歇尔计划"，或者是"中国版珍珠链战略"，抑或是美国"跨太平洋伙伴关系协议"的替代品。[①] 仇华飞分析了美国政策研究、学术界和舆论界关于"一带一路"倡议的认知和评论，指出美国一些舆论将"一带一路"倡议视为中国在欧亚大陆与日俱增的战略海陆权的组成部分，强调"一带一路"倡议对中国的重大意义，并将其提升到"战略"高度。同时也有一些舆论从地区安全视角出发，认为"一带一路"倡议是一个有着间接外交、安全和军事意义的经济项目。[②] 另外，学者们认为，鉴于"一带一路"倡议面临的复杂国际舆论环境，应该做好针对性回应，增进外界对"一带一路"倡议的认识和了解。例如，龚婷认为，鉴于国际舆论对"一带一路"仍存在一定程度的误读，有必要将"一带一路"倡议向相关国

[①] 孙敬鑫：《"一带一路"建设面临的国际舆论环境》，《当代世界》2015年第4期。

[②] 仇华飞：《美国学者视角下的中国"一带一路"构想》，《国外社会科学》2015年第6期。

家官方、政策研究及学术界、企业界、媒体等主体进行更为全面、准确和务实的宣介，以及时纠正误解、减少疑虑。①

2. "一带一路"倡议的对外传播研究

关于"一带一路"倡议的对外传播，学者们认为对外传播好"一带一路"倡议对于推进"一带一路"建设具有重大意义，要阐述清楚"一带一路"的目的与内涵以及其对所及国家和地区的意义和机遇，尽力扫除沟通与理解上的障碍，为"一带一路"建设营造良好的舆论氛围。首先，学者们讨论了新闻媒体在"一带一路"倡议对外传播中的作用和使命，认为新闻媒体要在"一带一路"对外传播中发挥好先行保障、全阶段全系统支撑的作用。例如，卢新宁认为，新闻媒体是丝路的守护者、倡导者，有责任呵护丝路的根基、维护丝路的畅通、传播丝路的理念，从"人类命运共同体"的高度解读丝路，站在历史和世界的层面讲好"一带一路"大故事、发出各国合作好声音。② 其次，学者们分析了当前"一带一路"倡议对外传播面临的困难与问题，认为"一带一路"倡议对外传播面临所涉国家和人口众多、沿线国家和地区人民差异性较大等困难。例如，周凯认为，"一带一路"沿线国家在自然条件、人文环境、利益诉求等方面存在较大差异，沿线人民对"一带一路"倡议的认识也千差万别，这在客观上增加了"一带一路"对外传播的难度。③ 最后，学者们也从研究的角度，为加强"一带一路"对外传播、营造"一带一路"良好国际舆论环境提出了政策建议。例如，寇立研、周冠宇提出，"一带一路"对外传播要处理好对外传播与对内传播、对外传播与务实合作、对外传播与对外交往、舆论交锋与文化交流、分工传播与协作传播、短期传播与长期传播等关系。④

3. "一带一路"建设中的民间与人文交流研究

关于"一带一路"建设中的民间与人文交流，学者们认为"一带一路"建设离不开坚实的社会基础，而民间与人文交流则是促进沿线各国人民相知相亲和友好往来、增进相互了解和信任的重要途径，因此需要

---

① 龚婷：《"一带一路"：国际舆论反应初探及应对建议》，《对外传播》2015年第3期。
② 卢新宁：《讲好丝绸之路的现代故事》，《对外传播》2015年第4期。
③ 周凯：《全球化背景下"一带一路"建设的对外传播》，《对外传播》2015年第3期。
④ 寇立研、周冠宇：《"一带一路"对外传播需要把握的十对关系》，《对外传播》2015年第3期。

通过加强民间与人文交流合为"一带一路"建设奠定坚实的社会基础。一方面，学者们阐述了民间与人文交流合作在"一带一路"建设中的重要地位以及推动"一带一路"民间与人文交流合作的重大意义。例如，王义桅指出，"一带一路"建设需弘扬睦邻友好的合作精神，在教育、文化、旅游等领域深入开展人文合作，以文化交流推动包容开放理念的形成和扩散，促进文化交融，促成文化认同感，为深化沿线国家合作提供内在动力。① 孙存良、李宁指出，民间与人文交流是建构国家间关系的一项长期的基础性工作，加强"一带一路"民间与人文交流合作将有助于推动中国和沿线国家宗教和思想文化的交流、促进欧亚大陆的文明多维交融、增强沿线国家的命运共同体意识、夯实中国与沿线各国关系的社会土壤。② 另外，学者们就如何推动"一带一路"民间与人文交流合作、夯实"一带一路"建设的社会基础也进行了探讨。例如，孙存良、李宁提出，可通过教育合作、文化交流、体育交流、志愿服务、互办艺术节、电影展和图书展、打造"一带一路"智库、共建联合实验室及研究中心、发展丝绸之路特色旅游、开展民间团体对外交流、组织相关业界人士座谈等方式来推动和丰富中国与"一带一路"沿线各国在民间人文领域的交流与合作。③ 胡昊、王栋提出，中国民间组织和机构应扮演好民间友谊使者的重要角色，积极开展各类民间对外交往活动，推动不同文化属性的社会之间的相互了解与亲近。④

4. "一带一路"建设中的民心相通问题研究

关于"一带一路"建设中的"民心相通"问题，学者们认为"民心相通"既是"一带一路"建设的重要内容，也是"一带一路"建设的社会根基和长久保障，实现沿线各国"民心相通"是一项长期的基础性工作，需要国家、社会和民众的长期不懈努力。首先，学者们阐述了"民心相通"在"一带一路"建设中的重要性，认为"民心相通"是落实其

---

① 王义桅：《"一带一路"：机遇与挑战》，人民出版社2015年版，第191页。
② 孙存良、李宁：《"一带一路"人文交流：重大意义、实践路径和建构机制》，《国际援助》2015年第2期。
③ 孙存良、李宁：《"一带一路"人文交流：重大意义、实践路径和建构机制》，《国际援助》2015年第2期。
④ 胡昊、王栋：《推动中国民间组织积极参与"一带一路"建设》，《公共外交季刊》2014年冬季号第7期。

他"四通"的前提与基础,将为"一带一路"建设提供良好的社会环境。例如,郭宪纲、姜志达认为,"民心相通"工程的顺利推进将有助于增进沿线各国向心力,形成"心往一处想,劲往一处使"的社会氛围,为"一带一路"建设提供强大的信念支撑和动力源泉,保障"一带一路"建设顺利推进。① 其次,学者们讨论了"民心相通"的基本内涵,认为"民心相通"就是指"一带一路"沿线国家和地区的人民在思想、理念、情感和文明方面的相互沟通、相互理解、相互认同。例如,李自国认为,"民心相通"即人心相通,指沿线各国在弘扬"丝路精神"、增进相互了解的基础上产生好感、建立友谊、深化互信,对"一带一路"倡议和中方倡导的合作共赢理念形成共识,共建人类命运共同体。② 最后,学者们对如何推进"一带一路"民心相通提出了自己的建议。例如,中国人民大学重阳金融研究院在其发布的相关研究报告中提出,民间交往要以使各国人民心意相通为目的,要丰富文化、商务、旅游、学术、智库等方面的民间交流合作机制,并建议创建丝绸之路经济带各国智库年会机制,倡议各国知识与政策精英在这个机制上加强沟通。③ 李自国提出,国家、智库、企业、民众要形成共识、共同行动,积极推动与沿线各国在文化、教育、旅游、科技、政党、民间往来等各领域的交流。④

5. "一带一路"建设中的公共外交问题研究

关于"一带一路"建设中的公共外交问题,学者们认为"一带一路"建设不能仅把重点放在经济外交上,还应当大力推进公共外交。通过公共外交展示中国和平、开放、合作、负责任的大国形象,夯实"一带一路"建设的民意基础和社会基础。具体来说,学者们主要从以下三方面对"一带一路"建设中的公共外交问题进行了探讨和研究:第一,公共

---

① 郭宪纲、姜志达:《"民心相通":认知误区与推进思路——试论"一带一路"建设之思想认识》,《和平与发展》2015年第5期。

② 李自国:《"一带一路"愿景下民心相通的交融点》,《新疆师范大学学报》(哲学社会科学版)2016年第3期。

③ 中国人民大学重阳金融研究院编:《欧亚时代——丝绸之路经济带研究蓝皮书2014—2015》,中国经济出版社2014年版,第244页。

④ 李自国:《"一带一路"愿景下民心相通的交融点》,《新疆师范大学学报》(哲学社会科学版)2016年第3期。

外交在"一带一路"建设中的作用。王秋彬认为,鉴于沿线地区政情以及国际环境的复杂性,中国在推进"一带一路"建设的过程中,需要不断增强化解危机的公共外交能力,通过开展公共外交宣传中国为世界发展所做出的巨大贡献,塑造中国负责任的大国形象,夯实"一带一路"建设的民意基础和社会基础,切实维护中国的海外利益。[①] 陈杰认为,通过公共外交的方式来宣示和传播"一带一路"倡议,可以在"讲故事""说道理"的过程中慢慢增进相关国家对这一倡议的认知和兴趣,取得"春风化雨""润物无声"的效果。[②] 第二,如何发挥公共外交在"一带一路"建设中的推动作用。唐小松、张自楚提出,发挥好公共外交在"一带一路"建设中的推动作用一方面要做好对沿线国家公共外交的顶层设计,如明确目标任务、做好总体规划等;另一方面要从实施战线和操作形态两个方面完善具体执行策略。[③] 陈杰提出,发挥公共外交在"一带一路"建设中的推动作用离不开媒体、智库和高校的积极参与。[④] 第三,如何在"一带一路"沿线不同国家和地区有针对性地开展公共外交。唐小松、张自楚提出,在对中国周边的"一带一路"沿线国家公众开展公共外交时,首先应在分析周边国家公众与中国的历史渊源,所处的自然、经济、社会环境等情况的基础上做出具有差异性的公共外交规划;其次应推动熟悉周边国家社会语言文化的小语种人才"走出去";再次应做好"一带一路"倡议核心价值在周边国家差异化的传播策略;最后应努力提升中国的国际话语权。[⑤] 钟新、邝西曦提出,推动中国与周边国家多主体之间的良性互动,一方面要整合历史资源,充分发挥历史舞剧、音乐剧等丝路文化艺术作品在增进各国友好情感方面的作用,唤起周边国家公众对丝绸之路的共同记忆;另一方面借助中国—东盟博览会、佛教交流、

[①] 王秋彬:《开展"一带一路"公共外交的思考》,《理论视野》2015年第6期。
[②] 陈杰:《公共外交推进"一带一路"建设》,《中国社会科学报》2015年3月30日第4版。
[③] 唐小松、张自楚:《中国对周边"一带一路"沿线国家的公共外交》,《教学与研究》2016年第6期。
[④] 陈杰:《公共外交推进"一带一路"建设》,《中国社会科学报》2015年3月30日第4版。
[⑤] 唐小松、张自楚:《中国对周边"一带一路"沿线国家的公共外交》,《教学与研究》2016年第6期。

孔子学院等平台多种途径建立与周边国家有效沟通机制。[①]

(二) 国外研究现状

相比较国内理论界和学术界"一带一路"研究所取得的丰硕成果，国外理论界和学术界对"一带一路"倡议的研究则显得相对不足，关注点与研究范围也相对狭窄。国外相关文献主要涉及"一带一路"倡议的意图、世界影响、现实挑战、发展前景、国际认可、国际舆论环境以及人文交流等问题。

1. "一带一路"倡议的意图研究

"一带一路"倡议的意图是国外学者关注的重点问题，不同学者从各自的角度和立场对"一带一路"倡议的意图进行了分析和解读，并得出了不同的认识和结论。概括来说，国外学者主要从以下角度和层面来分析和解读"一带一路"倡议的意图：一是从"中国梦"宏伟愿景出发，认为"一带一路"倡议是中国推动实现民族伟大复兴"中国梦"的现实途径。例如，印度学者埃姆瑞塔·乔什（Amrita Jash）认为，"一带一路"倡议与"中国梦"的宏伟愿景息息相关，是通向"中国梦"的路线图。[②] 欧洲东亚研究中心高级研究员特蕾莎·法伦（Theresa Fallon）也认为，中国旨在通过"一带一路"建设展现中国的国际信心和国际影响以助力实现民族伟大复兴的"中国梦"。[③] 二是从中国国内发展层面出发，认为"一带一路"是中国解决国内发展问题的政策举措。三是从世界政治经济格局出发，认为"一带一路"倡议是一种促进世界各国共同发展的创造性思维。例如，美国国家亚洲研究局政治和安全事务高级项目主管娜达吉·罗兰（Nadège Rolland）认为，"一带一路"倡议致力于增强中国与沿线国家经济的一体化程度，把相关国家纳入一个以中国为中心的由贸易纽带、交通联系和多边区域组织构成的网络。[④] 美国对外关系委

[①] 钟新、邝西曦：《新丝绸之路外交：促进中国与周边国家多主体之间良性互动》，《公共外交季刊》2014年冬季号第7期。

[②] Amrita Jash, "China's 'One Belt, One Road': A Roadmap to 'Chinese Dream'?" *Indra Stra Global*, No. 2, 2016, http://www.indrastra.com/2016/02/OPINION-Chinas-One-Belt-One-Road-Roadmap-to-Chinese-Dream – 002 – 02 – 2016 – 0030.html.

[③] Theresa Fallon, "The New Silk Road: Xi Jinping's Grand Strategy for Eurasia", *American Foreign Policy Interests*, Vol. 37, No. 3, 2015, pp. 140 – 142.

[④] Nadège Rolland, "China's New Silk Road", Washington D. C.: National Bureau of Asian Research, 2015, http://www.nbr.org/research/activity.aspx?id = 531.

员会高级研究员罗伯特·卡恩（Robert Kahn）也认为，"一带一路"倡议是中国为亚洲投资博弈制定新规则而发出的一个意图清楚的声明。①

2. "一带一路"倡议的世界影响研究

关于"一带一路"倡议的世界影响，国外学者们认为"一带一路"倡议将对地区和全球经济、全球地缘政治经济格局、现有国际秩序和国际关系产生重大影响。首先，一些国外学者认为"一带一路"倡议将为地区和全球经济发展带来新机遇、注入新活力，让全世界搭上中国的便车。例如，意大利国际事务研究所高级研究员尼古拉·卡萨里尼（Nicola Casarini）认为，作为海上丝绸之路终点的东南欧和地中海国家迄今为止聚集了大量中国基础设施项目投资，如果中欧双方齐心协力，"一带一路"将会为仍在争取摆脱经济困境的欧洲带来巨大发展机遇。② 法国前总理多米尼克·德维尔潘（Dominique de Villepin）认为，"一带一路"倡议最主要的价值是为国际社会提供了一个视角，让"有能力更快增长"的地区实现新增长，如中亚、东南亚、中东和非洲。③ 其次，一些国外学者认为"一带一路"倡议将在塑造国际政治经济新秩序的过程中扮演积极角色。例如，埃姆瑞塔·乔什（Amrita Jash）认为，"一带一路"倡议将证明中国是一个负责任的国际事务参与者，如果这个充满信心的计划如愿成功，中国就会以主建造师、关键人物和负责任利益相关者的身份出现在欧亚经济一体化的过程中，通过双赢框架建立更广泛的链接网，为贫穷和欠发达国家提供一个能在国际政治经济领域发挥作用和影响的公平平台。④ 最后，一些国外学者认为"一带一路"倡议将改变和影响全球地缘政治经济格局和整个国际关系。例如，特蕾莎·法伦（Theresa Fallon）认为，"一带一路"倡议的提出恰逢美国从中东和阿富汗战略收缩、财源枯竭、军费缩减之时，它必将对当前世

---

① Robert Kahn, "A Bank Too Far?" Washington D. C.: Council on Foreign Relations, March 17, 2015, http://www.cfr.org/global-governance/bank-too-far/p36290.

② Nicola Casarini, "When All Roads Lead to Beijing. Assessing China's New Silk Road and Its Implications for Europe", *The International Spectator*, Vol. 51, No. 4, 2016, p. 95.

③ 《"一带一路"是全球化的新脚步》，新华网，2016年9月9日，http://news.xinhuanet.com/world/2016-09/09/c_1119542596.htm。

④ Amrita Jash, "China's 'One Belt, One Road': A Roadmap to 'Chinese Dream'?" *IndraStra Global*, No. 2, 2016, http://www.indrastra.com/2016/02/OPINION-Chinas-One-Belt-One-Road-Roadmap-to-Chinese-Dream-002-02-2016-0030.html.

界格局的演进变化产生重要影响。① 英国华威大学国际政治研究所教授彼得·费迪南德（Peter Ferdinand）认为，从长远来讲，"一带一路"将有助于使中国由亚洲大国变成全球性力量。②

3. "一带一路"倡议的现实挑战与发展前景研究

关于"一带一路"倡议的现实挑战，国外学者认为"一带一路"倡议涉及国家众多、涵盖地域广泛，这使得"一带一路"建设在政治、经济、安全、法律、社会文化、民族宗教等方面面临一系列风险和挑战。从政治层面来看，国外学者认为"一带一路"建设一方面面临一些国家政治局势复杂多变、政治民主性与政策连贯性缺乏等问题，另一方面面临与相关大国的竞争与疑虑问题。例如，彼得·费迪南德（Peter Ferdinand）认为，"一带一路"倡议面临着潜在合作国家政局不稳定、领导人面临世代交替的政治风险。③ 美国学者詹姆斯·麦克布莱德（James McBride）认为，俄罗斯将会和中国在中亚迎头相遇，两国在中亚地区的投资和能源竞争可能会在未来几年加剧北京和莫斯科之间的紧张气氛。④ 从经济层面来看，国外学者认为"一带一路"建设将面临经济和贸易的可持续发展问题。例如，美国中亚问题专家埃丽卡·马拉特（Erica Marat）指出，"一带一路"建设当前主要采取"项目拉动"与"能源驱动"的合作方式，沿线国家自我造血能力较弱，难以确保经济和贸易的可持续发展。⑤ 从安全层面来看，国外学者认为"一带一路"建设将受到地区安全局势动荡的困扰与阻碍。例如，詹姆斯·麦克布莱德认为，"一带一路"基础设施建设除了要面对崇山峻岭的挑战，还不得不面对武装分子的威胁——中国新疆、巴基斯坦俾路支的分裂主义势力

---

① Theresa Fallon, "The New Silk Road: Xi Jinping's Grand Strategy for Eurasia", *American Foreign Policy Interests*, Vol. 37, No. 3, 2015, pp. 144-147.

② Peter Ferdinand, "Westward Ho-The China Dream and 'One Belt, One Road': Chinese Foreign Policy under Xi Jinping", *International Affairs*, Vol. 92, No. 4, 2016, p. 954.

③ Peter Ferdinand, "Westward Ho-The China Dream and 'One Belt, One Road': Chinese Foreign Policy under Xi Jinping", *International Affairs*, Vol. 92, No. 4, 2016, pp. 952-954.

④ James McBride, "Building the New Silk Road", The Council on Foreign Relations, May 25, 2015, http://www.cfr.org/asia-and-pacific/building-new-silk-road/p36573.

⑤ Erica Marat, "Domestic Challenges, International Opportunities: Understanding Security Cooperation in Central Asia", *Asia Policy*, No. 16, July 2013, pp. 179-181.

都会是让人头疼的麻烦。① 从法律层面来看，国外学者认为"一带一路"建设将面临法律信息不对称和相关国家法治化程度低的风险。例如，彼得·费迪南德（Peter Ferdinand）认为，当中方公司被告上当地法庭并受到不公正对待时，中国公司和政府都将无能为力。② 波兰比亚维斯托克理工大学教授乔安尼克琼斯·纳扎尔克（Joanicjusz Nazarko）等人认为，"一带一路"建设面临的一个挑战是必须要强制协调沿线国家与商品转运相关的法规。③ 从社会文化和民族宗教层面来看，国外学者认为"一带一路"建设过程中容易因民族、宗教、种族、文化差异和民族主义情绪高涨而引发矛盾、冲突与对立。塔吉克斯坦俄罗斯—塔吉克（斯拉夫）大学教授古萨勒·玛耶蒂诺娃（Gusale Mayetilova）指出，"一带一路"沿线国家宗教信仰、风俗习惯、历史文化的差异将成为导致民族对立和种族隔阂的主要诱因。④ 美国耶鲁大学助理研究员瑞秋·布朗（Rachel Brown）认为，"一带一路"在中亚、东南亚可能因担心中国对本国自然资源的掠夺、中国商品对本国工业和制造业的冲击以及中国劳工的涌入而遭到当地人的抵制。⑤ 此外，关于"一带一路"倡议的发展前景，一些国外学者则认为有充足的理由对"一带一路"倡议的前景表示乐观。例如，诗丽娜认为，"一带一路"倡议前景未可限量，中国运用多种政策工具来推动和保障"一带一路"的建设，如通过高级别政治对话创造良好的政治环境、通过紧密的经贸合作加强与沿线国家的联系、通过设立经济特区连接欧亚国家的经济中心。⑥ 俄罗斯国家杜马议员助理鲍

---

① James McBride, "Building the New Silk Road", The Council on Foreign Relations, May 25, 2015, http://www.cfr.org/asia-and-pacific/building-new-silk-road/p36573.

② Peter Ferdinand, "Westward Ho-The China Dream and 'One Belt, One Road': Chinese Foreign Policy under Xi Jinping", *International Affairs*, Vol. 92, No. 4, 2016, pp. 952–953.

③ Joanicjusz Nazarko, Katarzyna Anna Kuzmicz, Katarzyna Czerewacz-Filipowicz, "The New Silk Road-Analysis of the Potential of New Eurasian Transport Corridors", *Business & Management*, 2016, http://depot.ceon.pl/handle/123456789/9636?locale-attribute=pl.

④ ［塔］古萨勒·玛耶蒂诺娃：《中亚一体化项目和丝绸之路经济带》，载中国人民大学重阳金融研究院编：《欧亚时代——丝绸之路经济带研究蓝皮书2014—2015》，中国经济出版社2014年版，第49—51页。

⑤ Rachel Brown, "Where Will the New Silk Road Lead? The Effects of Chinese Investment and Migration in Xinjiang and Central Asia", *Journal of Politics & Society*, Vol. 26, No. 2, 2016, pp. 84–85.

⑥ Justyna Szczudlik-Tatar, "China's New Silk Road Diplomacy", *PISM Policy Paper*, Vol. 82, No. 34, 2013, pp. 5–6.

里斯·古斯列多夫认为，在有利的国际环境和邻国的支持下，当代中国的金融和经济能力以及领导层的雄心将使得"一带一路"项目成为可能。① 另外，一些国外学者鉴于中国崛起中的矛盾困境和"一带一路"建设中的挑战风险，认为"一带一路"的前景不容乐观。例如，比利时布鲁塞尔自由大学教授乔纳森·霍尔斯拉格（Jonathan Holslag）认为，中欧令人失望的安全合作将导致欧洲失去对中国"一带一路"倡议的兴趣。② 美国波士顿大学助理教授叶敏认为，中国"一带一路"倡议过度依赖于政府的推动、内生动力不足。③

4. "一带一路"倡议的国际认可研究

关于"一带一路"倡议的国际认可问题，国外学者认为"一带一路"域内外各国历史文化背景、社会政治制度、经济发展水平、自然社会环境、外交战略与地缘利益诉求都存在巨大差异，对"一带一路"的认知、态度和期待也不尽相同。一方面，鉴于"一带一路"建设可能带来的发展机遇和地缘关系调整，一些沿线国家期待通过复兴这条古代贸易路线促进本国经济的复苏发展、实现国家的繁荣稳定，因而将会对"一带一路"倡议持有较高的认可度和支持度。例如，日本《外交学者》杂志副总编香农·蒂耶兹（Shannon Tiezzi）认为，"一带一路"建设所带来的相互连通的基础设施和广阔的贸易网络会让越来越多的国家把中国视作朋友而非威胁，"一带一路"倡议也将在国际上获得更多认同和支持。④ 瑞秋·布朗认为，中亚国家都很欢迎中国的投资，因为中国对中亚国家来说不只是一个重要的投资来源国，更是这一地区传统强权——美国和俄罗斯的潜在替代者，特别是中国极少为贷款附加政治条件。⑤ 巴基斯坦学

---

① ［俄］鲍里斯·古斯列多夫：《丝绸之路经济带对俄中关系发展的影响》，载中国人民大学重阳金融研究院编：《欧亚时代——丝绸之路经济带研究蓝皮书 2014—2015》，中国经济出版社 2014 年版，第 171 页。

② ［比利时］乔纳森·霍尔斯拉格：《确保新丝绸之路的安全》，李亚丽译，《国际安全研究》2015 年第 1 期。

③ Min Ye, "China's Silk Road Strategy", *Foreign Policy*, November 10, 2014, http://foreignpolicy.com/2014/11/10/chinas-silk-road-strategy/.

④ Shannon Tiezzi, "The New Silk Road: China's Marshall Plan?" *The Diplomat*, November 6, 2014, http://thediplomat.com/2014/11/the-new-silk-road-chinas-marshall-plan/.

⑤ Rachel Brown, "Where Will the New Silk Road Lead? The Effects of Chinese Investment and Migration in Xinjiang and Central Asia", *Journal of Politics & Society*, Vol. 26, No. 2, 2016, pp. 82 – 83.

者穆罕默德·哈齐布·艾尔沙德（Muhammad Saqib Irshad）等人认为，中国在区域经济发展方面的贡献则把原来的竞争对手转化成了利益相关者，从而促进了南亚和中亚地区的发展和稳定。① 诗丽娜认为，"一带一路"建设为欧洲经济的复苏和发展注入了新活力，并为波兰等中东欧国家与中国西部省份更紧密的合作创造了新机会。② 另一方面，国外学者认为，出于意识形态、地缘政治和现实利益考虑，一些沿线国家和域外国家担心"一带一路"建设可能会激化地区和全球地缘战略竞争、恶化自身的地缘政治经济环境、威胁到本国国家利益，因而将会对"一带一路"倡议持有较低的认可度和支持度。例如，美国学者米歇尔·彭纳（Michele Penna）认为，"一带一路"倡议的提出与中国国际地位的上升直接相关，它将意味着地缘政治的再定位。事实上，美国已与中国在亚太地区较量了多年，俄罗斯一直把中亚视为其传统势力范围，印度也对中国的崛起尤其是对中国在印度洋地区日益增长的影响力感到紧张，因此几大强国将不会对"一带一路"倡议做出积极反响。③

5. "一带一路"倡议的国际舆论环境与人文交流研究

关于"一带一路"倡议的国际舆论环境，国外学者认为"一带一路"倡议面临着严峻复杂的国际舆论环境，一些国外媒体尤其是西方媒体对"一带一路"倡议持谨慎和怀疑态度，对"一带一路"倡议的报道和评论呈现出较为负面的倾向。例如，美国国际企业战略专家罗伯特·劳伦斯·库恩（Robert Lawrence Kuhn）指出，西方媒体对待"一带一路"倡议的态度是谨慎乃至怀疑的。西方媒体认为，丝绸之路似乎只象征着古代中国联通世界的历史，而非一个促进经济发展和构建世界地缘政治的

---

① Muhammad Saqib Irshad, Qi Xin, Hamza Arshad, "One Belt and One Road: Dose China-Pakistan Economic Corridor benefit for Pakistan's Economy?" *Journal of Economics and Sustainable Development*, Vol. 6, No. 24, 2015, pp. 203–204.

② Justyna Szczudlik-Tatar, "China's New Silk Road Diplomacy", *PISM Policy Paper*, Vol. 82, No. 34, December, 2013, pp. 6–8.

③ Michele Penna, "China's Marshall Plan: All Silk Roads Lead to Beijing?" *World Politics Review*, December 9, 2014, http://www.worldpoliticsreview.com/articles/14618/china-s-marshall-plan-all-silk-roads-lead-to-beijing.

当代模式。① 菲律宾德拉萨大学助理教授卢西奥·布兰科·彼特洛三世（Lucio Blanco Pitlo Ⅲ）等人在考察了印度主流媒体对"一带一路"倡议的报道评论后指出，印度媒体普遍认为中印之间有着根本的分歧，"一带一路"倡议将扩大中国在南亚和印度洋地区的影响从而削弱印度在该地区长期以来的主导地位。② 此外，关于"一带一路"倡议中的人文交流，国外学者认为人文交流将在复兴丝绸之路、推进"一带一路"建设过程中发挥重要作用，并指出中国积极致力于推进与"一带一路"沿线国家的人文交流以加强相互了解和信任。一方面，国外学者论述了加强人文交流对于推动"一带一路"建设的重要意义和作用。例如，鲍里斯·古斯列多夫认为，国家间关系在很大程度上取决于人民之间的亲近度，"一带一路"建设是一个长期的过程，需要将加强人文交流作为一个重要的优先发展方向。③ 另一方面，国外学者讨论了中国在推进与"一带一路"沿线国家人文交流过程中的态度立场以及政策举措。例如，罗伯特·劳伦斯·库恩（Robert Lawrence Kuhn）指出，中国政府高度强调人文交流，呼吁"一带一路"沿线国家保持多渠道、多层面交流以促进互信和互鉴，包括姐妹城市、文化活动、民间交往等。④ 瑞秋·布朗（Rachel Brown）认为，中国政府和公司为了扩大在"一带一路"沿线国家尤其是中亚国家上层阶级和商人集团中的影响，始终注重通过运用文化软实力和开展文化交流给对方留下积极印象。⑤

---

① Robert Lawrence Kuhn, "The 'Silk Road Economic Belt' Strategy: Actualizing President Xi Jinping's Foreign Policy", ChinaGoAbroad, June 20, 2014, http://www.chinagoabroad.com/en/commentary/15952.

② Lucio Blanco Pitlo Ⅲ, Amruta Karambelkar, "India's Perception and Response to China's 'One Belt, One Road' Initiative: Views From Indian Mainstream Media", *Asian Politics & Policy*, Vol. 7, No. 4, 2015, pp. 667 – 671.

③ [俄] 鲍里斯·古斯列多夫：《丝绸之路经济带对俄中关系发展的影响》，载中国人民大学重阳金融研究院编：《欧亚时代——丝绸之路经济带研究蓝皮书 2014—2015》，中国经济出版社 2014 年版，第 163—164 页。

④ Robert Lawrence Kuhn, "The 'Silk Road Economic Belt' Strategy: Actualizing President Xi Jinping's Foreign Policy", ChinaGoAbroad, June 20, 2014, http://www.chinagoabroad.com/en/commentary/15952.

⑤ Rachel Brown, "Where Will the New Silk Road Lead? The Effects of Chinese Investment and Migration in Xinjiang and Central Asia", *Journal of Politics & Society*, Vol. 26, No. 2, 2016, pp. 69 – 90.

总的来看，随着"一带一路"建设的不断推进，国内学者逐步认识到了国际社会和国际公众对"一带一路"倡议及中国的理解、信任和支持对于"一带一路"建设的重要性，并从不同角度和层面对如何营造"一带一路"良好国际舆论氛围、夯实"一带一路"社会民意基础、实现"一带一路"民心相通等议题进行了积极有益的探讨和研究。此外，一些国外学者也就"一带一路"倡议面临的国际环境、沿线政情民情舆情以及"一带一路"建设中的人文交流等问题进行了讨论和分析。国内外理论界和学术界对"一带一路"对外传播、人文交流、民心相通、公共外交等相关议题的研究拓宽了"一带一路"研究的理论视野和政策范围，彰显了理论界、学术界对"一带一路"倡议的学术观照和理论自觉，为"一带一路"倡议争取广泛的国际认同和社会民意基础、推动"一带一路"建设提供了有益的智力支撑和实践指导。

与此同时，现有研究也存在一些不足和欠缺。首先，从研究主题和内容来看，现有研究主题与内容较为分散，缺少整体性、系统性研究。为"一带一路"倡议争取广泛的国际认同和社会民意基础是一项综合性、整体性议题。现有研究主要分散于"一带一路"倡议的国际舆论环境、对外传播、人文交流、民心相通等某一具体议题之中，较少将相关具体议题统筹起来展开整体性、系统性研究。其次，从研究视角来看，现有研究主要集中于政策分析，缺少理论性、基础性研究。为"一带一路"倡议争取广泛的国际认同和社会民意基础既是一项政策性议题，同时也是一项理论性议题。现有研究多数将争取广泛的国际认同和社会民意基础作为一项政策性议题展开探讨，较少结合国际传播、国际公关、人际交往等相关理论展开理论性探讨。最后，从研究路径来看，现有研究主要从单一学科研究路径出发，缺少跨学科、跨领域研究。国际社会和国际公众的多元性、复杂性在客观上决定了为"一带一路"倡议争取广泛的国际认同和社会民意基础是一项系统性工程，其将涉及政治、经济、文化、外交、传播、心理等众多领域。现有研究主要从政治学、外交学、传播学等某一学科领域出发展开论述，研究路径相对单一。通过对国内外理论界和学术界现有相关研究的梳理和述评可以发现，对外传播好、展示好、宣介好"一带一路"倡议，增进国际社会和国际公众对"一带一路"倡议及中国的理解、信任和支持，推进"一带一路"民心相通，公共外交是最有效的方式。因此，本书拟从"公共外交"的视角出发，运用马克思主义理论、政治学、外交学、传播学、公共关系学、心理学等多学科理论和方法，就上述问题进行整体性、系统性、专门性研究。

三 研究思路与逻辑框架

公共外交是一项长期复杂的系统性工程。著名公共外交学者阿什温·加内什（Ashvin Gonesh）和扬·梅利森（Jan Melissen）认为开展和实施公共外交，其基本过程主要包括以下五个方面：（1）分析两国的双边关系状况，考察和评估他国公众对本国的印象和认知；（2）设定目标、选择信息，即明确开展公共外交应该关注哪些主题和问题以及哪些是最重要的信息；（3）确定目标群体，即确定谁是各种发出信息最主要的目标群体；（4）选择工具，即采取使用何种工具和手段接触和影响目标群体；（5）明确要对公共外交的哪些方面进行评估以及如何评估。[1] 阿什温·加内什和扬·梅利森指出了公共外交开展和实施的基本过程和步骤，为公共外交的开展和实施提供了重要参考。充分考虑上述方面对于公共外交的开展和实施很有必要，但并非所有公共外交活动都要完全按照上述步骤来展开。通常来说，一国开展和实施公共外交，第一，必须明确开展和实施公共外交的主体和对象，即明确由谁开展和实施公共外交以及向谁开展和实施公共外交；第二，需要确定公共外交的基本理念、战略定位和预期目标；第三，需要分析自己所面临的内外环境，正确评估所拥有的公共外交资源，明确开展和实施公共外交的优势和劣势；第四，需要结合公共外交的主体对象、预期目标、环境条件等因素，设计出公共外交规划，确定公共外交的组织结构、主题信息、实施策略、开展形式、效果评估指标等；第五，根据公共外交规划，确定公共外交具体的实施路径。因此，本书在吸收借鉴中西方公共外交理论、结合中西方公共外交实践的基础上，提出涵盖理论分析、概念界定、环境评估、策略规划、路径选择等环节构成的"一带一路"公共外交分析框架，对"一带一路"公共外交这一新命题展开探索性研究。根据分析框架，全书内容安排如下（见表0—1）。

---

[1] Ashvin Gonesh and Jan Melissen, *Public Diplomacy: Improving Practice*, The Hague: Netherlands Institute of International Relations Clingendael, 2005, Appendix, pp. 6–7.

表 0—1　　　　　　　"一带一路"公共外交的逻辑框架

项目变量		基本内容
主体对象	实施主体	各类政府行为体与非政府行为体
	对象群体	"一带一路"域内外国家公众
战略内涵		传播丝路文化、传递丝路友谊、讲好丝路故事、弘扬丝路精神
目标函数	目标定位	短期目标：消除疑虑与误解、提升"一带一路"认同 中期目标：夯实社会民意基础、增进各国战略互信 长期目标：强化共同体意识、化解中国崛起困境
	核心理念	和平合作、互利共赢的利益共同体理念 开放包容、互鉴互融的文明共同体理念 复兴发展、互存互荣的命运共同体理念
环境资源	现实基础	理论基础：中国外交思想与理论的创新与丰富 实践基础：中国公共外交工作的拓展与深化 资源基础：中国硬实力与软实力资源的潜能与优势 经验借鉴：国外公共外交发展的经验与启示
	影响因素	国内支撑体系的有效性 文化与文明间的融合度 域内外国家的政治社会环境 国家间关系与地区地缘形势
策略规划	体制架构	领导机构：中央推进"一带一路"建设工作领导小组下属公共外交机构 业务部门：领导机构下属部门及政府各领域涉外部门 基层部门：驻外使领馆及其下属机构 民间部门：高校、企业、社会组织、人民团体和民间交流机构
	策略安排	主题形象策略、信息传播策略、公关营销策略、人文交流策略、危机管控策略
	形式选择	媒体网络公共外交、文化宗教公共外交、跨国企业公共外交、对外援助公共外交、华人华侨公共外交
	效果评估	影响性维度："一带一路"倡议的知晓度和吸引度 规范性维度："一带一路"倡议的认同度和支持度

续表

项目变量		基本内容
实践路径	构建话语体系	"一带一路"国际话语战略、"一带一路"国际话语创新 "一带一路"国际话语传播、"一带一路"意见领袖培养
	丰富公关模式	政府主导下的政府公关、政府与民间合作的游说公关 非政府组织的委托公关、项目运作下的战略沟通
	拓展交流领域	教育学术领域的交流与合作、科技医卫领域的交流与合作 文化艺术领域的交流与合作、体育旅游领域的交流与合作
	加强机制建设	高层磋商机制、交流对话机制、整合引导机制、人才培养机制、投入保障机制

资料来源：作者自制。

  第一章阐释公共外交的相关理论以及"一带一路"公共外交的提出背景和意义。首先，对公共外交的概念进行了界定和辨析，并对公共外交的基本特点与政策功能进行了阐释，指出公共外交具有主体的多元性、对象的特殊性、方式的非政治性、过程的互动性、目标的渐进性以及政府参与的间接性等特点，其政策功能主要包括营造良好国际环境、促进国家间关系、维护国家安全、服务国家战略以及拓展国际影响力等。其次，对公共外交的发展历程和动力进行了分析，指出公共外交与外交一样，是一个历史范畴，其大致经历了从萌芽、形成到专业化、复杂化的发展历程，而公共外交在世界范围内的兴起和发展却是在传统外交式微背景下，全球化进程加快、全球公民社会形成、信息技术和传播手段进步的结果。再次，对公共外交的理论体系进行了论述，指出公共外交主要包括国际关系理论范式、马克思主义理论范式以及文化传播理论范式三大理论范式，包含主体、对象、主题（理念）、内容、目标、任务、体制、机制、传播、公关、模式（形式）、评估等构成要素，遵循"传播—对话—合作"的运行机制。最后，提出面对国际社会和"一带一路"域内外国家对"一带一路"倡议的疑虑、误解和责难，应该充分发挥公共外交在"一带一路"建设中的推动作用，围绕"一带一路"建设向"一带一路"域内外国家公众开展和实施"一带一路"公共外交。

第二章论述"一带一路"公共外交的相关概念范畴。作为一种具体的公共外交形态,"一带一路"公共外交的内涵、外延及其相关概念范畴需要得以明确。所谓"一带一路"公共外交,就是指中国各类政府行为体和非政府行为体围绕"一带一路"建设,通过信息传播、国际公关、人文交流等多种手段和途径向"一带一路"域内外国家公众全面、准确、鲜活地展示、宣介和传播"一带一路"倡议的对话和交流活动,以纠误解惑、增信释疑,为"一带一路"建设营造良好的国际舆论氛围与外部环境,深化"一带一路"域内外国家公众对"一带一路"倡议以及中国的理解、信任与支持。具体来说,"一带一路"公共外交秉承和平合作、互利共赢的利益共同体理念,开放包容、互鉴互融的文明共同体理念以及复兴发展、互存互荣的命运共同体理念,以国内各类政府行为体与非政府行为体为主体,以"一带一路"域内外国家公众为对象,以传播丝路文化、传递丝路友谊、讲好丝路故事、弘扬丝路精神为内涵,以消除疑虑与误解、提升"一带一路"认同,夯实社会民意基础、增进各国战略互信,强化共同体意识、化解中国崛起困境为目标。

第三章评估"一带一路"公共外交的实施环境。任何公共外交活动的开展和实施都会受到一国自身条件和内外部环境的影响和制约,一国所具有的自身条件和所面临的内外部环境从根本上决定着公共外交的方向、空间、范围和效果。因此,对公共外交的实施环境进行全面准确的把握和评估是开展好公共外交的前提。基于此,第三章首先分析了开展和实施"一带一路"的现实基础,认为中国外交思想与理论的创新与丰富、中国公共外交工作的拓展与深化、中国硬实力与软实力资源的潜能与优势、国外公共外交发展的经验与启示分别为"一带一路"公共外交的开展提供了理论基础、实践基础、资源基础和经验借鉴。其次,分析了影响和制约"一带一路"公共外交效果的内外部因素,认为国内支撑体系的有效性、文明与文化间的融合度、域内外国家的政治社会环境以及国家间关系与地区地缘形势等内外部因素将影响和制约着中国"一带一路"公共外交的预期目标和实施效果。

第四章探讨"一带一路"公共外交的策略规划。公共外交规划是公共外交活动的行动路线图。开展和实施"一带一路"公共外交需要结合"一带一路"公共外交的预期目标、实施环境拟定一套行之有效的策略规划,对"一带一路"公共外交的体制架构、策略安排、形式选择、效果评估等事务和工作进行明确、妥善的筹划和安排，以确保"一带一路"公共外交各项活动有序、有效开展。因此，第四章首先从机构设置、隶属关系、权责分配、组织运行等方面明确"一带一路"公共外交的体制架构。其次，从主题形象定位、媒体信息传播、公关营销促进、教育文化交流、危机风险管控等方面明确"一带一路"公共外交的实施策略。再次，根据"一带一路"公共外交的目标、对象、环境等实际情况，提出"一带一路"公共外交可采取媒体网络公共外交、文化宗教公共外交、跨国企业公共外交、对外援助公共外交、华人华侨公共外交等具体公共外交形式。最后，从理论依据、方法技术、指标体系、过程控制等方面探讨"一带一路"公共外交效果评估问题，提出从影响性维度（Affective）、规范性维度（Normative）两个维度以及信息传递的有效性、信息传播方式和途径的效率、目标公众态度和行为的变化三个方面对"一带一路"公共外交的实施效果进行评估。

  第五章探寻"一带一路"公共外交的实践路径。"一带一路"公共外交是一项长期的战略性系统工程，为保证各项预期目标的实现，根据"一带一路"公共外交战略规划，主要从以下五个方面来探寻"一带一路"公共外交的实践路径。一是构建"一带一路"公共外交话语体系。"一带一路"倡议在对外展示、宣介和传播的过程中关键在于掌握和提升"一带一路"国际传播的话语权，因而开展和实施"一带一路"公共外交需要从制定"一带一路"国际话语战略、创新"一带一路"国际话语内容、传播"一带一路"国际话语以及培养"一带一路"意见领袖等方面构建"一带一路"公共外交话语体系。二是丰富"一带一路"公共外交公关模式。国际公关活动在塑造一国良好国际形象，赢得他国公众好感、理解与支持方面具有独特的作用，因而开展和实施"一带一路"公共外交需要借助公共关系的手段，通过政府公关、游说外交、委托外交、战略沟通等多种公关模式来增进"一带一路"域内外国家公众对"一带一路"倡议及中国的好感和认知。三是拓展"一带一路"公共外交交流领域。人文交流是与他国公众建立长期、稳定、良好人际关系，赢得人心和建立信任最为有效的手段和途径，因而开展和实施"一带一路"公共外交需要加强同"一带一路"域内外国家及公众在教育学术、科技医卫、文化艺术、体育旅游等人文领域的交流与合作。四是加强"一带一路"公共外交机制建设。制度化、常态化、规范化的长效机制是公共外交各项工作和活动正常开展和顺利实施的重要保障,因而开展和实施"一带一路"公共外交需要通过建立高层磋商机制、交流对话机制、整合引导机制、人才培养机制、投入保障机制等来对"一带一路"公共外交各项工作进行有效的引导、协调和保障。

第一章

公共外交与"一带一路"倡议

随着全球化进程的深入、全球公民社会的形成、信息技术和传播手段的进步,国际关系不再仅仅局限于国家与国家之间的关系,而是包含社会与社会、国家与社会、国家与非国家行为体等众多层面的关系总和。在此背景下,如何在处理好与他国政府关系的同时,积极开展同他国公众的沟通和交流成为世界各国政府共同面临的重大问题。20世纪以来,公共外交作为一种提升国家形象、服务国家战略、促进国家利益、赢得他国公众人心和思想认同的外交工具越来越受到世界各国的重视,日益成为促进国家间关系、服务国家战略的新方式和新途径。在"一带一路"建设深入推进的背景下,应重视和发挥公共外交在营造良好国际舆论氛围、夯实社会民意基础、强化国家间战略互信、实现"一带一路"民心相通等方面的推动作用。本章从基本概念、特点功能、发展历程与动力、理论维度与范式、构成要素与运行等方面对公共外交的相关理论进行了梳理和归纳,并提出有必要围绕"一带一路"建设向"一带一路"域内外国家公众开展和实施"一带一路"公共外交。

第一节 公共外交的兴起与发展

公共外交既是一种古老的现象,又是一门年轻的学问。早在中国春秋战国时期,各诸侯国之间就开始使用舆论战、心理战等手段来制造舆论、鼓动人心、离间民众与政府间的关系,进而服务于国家战略的实施。与此同时,西方的公共外交现象也可追溯到古希腊时期各城邦使节、信使、演说家向其他城邦官员和民众开展的演说和游说活动,从而创造有利于自己的局面。① 这些行为和做法虽然不是严格意义上的公共外交，但已经具备了公共外交的某些元素。然而，尽管公共外交活动可追溯久远，但直到20世纪60年代，公共外交才真正作为一门学问得到西方学术界和政策界的关注和系统化研究。20世纪90年代以后，公共外交开始进入中国学者的研究视野。

一　公共外交的概念界定及其辨析

公共外交（Public Diplomacy）起源于美国，美国是最早提出并开展公共外交的国家。国内外学术界和政策界普遍认为"公共外交"概念最早由美国塔夫斯大学（Tufts University）弗莱彻法律与外交学院院长埃德蒙·古利恩（Edmund Gullion）提出并做出界定。美国国会图书馆在提交给国会参议院外交关系委员会的一份关于美国国际文化项目的研究报告中指出，埃德蒙·古利恩在1965年塔夫斯大学成立爱德华·默罗公共外交研究中心（Edward R. Murrow Center for Public Diplomacy）成立的演讲中将公共外交界定为："公共外交……关注公共态度对外交政策制定和实施的影响。它超越传统外交范围以外国际关系的诸多层面：包括一国在其他国家公众舆论的培育、与他国私人利益集团的相互作用、对外交事务及外交政策影响的报道和传播、外交人员和外国记者之间的沟通以及跨文化沟通的过程……公共外交的核心是信息和思想的跨国流动。"② 虽然古利恩对公共外交的定义并不准确，但明确了公共外交的内涵和范围，后来学术界、政策界对公共外交概念的界定也深受古利恩的影响。美国著名学者汉斯·塔奇（Hans N. Tuch）在借鉴古利恩关于公共外交定义的基础上，认为公共外交是一种政府塑造海外交流环境的努力，旨在推行对外政策、降低与其他国家关系的复杂性和误解误判程度。③ 1987年，美国国务院编撰的《国际关系术语词典》将公共外交定义为"受政府资助的、目的在于告知或影响其他国家公众舆论的外交活动，其主要手段是广播、电视、电影、出版物和文化交流"。④ 1997年，美国负责将新闻署

---

① 韩方明主编：《公共外交概论》（第二版），北京大学出版社2012年版，第1—2页。
② 参见美国公共外交联谊会网站，http：//pdaa. publicdiplomacy. org/? page_id = 6。
③ Hans N. Tuch, *Communicating with the World: US Public Diplomacy Overseas*, New York: St. Martin's Press, 1990, pp. 3 - 8.
④ 参见美国公共外交联谊会网站，http：//pdaa. publicdiplomacy. org/? page_id = 6。

与国务院合并的规划小组在界定公共外交时指出,"公共外交旨在通过理解、告知和影响他国公众来促进美国的国家利益"。①"9·11"事件后,美国学术界和政策界开始反思其对外政策,公共外交也开始更多关注如何改善国家形象、争取"人心"、获得理解与信任。例如,全球著名公共外交研究机构——美国南加州大学公共外交研究中心(The USC Center on Public Diplomacy)将公共外交定义为,"一国通过电视广播、学术交流、留学生和观光旅游项目、语言培训计划以及其他文化交流活动来告知和影响海外公众态度的外交行为,旨在提高本国在海外公众中的形象和声誉,进而促进外交政策目标和国家利益的实现"。②

随着美国公共外交研究与实践的深入,公共外交这一概念开始越来越被世界其他国家所接受。欧盟以及加拿大、日本、俄罗斯、印度、伊朗等国家也开始对公共外交给予更多研究和关注。2003年,英国公共外交战略委员会(PDSB)将公共外交定义为"一项通过创造良好的伙伴与合作关系,并以某种积极的方式影响海外公众和机构对英国的态度,使其支持英国的政策和目标的工作"。③ 英国学者杰夫·贝里奇(G. R. Berridge)则认为,公共外交是"由一国外交部执行或主持的、直接或者间接的宣传活动,其目的在于维护和提升国家形象"。④ 荷兰学者扬·梅利森(Jan Melissen)认为,"公共外交是外交公开化的产物,是国家、国家联盟、次国家和非国家行为体了解文化、态度和行为,建立和管理关系,影响思想和调动有利于他们利益和价值的行为的工具"。⑤ 日本学者金子将史、北野充在《公共外交:"舆论时代"的外交战略》一书中认为,"公共外交是为了达成本国的对外利益与目的,提高本国的地位与影响力,提升国际形象,加深对本国的理解,通过与国外的个人及组织建立联系、保持对话、传递信息、相互交流等形式而进

---

① 参见美国公共外交联谊会网站,http://pdaa.publicdiplomacy.org/?page_id=6。
② The USC Center on Public Diplomacy:"What is PD?",http://uscpublicdiplomacy.org/page/what-pd。
③ Public Diplomacy Strategy Board, Terms of Reference, as agreed in 2002, http://www.publications.parliament.uk/pa/cm200506/cmselect/cmfaff/903/90305.htm#n12。
④ [英]杰夫·贝里奇:《外交理论与实践》,庞中英译,北京大学出版社2005年版,第17—18页。
⑤ [荷兰]扬·梅利森:《公共外交:欧洲的视角》,《公共外交季刊》2013年第1期。

行的相关活动"。① 印度学者基尚·拉纳（Kishan S. Rana）把公共外交归结为，"一国在非政府人员的参与下以不同的形式制造舆论、施加压力，进而影响他国公众的看法，获得其对本国的拥护和支持的外交行为"。②

20世纪90年代以后，一些中国学者开始在相关论著中对国外公共外交的理论与实践进行了初步的介绍和探讨，中国学术界、政策界对公共外交的研究由此展开。③ 21世纪以来，中国学术界、政策界对公共外交研究的热情不断高涨，涌现出了大量的优秀研究成果，④ 中国公共外交研究由此进入了一个新的阶段。学者们也从不同角度出发对公共外交的概念进行了界定。例如，赵启正、雷蔚真认为，"公共外交是指一国的政府、企业、社会组织、公众等各方从各种角度向他国公众表达本国国情、说明本国政策、解释外国对本国的不解之处，并在相互交流中了解对方观点的外交活动，其目的在于提升本国形象、改善他国公众对本国的态度，进而影响他国政府对本国的政策"。⑤ 韩方明、赵可金认为，"公共外交是一个国家为了提高本国知名度、美誉度和认同度，由中央政府或者通过授权地方政府和其他社会部门，委托本国或者外国社会行为体通过传播、公关、媒体等手段与国外公众进行双向交流，开展针对全球公众的外交活动，以澄清信息、传播知识、塑造价值进而更好地服务于国家利益的

---

① ［日］金子将史、北野充：《公共外交："舆论时代"的外交战略》，《公共外交》翻译组译，外语教学与研究出版社2010年版，第5页。

② Kishan S. Rana, *Bilateral Diplomacy*, New Delhi: Manas Publications, 2002, pp. 23 – 24.

③ 中国学者早期对国外公共外交的介绍和探讨可参见周启朋、杨闯等编译《国外外交学》，中国人民公安大学出版社1990年版；鲁毅、黄金祺等《外交学概论》，世界知识出版社1997年版。

④ 21世纪以来国内关于公共外交研究的代表性成果有：韩召颖：《输出美国：美国新闻署与美国公众外交》，天津人民出版社2000年版；赵可金：《公共外交的理论与实践》，上海辞书出版社2007年版；赵启正：《公共外交与跨文化交流》，中国人民大学出版社2011年版；赵可金：《软战时代的中美公共外交》，时事出版社2011年版；檀有志：《美国对华公共外交战略》，时事出版社2011年版；韩方明主编：《公共外交概论》，北京大学出版社2012年版；柯银斌、包茂红主编：《中国与东南亚国家公共外交》，新华出版社2012年版；北京外国语大学公共外交研究中心编：《中国公共外交研究报告（2011/2012）》，时事出版社2012年版；文君编著：《公共外交与人文交流案例》，世界知识出版社2013年版；李华：《国际组织公共外交研究》，时事出版社2014年版；赵启正、雷蔚真主编：《中国公共外交发展报告（2015）》，社会科学文献出版社2015年版。

⑤ 赵启正：《公共外交与跨文化交流》，中国人民大学出版社2011年版，第4页；赵启正、雷蔚真主编：《中国公共外交发展报告（2015）》，社会科学文献出版社2015年版，第4页。

实现"。[①] 吴白乙认为,"公共外交是指一国政府对他国公众使用文化、经济、政治和社会交往等多种组织方式,说明本国国情和本国政策,用以改进或增强政府间外交活动的民意基础"。[②] 唐小松、王义桅认为,"公共外交是以国外公众为对象、以信息和语言为主导的对他国公众进行说明、说服工作,进而创造有利于本国的国际环境、实现国家利益最大化的外交决策行为"。[③]

虽然国内外学术界和政策界对公共外交的定义不尽相同,但对公共外交的本质属性和基本范畴有着较为一致的认识:第一,公共外交的行为体主体是一国政府以及受其委托、授权、支持的相关组织、机构和公众;第二,公共外交的实施对象是他国公众而非他国政府;第三,公共外交的根本目的是通过影响、改变公众的态度和认知来为国家利益的实现创造条件;第四,公共外交的行为方式是信息传播、人文交流和国际公关;第五,公共外交的实力源泉主要来自国家的软实力而非硬实力。结合国内外学术界和政策界对公共外交的定义,可以将公共外交界定为一国政府、政府所属机构及其委托、授权、支持的国内外非政府行为体,以信息传播、国际公关、人文交流等方式向他国公众介绍、阐释、说明本国的基本国情、发展道路、内外政策及举措的对话和交流活动,旨在纠误解惑、增信释疑,影响和改善他国公众对本国的态度,提升国家形象和国际声誉,创造有利的舆论氛围与外部环境,进而服务于国家战略的实施和国家利益的实现。

作为一门新兴的学问,公共外交往往容易与传统外交、民间外交、公共事务、对外宣传等概念相混淆。为了准确认识和把握公共外交,有必要对公共外交与这些概念之间的联系与区别做一辨析(见表1—1)。

1. 传统(政府)外交与公共外交。一般来说,传统外交(Traditional Diplomacy)即政府间外交,是指国家或者国家集团的政府之间通过专门的外交部门和外交人员以和平手段行使主权的对外交往活动。传统(政府)外交具有四大要素:通过谈判的方式处理国际关系、由外交机构和

[①] 韩方明主编:《公共外交概论》(第二版),北京大学出版社2012年版,第8—9页;赵可金:《公共外交的理论与实践》,上海辞书出版社2007年版,第15—16页。

[②] 吴白乙:《公共外交:中国外交变革的重要一环》,《国际政治研究》2010年第3期。

[③] 唐小松:《中国公共外交的发展及其体系构建》,《现代国际关系》2006年第2期;唐小松、王义桅:《公共外交对国际关系理论的冲击:一种分析框架》,《欧洲研究》2003年第4期。

外交人员调节和处理国际关系的方法、外交官的业务或技术、处理国际交往和谈判的技能或谈吐。① 虽然传统（政府）外交与公共外交从根本目的上讲都是为了维护和促进国家利益，但二者主要差别在于：传统（政府）外交的主体主要是政府行为体，公共外交的主体既包括政府行为体还有各类非政府行为体；传统（政府）外交的对象是他国政府，其本质是政府与政府之间的外交活动，而公共外交的对象则是他国公众，其本质是政府与公众之间的外交活动；传统（政府）外交的实力来源主要以强大的国家实力尤其是经济实力和军事实力等硬实力作为后盾，而公共外交则更多依靠国家制度、文化、历史等软实力资源的吸引力、感召力和影响力。

2. 民间外交与公共外交。民间外交（People-to-people Diplomacy）是中国使用广泛的、独特的政治话语，泛指人民团体、社会组织、公众个人等非国家行为体之间以促进交流、增进了解、改善关系为目标开展的非政府、非正式和非官方的对外交往和活动。民间外交与西方"第二轨外交"的范畴相近，用于描述正式的政府体系之外的外交手段。② 新中国成立后，我国大力推动民间外交事业的发展，民间外交成为中国推动与其他国家关系的改善和发展、争取良好的国际环境的重要途径，与官方外交、半官方外交共同构成了新中国成立初期整体外交。③ 民间外交与公共外交在交往内容和交往形式上具有很大的相似性，二者的根本不同在于是否有政府的参与、委托和授权。民间外交是非政府行为体之间的相互交流和往来，官方色彩较为淡薄；公共外交则是在政府的参与和支持下由各类政府行为体和非政府行为体参与的针对他国公众的外交活动，具有浓厚的官方色彩。

3. 公共事务与公共外交。公共事务（Public Affairs）通常是指由政府以及相关社会组织提供的满足社会公众需要的社会事务，它体现了政府与它所管理的社会之间的关系。④ 涉外公共事务和公共外交都有向公众、

---

① ［英］戈尔-布斯：《萨道义外交实践指南》，转引自杨闯主编：《外交学》，世界知识出版社2009年版，第2页。
② ［美］路易斯·戴蒙德、约翰·麦克唐纳：《多轨外交：通向和平的多体系途径》，李永辉等译，北京大学出版社2006年版，第2页。
③ 陈昊苏、张胜军主编：《民间外交与大国崛起》，凤凰出版社2011年版，第2页。
④ ［美］尼古拉斯·亨利：《公共行政与公共事务》，项龙译，华夏出版社2002年版，第1页。

媒体、机构传递信息、说明情况、塑造舆论、提供服务获取支持之意，但二者的本质区别在于公共外交的对象是他国公众和国外事务，而公共事务的对象是国内公众和国内事务。也就是说，公共事务的实质是政府向国内公众传递政策信息的活动和计划。① 美国负责将新闻署与国务院合并的规划小组在区别"公共外交"和"公共事务"时指出，"公共事务旨在通过与国内公民个人、团体、机构、媒体的对话，向其提供和传达关于美国政府的目标、政策和活动的信息，并促进对这些目标的理解。而公共外交旨在通过理解、告知和影响他国公众来促进美国的国家利益，即公共外交的主旨是向他国公众传达。"②

4. 对外宣传与公共外交。外交中的对外宣传（External Propaganda）可理解为一国政府为实现特定的目标，通过广播、电视、报刊、网络等方式向他国政府和公众介绍、展示、推销本国的行为和活动。由此可见，对外宣传与公共外交在行为方式和目标上具有很大的相似性，二者都是借助大众传媒来影响、改变对象的态度和观念以实现特定的目标。因此，从这个意义上讲，可以将对外宣传看作公共外交的一个重要组成部分。不过，对外宣传和公共外交也存在一定的差别。对外宣传中的信息传递通常是单方面的表达和灌输，而公共外交传递信息则强调与公众的双向交流和沟通，尊重公众对信息的自由选择权利。此外，需要指出的是，"对外宣传"在西方国家是一个极具贬义色彩的词语。第二次世界大战时期纳粹德国通过传播媒介对其意识形态和侵略行径的大肆宣传和美化以及冷战时期美苏两大集团展开的"舆论战"给"对外宣传"打上了贬义的烙印。因而，"对外宣传"在西方国家很大程度上被认为蕴含着强烈的政治军事目的，③ 其传播的信息往往具有选择性、欺骗性和虚假性。基于此，公共外交中所包含的对外宣传必须以公开传播真实、可靠、准确的信息为特征。④

---

① The USC Center on Public Diplomacy, "What is PD?", http://uscpublicdiplomacy.org/page/what-pd.
② 参见美国公共外交联谊会网站，http://pdaa.publicdiplomacy.org/?page_id=6。
③ 李志永：《公共外交相关概念辨析》，《外交评论》2009年第2期。
④ 李德芳：《全球化时代的公共外交》，中国社会科学出版社2014年版，第32页。

表1—1　　　　　　　　公共外交与相关概念的比较

项目＼类型	公共外交	传统外交	民间外交	公共事务	对外宣传
行为主体	政府与非政府行为体	政府行为体	非政府行为体	政府行为体	政府行为体
实施对象	他国公众	他国政府	他国公众	国内公众	他国政府及公众
实施目的	创造国家利益实现条件	国家利益最大化	增进了解、改善关系	国内治理	意识形态与政治目的
行为方式	传播、公关、人文交流	谈判、交涉、武力威胁	人文交流	公共行政与公共管理	单向传播与灌输
政府作用	参与、调整	主导、指示	有限引导	主导、指示	主导、指示
信息处理	公开性、真实性	保密性、机密性	公开性、真实性	选择性、真实性	选择性、欺骗性
实力来源	制度、文化等软实力	经济、军事等硬实力	制度、文化等软实力	国家行政权力	经济、军事等硬实力

资料来源：作者自制。

二　公共外交的基本特点与功能

作为一项"赢得公众人心"、维护和促进国家利益实现的外交活动，公共外交具有主体的多元性、对象的特殊性、方式的非政治性、过程的互动性、目标的渐进性以及政府参与的间接性等特点，其政策功能主要包括营造良好国际环境、促进国家间关系、维护国家安全、服务国家战略以及拓展国际影响力等。

（一）公共外交的基本特点

1. 公共外交主体的多元性。与传统政府外交相比，公共外交的行为主体更为多元。传统政府外交的行为主体较为单一，主要由政府以及政府代表（国家元首、政府首脑、外交官等）来进行外交活动，而公共外交的行为主体不仅包括政府、政府所属涉外及驻外机构在内的各类政府行为体，还包括受政府、政府所属机构委托、授权、支持的各类国内外非政府行为体。阿瑟·霍夫曼（Arthur Hoffman）等人认为政府、个人和社会团体是开展公共外交的三大主体。[1] 美国南加州大学公共外交研究中

---

[1] Arthur Hoffman ed., *International Communication and the New Diplomacy*, Bloomington, Ind.: Indiana University Press, 1968, p. 3.

心认为公共外交的行为主体主要包括政府、非政府组织及私人机构。① 赵启正则指出,"公共外交的行为主体包括政府、社会精英和普通公众三个层面,其中政府是主导、社会精英是中坚、普通公众是基础"。② 事实上,公共外交的行为主体远不止于此。除了各类政府行为体,一切受政府组织和支持、按照政府意志与他国公众交流的新闻媒体、涉外企业、高等学校、社会组织、人民团体、公众个人等都属于公共外交的行为主体。

2. 公共外交对象的特殊性。公共外交的实施对象为他国公众,这与以他国政府为对象的传统政府外交和以国内公众为对象的公共事务不同。公众(Public)③是公共关系的基本构成要素。在公共关系学中,一般把公众理解为与特定的公共关系主体的利益直接或间接相关的、与公共关系主体相互联系、相互作用的个人、群体及组织的总和,他们对公共关系主体及其组织的目标和发展具有实际或潜在的影响力和制约力。④ 根据公众的重要性、态度、构成、组织形态、发生时间、发展状态、公关任务等不同标准可将公众分为:大众传媒、首要公众、次要公众、顺意公众、逆意公众、独立公众、内部公众、外部公众、组织公众、非组织公

---

① The USC Center on Public Diplomacy: "What is PD?", http://uscpublicdiplomacy.org/page/what-pd.
② 赵启正:《公共外交:中国公民向"世界公民"的身份转变》,《时事报告》2010年第1期;赵启正:《公共外交与跨文化交流》,中国人民大学出版社2011年版,第4—5页。
③ "公众"容易与"人民""群众""人群""受众"等概念相互混淆,有必要做一区分。"人民"(People)是一个政治和社会历史范畴,量的方面泛指居民中的大多数,质的方面指一切推动社会历史前进的人,既包括劳动群众,也包括有剥削性但又促进社会历史发展的其他阶级、阶层或集团,往往和敌人、专政对象相对而言;"群众"(Mass)包含在人民之中,通常指从事物质资料和精神资料生产的劳动者;"人群"(Crowd)是社会学用语,量上指居民中的某一部分,质上是一个无须整体意识和共同问题的松散结构;"受众"(Audiences)指信息的接受者,暗含了"消极"和"被动"之意。参见陈观瑜编著《公共关系教程新编》,中山大学出版社2005年版,第137—138页。
④ 公众的定义表明并非所有人都可以被纳入"公众"的范畴,判断某一个人或一个群体是否属于"公众"需要满足四个条件:一是受牵涉性(Involvement),即公共关系主体或组织的行为和举动牵涉到自己;二是问题认知性(Problem Recognition),即公共关系主体或组织的行为和举动所造成的影响已演化为一个问题;三是受限性(Constraint),即公共关系主体或组织的行为和举动不会受到限制;四是影响力(Influence Power),即能够对公共关系主体或组织的行为和举动施加影响。如果某一个人或群体不符合上述条件,那就是"非公众",对于公共关系主体及其组织就不具有意义。参见[美]詹姆斯·格鲁尼格等《卓越公共关系与传播管理》,卫五名等译,北京大学出版社2008年版,第99—100页。

众、未来公众、现在公众、潜在公众、知晓公众、活动公众、集中影响公众、扩散影响公众等。[①] 一般来说，公共外交所指的"公众"通常是指能够影响、制约公共外交目标和发展的海外国家的个人、群体或者其他组织。

3. 公共外交方式的非政治性。虽然公共外交服务于国家战略与国家利益，但公共外交是通过非政治的方式和手段来展开相关活动的。总的来看，公共外交的行为方式或者手段可分为三大类型：一是国际传播，包括通过电视、广播、电影、新闻出版、媒体报道、互联网络的方式进行对外信息传播；二是国际文化交流，包括教育学术交流、留学生派遣、民众互访、旅游观光、艺术展览、文艺演出、体育赛事等；三是国际公关，包括采取政府游说、企业游说、形象公关、危机公关、对外援助等方式。公共外交方式的非政治性一方面扩大了公共外交的活动范围，使公共外交可以面向对象国社会的各个阶层和众多领域；另一方面也淡化了公共外交的政治色彩，提升了他国公众对公共外交活动的接纳程度。相比而言，传统政府外交则是在国家实力的支撑下，以谈判、协议、强权压制和武力胁迫为手段。

4. 公共外交过程的互动性。公共外交过程的互动性主要体现在两方面：一是公共外交与实施对象进行双向交流和对话。公共外交不是单向灌输，而是在与实施对象的平等交流和沟通过程中来增进了解、赢得好感、获取支持的。公共外交强调对话和互动的特点得到了国内外学术界和政策界的广泛认同，杨洁篪、赵启正、丹尼尔·扬克洛维奇（Daniel Yankelovich）、理查德·加德纳（Richard Gardner）等人认为公共外交就是建立不同社会之间的对话，在向他国公众传递信息、观念的同时了解对方的相关观点，寻求理解和共识。[②] 二是公共外交通过影响公众民意而对政府决策产生作用。也就是说，公共外交通过与他国公众的互动引发

[①] 张克非编著：《公共关系学》，高等教育出版社2001年版，第86—89页；王维平主编：《公共关系原理与应用》（第三版），兰州大学出版社2007年版，第37—46页。

[②] 参见杨洁篪《努力开拓中国特色公共外交新局面》，《求是》2011年第4期；赵启正：《公共外交与跨文化交流》，中国人民大学出版社2011年版，第4页；Allen C. Hansen, *USIA: Public Diplomacy in the Computer Age*, New York: Praeger, 1989, pp. 2–10; Kenneth W. Thompson, ed., *Rhetoric and Public Diplomacy: The Stanton Report Revisited*, Lanham, Md.: University Press of America, 1987, pp. 96–98.

他国公众与其政府的沟通，进而影响政府的政策决策。在信息传递和交流方式方面，传统政府外交和传统对外宣传则有其自身的局限性。传统政府外交强调对等原则，缺乏与公众的平等交流和沟通，而传统对外宣传存在吹嘘、单向交流、操纵对象理解力的问题，这将难以在实施对象中产生共鸣、改变实施对象对行为主体的既有成见和刻板印象。

5. 公共外交目标的渐进性。公共外交的直接目标是影响公众的态度，最终目标是维护和促进国家利益的实现。① 直接目标到最终目标的实现是一个渐进的过程。在这一过程中，塑造良好形象、赢得公众的好感和支持至关重要，而良好的形象、公众的好感需要在国家软实力的作用下通过长时间经营和培育才能获得。也就是说，公共外交目标的实现需要循序渐进，不可毕其功于一役。在这一点上，传统政府外交与公共外交有很大不同，传统政府外交在强大硬实力的支撑下可在短时间内确保国家利益得以维护和实现。美国政治学家、国际关系现实主义之父汉斯·摩根索（Hans J. Morgenthau）就曾明确指出国家硬实力在实现外交目标中的突出地位和作用，"外交必须根据实际和潜在可用于追求目标的实力来决定自己的目标，外交必须评估别国的目标以及实际和潜在的可用于追求目标的实力……一国必须同时运用说服、提供妥协的好处和向对方显示自己国家的军事实力这三种方法来保证外交目标和本国利益的实现"。②

6. 公共外交政府参与的间接性。公共外交是一国政府针对他国公众的外交活动，各类政府行为体和非政府行为体共同构成了公共外交的主体。在公共外交工作中，政府行为体和非政府行为体所处的地位和发挥的作用各不相同。由于公共外交的实施对象是他国公众，需要尽量淡化公共外交的政治性、保持公共外交的"民间面孔"以降低他国公众的抵触和排斥，因而在多数情况下，政府主要是授权、委托、支持各类非政府行为体开展公共外交活动。③ 换言之，政府更多负责公共外交的领导、组织、协调和推进工作，而媒体、企业、城市、高校、社会组织、知名人士、普通公众等广大非政府行为体才是公共外交的主要依靠力量，是

---

① 韩方明主编：《公共外交概论》（第二版），北京大学出版社2012年版，第9页。
② [美] 汉斯·摩根索：《国家间政治：权力斗争与和平》（第七版），徐昕、郝望、李保平译，北京大学出版社2006年版，第563—565页。
③ 赵可金：《公共外交的理论与实践》，上海辞书出版社2007年版，第501—502页。

公共外交活动的具体实施者和执行者。

（二）公共外交的政策功能

1. 公共外交营造良好国际环境。和平、安全、稳定的国际环境是一国生存和发展的重要前提。在现代国际关系中，公共外交被视为一国争取他国公众支持、营造良好国际环境的有效工具。这是因为，一国政府通过信息和文化交流可向他国公众展示本国的历史文化、传递本国的思想价值、阐释本国的内外政策，进而改变他国公众对本国的负面认识和消极态度、改善和提升本国在他国公众中的形象、获得他国公众对本国的好感以及对本国内外政策的理解，从而营造出对自身生存和发展有利的国际环境。正因如此，越来越多的国家开始将公共外交视为外交政策中不可或缺的重要"支柱"，注重通过公共外交来建立与国际社会深层稳固的良好关系、营造与国际社会交流对话的有利氛围。① 例如，美国在"9·11"事件后将公共外交提升到前所未有的战略高度，致力于如何改善其国家形象、赢得他国公众尤其是穆斯林世界的理解和认同；② 日本、伊朗等国将公共外交视为消解政治敌意和文明冲突、重塑国家形象、改变周边国家和国际社会对其认知和态度的重要手段，投入了大量的财力、物力来开展公共外交。③

2. 公共外交促进国家间关系。公共外交以他国公众为对象，实现了一国政府与他国公众的直接接触，成为促进国家间关系的重要政策工具，

---

① 唐小松：《公共外交：信息化时代的国家战略工具》，《东南亚研究》2004年第6期。

② 关于"9·11"事件后美国公共外交的研究可参见：Christopher W. S. Ross, "Public Diplomacy Comes of Age", *The Washington Quarterly*, Vol. 25, No. 2, Spring 2002, pp. 75 – 83; Lamis Andoni, "Deeds Speak Louder than Words", *The Washington Quarterly*, Vol. 25, No. 2, Spring 2002, pp. 85 – 100; Antony J. Blinken, "Winning the War of Ideas", *The Washington Quarterly*, Vol. 25, No. 2, Spring 2002, pp. 101 – 114; Edward Kaufman, "A Broadcasting Strategy to Win Media Wars", *The Washington Quarterly*, Vol. 25, No. 2, Spring 2002, pp. 115 – 127。

③ 关于日本公共外交的研究可参见：Kazuo Ogoura, "Japan's Cultural Diplomacy, Past and Present", March 2009, http://www.jripec.aoyama.ac.jp/english/publication/pdf/japans_cultural_diplomacy.pdf, pp. 44 – 54; Toshiya Nakamura, "Japan's New Public Diplomacy: Coolness in Foreign Policy Objectives", March 2013, https://www.lang.nagoya-u.ac.jp/media/public/mediasociety/vol5/pdf/nakamura.pdf, pp. 1 – 23; 关于伊朗公共外交的研究可参见：Anna Tiedeman, "Islamic Republic of Iran Broadcasting: Public Diplomacy or Propaganda?" *Al Nakhlah*, Spring 2005, Article 5, pp. 1 – 7; Pierre Pahlavi, "Understanding Iran's Media Diplomacy", *Israel Journal of foreign Affairs*, Vol. 2, 2012, pp. 21 – 33。

受到世界各国的普遍青睐。① 公共外交方式的非政治性和过程的互动性决定了一国政府可以通过大众传媒、国际公关、文化交流等较为间接和软性的方式向他国公众阐释本国的内政外交，消除他国公众对本国的疑虑和担忧，增进相互间的了解和信任，进而影响他国公众的态度和认知以及所在国的对外政策，推动国家间关系的缓和或发展。尤其是在国家间关系停滞、紧张甚至敌对的情况下，公共外交软性的交流方式和"民间面孔"更容易得到他国的接受，对改善和促进国家间关系的作用也越发明显。在国际关系现实中，中国的"乒乓外交""孔子学院项目"，美国的"音乐外交""富布莱特项目"（Fulbright Program）以及中、英、法、意、俄等国的"文化年项目"都是通过公共外交来推动国家间关系改善和发展的成功案例。

3. 公共外交维护国家安全。安全关乎生存，是国家追求的首要目标。所谓"安全"通常包括两层含义：一是客观上不存在威胁的状态，二是主观上不存在恐惧的感觉。国际关系哥本哈根学派认为，安全是一种超越一切政治规则的特殊政治。安全化作为"存在性威胁"（Existential Threat）被提出而需要采取紧急措施，而这些措施固然超出了政治程序正常限度但仍然不失为正当。② 全球化的发展和国家间相互交往的深入极大地扩展了国家安全的内涵和外延，国家安全日益体现出外部性和综合性的特征，国家的安全政策也从政治、军事等传统安全领域扩展到经济、社会、文化、环境、通信等非传统安全领域，仅仅依靠政治军事手段已难以实现安全目标。在这种背景下，世界各国开始注重通过公共外交来推动不同文明对话与沟通、引导社会舆论和民意，进而达到消除他国对本国的敌意和仇视、劝说他国放弃激进对外政策的目的。尤其是在"9·11"事件之后，美、英、法等国进一步认识到公共外交在维护国家安全方面的独特作用，纷纷加大了对公共外交的战略关注和政策投入，公共外交作为一项赢取安全的手段在国家安全领域的作用日益凸显。

4. 公共外交服务国家战略。在全球化、信息化时代，社会舆论和公

---

① 周鑫宇：《公共外交的"高政治"探讨：权力运用与利益维护》，《世界经济与政治》2015年第2期。

② ［英］巴瑞·布赞、［丹麦］奥利·维夫、［丹麦］迪·怀尔德：《新安全论》，朱宁译，浙江人民出版社2003年版，第32—33页。

众意见深刻地影响着一国对外战略的实施,能否拥有良好的社会舆论氛围和广泛深厚的民意基础直接关乎一国对外战略的成败。一般来说,社会舆论和公众意见对一国外交政策和对外战略的影响主要体现在两方面:在国家间关系良好、政府间达成理解和共识的状况下,实施国的对外战略如果无法获得对象国社会舆论的支持和公众的接受,那么实施国的对外战略可能会在狭隘民族主义、激进排外主义的冲击下大大折损甚至失败;在国家间关系紧张、政府间未能达成理解和共识的状况下,实施国的对外战略如果获得对象国社会舆论的支持和公众的接受,那么对象国公众将影响本国政府,促进双方政府的对话与沟通,直接或间接地推动实施国对外战略的实施。公共外交在引导社会舆论、弥合公众分歧、夯实民意基础方面具有无可比拟的优势,在一国对外战略的实施过程中具有巨大的推动作用。通过开展公共外交活动,可在"讲故事""说道理"的过程中增进对象国社会舆论和公众对实施国对外战略的认知和兴趣,引导和塑造对象国社会舆论,进而为对外战略的实施创造良好的社会舆论氛围和民意基础。

5. 公共外交拓展国际影响。在武力争夺日趋式微的条件下,世界政治的未来将在很大程度上取决于一个国家对世界民众的吸引力和号召力,取决于这个国家的道义形象和文明程度。[①] 也就是说,一个国家只有拥有广泛的国际影响力才能在未来的国际政治角逐中赢得主动,而公共外交则是一国扩展、提升国际影响力的有效途径。公共外交根植于一国软实力资源,公共外交的实施过程既是一国思想体系、价值观念、制度模式的对外传播过程,也是一国国际话语权和国际动员力的提升过程。在这一过程中,信息和文化的交流不仅增强了一国制度、文化、价值的吸引力和感召力,而且还增加了国际社会和公众对一国的接纳度和认同度,使得一国的国际话语权与国际动员力得到有效提高,进而获得强大的国际影响力。正是基于这一认识,通过输出政治文化和制度模式来增强一国的国际影响力开始逐渐成为一些国家开展公共外交的重要任务。[②] 例如,美国就将"使其他国家符合西方的民主标准和价值准则"作为开展公共外交的一个重要目标,因而在美国的公共外交实践中往往体现出其

[①] 赵可金:《软战时代的中美公共外交》,时事出版社2011年版,第23页。
[②] 唐小松、王义桅:《国外对公共外交的探索》,《国际问题研究》2005年第1期。

不遗余力地在全世界范围内推广西方"民主"价值、输出西方"民主"制度的一面。

三 公共外交的发展历程与动力

公共外交与外交一样,是一个历史范畴。它大致经历了从萌芽、形成到专业化、复杂化的发展历程。① 公共外交现象古已有之,其最早可追溯到中国的春秋战国时期和西方的古希腊时期,但公共外交在世界范围内的兴起和发展却是在传统外交式微背景下,全球化进程的深入、全球公民社会的形成、信息技术和传播手段的进步的结果。

（一）公共外交的发展历程

公共外交是一种古老的现象,从中国的春秋战国时期和西方的古希腊时期开始,各诸侯国和各城邦之间的相互交往中就蕴含着一些公共外交的元素。这主要体现在两方面：一是向其他诸侯国和城邦官员进行游说,使其接受和赞成自己的政治主张。例如,《韩非子·五蠹》《东周列国志》等典籍中就记载了春秋战国时期各诸侯国策士、说客的游说活动,"事败而弗诛,则游说之士孰不为用矰缴之说而徼幸其后?""穰侯目视车中曰：'谒君得天与诸侯宾客俱来乎?此辈仗口舌游说人国,取富贵,全无实用!'"。与此同时,城邦的使节、信使也负有去其他城邦中进行游说的职责,他们通常持有君主或元老院签发的授权证书说服对方的官员赞成自己的主张并采取有利于自己的政策。二是向其他诸侯国和城邦公众进行演说以制造舆论、鼓动人心。春秋战国时期,各诸侯国都已认识到"人心"的重要性,因此,开始派出使节、演说家去说服对方国家公众采纳自己的建议或主张,离间民众与政府间的关系。而西方具有强烈威望意识和荣誉感的君主和君主代表也十分重视其他城邦公众的意见和舆论,各城邦君主都将与其他城邦公众建立密切的联系作为对外关系中的重要内容。② 进入封建社会之后,世界各国的公共外交活动主要表现为文化（文明）的对外传播。在古代中国,这种文化（文明）的对外传播集中体

---

① 韩方明主编：《公共外交概论》（第二版）,北京大学出版社2012年版,第169页。
② Jan Melissen, "The New Public Diplomacy: Between Theory and Practice", in Jan Melissen, ed., *The New Public Diplomacy Soft Power in International Relations*, New York: Palgrave Macmillan, 2005, p. 3.

现为中华帝国与外部世界尤其是周边国家确立的以"天朝礼治"为核心的"华夷秩序""朝贡体系"之中。在这种秩序和体系中,中华文明具有无可比拟的优越性,是其他国家学习和效仿的对象,周边国家需向中华帝国派出朝贡使以表示向化之心和恭顺之意,中华帝国则以册封、赐予、施恩等形式予以回馈,并对其进行"德治教化",以维持实际或者象征性的统治。① 在处理与外部世界的关系时,中华帝国力图以和平的方式建立一个"抚外夷以礼,导人以善"的国际关系架构,以"天朝礼治体系"来教化周边国家、处理国际关系活动。② 郑和七下西洋宣扬国威就是突出的例证。在西方世界,西方各君主国开始通过文化、艺术、语言、宗教的传播来提升国家形象。其中,法国表现得最为突出。从红衣主教黎塞留到路易十四,法国大力支持和鼓励文化传播和传教活动,投入了大量的精力和力量来管理自己的国家声誉和国家形象。③ 到18世纪末,法语已成为欧洲的宫廷语言和国际通用语言。欧洲其他君主国家也纷纷效仿法国,将提升国家声誉和国家形象作为增强国家实力的重要手段。总体而言,从春秋战国和古希腊时期到封建社会末期,公共外交作为一种外交现象在国家的对外交往过程中开始萌芽,并获得了一定的发展。

进入资本主义时代,资本的扩张使得世界开始联系在一起,国家间的交往随之扩大,文化(文明)间的交流也逐步增多。正如马克思和恩格斯所说,"资产阶级,由于开拓了世界市场,使一切国家的生产和消费都成为世界性的了。……过去那种地方的和民族的自给自足和闭关自守状态,被各民族的各方面的互相往来和各方面的互相依赖所代替了。物质的生产是如此,精神的生产也是如此。"④ 在资本主义殖民扩张时期,一些西方资本主义国家开始注重通过教育文化交流活动来维护海外殖民统治、提升国际影响力和国家形象,这一时期公共外交已现雏形。例如,法国于1883年成立了旨在向世界推广法语的教学机构——"法语联盟"

---

① 陈岳:《国际政治学概论》(第二版),中国人民大学出版社2006年版,第49—50页。

② 黄枝连:《亚洲的华夏秩序:中国与亚洲国家关系形态论》,中国人民大学出版社1992年版,第93页。

③ Jan Melissen, "The New Public Diplomacy: Between Theory and Practice", in Jan Melissen, ed., *The New Public Diplomacy Soft Power in International Relations*, New York: Palgrave Macmillan, 2005, p. 3.

④ 《马克思恩格斯选集》(第1卷),人民出版社2012年版,第404页。

(the Alliance Française),并从1906年开始向海外重要殖民地学校进行资助以培养海外法国人后代和殖民地民众对法国的忠诚和认同。为了进一步扩大国际影响力,法国外交部于1900年设立了负责法国对外教育和文化交流事务的"学校和作品办公室"(the Office of School and Works),并在1910年设立了世界上最早的全面负责协调对外教育、文化活动的政府文化外交机构——"海外学校与法语基金局"(the Bureau of School and French Foundation Abroad)。[①] 与此同时,英国也加大了海外教育、文化活动的投入。1920年,英国成立了"海外共同体外事办公委员会"(the Foreign Office Committee on British Communities Affairs)以加强海外文化传播和殖民地统治。第二次世界大战期间,对外信息传播和对外文化交流的重要性进一步凸显。对此,纳粹德国设立了"国民教育与宣传部"利用国际广播在全球范围内大肆进行战争宣传。为了回击纳粹德国的战争宣传特别是在拉美地区的战争宣传,美国一方面通过1938年成立的"科学及文化合作部门间委员会"(the Inter-Departmental Committee for Scientific and Cultural Co-operation)和国务院"文化关系司"(the Division of Cultural Relations)以及1940年设立的"美洲事务协调员办公室"(the Office of the Coordinator of Inter-American Affairs)来加强美国与他国公众的文化关系尤其是与拉美国家的文化交流合作。[②] 另一方面通过1942年设立了"战时新闻处"(the Office of War information)来揭露纳粹德国的侵略行径、宣传自己的外交政策。英国则从1932年开始通过英国广播公司(BBC)向他国公众宣扬英国的外交政策及举措,1938年英国广播公司实现了用阿拉伯语直接对中东和北非地区的广播。而在冷战时期,对外宣传和教育文化交流活动日益成为以美苏为首的两大政治军事集团动员海外公众、获得海外支持、扩大国际影响力和战略竞争优势的有力手段,公共外交作为一种独立的外交形态也开始逐步形成。冷战爆发后,美苏两大集团围绕意识形态和战略利益斗争展开了大规模的"宣传攻势"和"文化攻势"。1946年、1948年美国国会分别通过加强教育文化交流的《富布赖特法案》(*Fulbright Act of 1946*)和加强对外宣传与信息传播

[①] 韩方明主编:《公共外交概论》(第二版),北京大学出版社2012年版,第51—52页。
[②] Walter Roberts, "What Is Public Diplomacy? Past Practices, Present Conduct, Possible Future", *Mediterranean Quarterly*, Vol. 18, No. 4, 2007, pp. 36–52.

的《史密斯—蒙特法案》(Smith-mundt Act)。在《富布赖特法案》的支持下,美国开始实施一项庞大的全球教育文化交流项目——"富布赖特项目",该项目在鼓励美国学生和学者赴国外进行学习、研究和教学活动的同时,还资助外国学生和学者赴美学习和交流。富布赖特项目不仅促进了学术的交流与发展,还传播了美国的价值和理念,增进了他国公众对美国的理解和支持。① 而在《史密斯—蒙特法案》的支持下,美国于1953年成立了一个专门负责协调美国海外宣传和信息传播的独立机构——美国新闻署(USIA),并加大了对美国之音(VOA)的资助力度,在西欧建立了美国阵线电台(RIAS)、自由欧洲电台(RFE)和自由电台(RL)三个电台。美国及其盟国利用美国之音、美国阵线电台、自由欧洲电台、自由电台、BBC、德国之声、法国国际电台向苏联、中东欧国家公众"系统而完整地宣传西方的思想和制度、准确而有效地表达美国的外交政策",并"挑拨、煽动、鼓励人们违反苏联法律和实施叛乱"。② 面对美国及其盟国的反苏、反共宣传和文化攻势,苏联和东欧国家主要采取了三方面措施。一是通过莫斯科电台、和平进步电台和基辅电台来谴责美国的外交政策、批评美国及其盟国的政治宣传,并对欧洲国家公众宣传自己的政策和思想。二是通过技术干扰和在城市安装有线广播设备来限制国内公众收听外国广播。到冷战后期,苏联和东欧国家用于信号干扰的发射机约有3000台,97%的苏联公众只能收听苏联广播。③ 三是加大对亚非拉国家文化慈善事业和发展援助项目的投入力度。鉴于美苏两大集团开展的"宣传攻势"和"文化攻势",一些学者认为美苏冷战在一定程度上是东西方公共外交之战,④ 苏联的解体和美国的"胜利"也归功于美国在世界范围内反共信念的力度和传播。⑤

进入21世纪,世界格局和国际形势都发生了重大变化,全球化和信

---

① 赵可金:《公共外交的理论与实践》,上海辞书出版社2007年版,第241页。
② [美]罗伯特·福特纳:《国际传播:"地球都市"的历史、冲突与控制》,刘利群译,华夏出版社2000年版,第162—164页。
③ [美]罗伯特·福特纳:《国际传播:"地球都市"的历史、冲突与控制》,刘利群译,华夏出版社2000年版,第165、207页。
④ 刘德斌:《公共外交时代》,《吉林大学社会科学学报》2015年第3期。
⑤ [美]汉斯·摩根索:《国家间政治:权力斗争与和平》(第七版),徐昕、郝望、李保平译,北京大学出版社2006年版,第366页。

息化的深入发展使得国家间的相互依存程度不断加深,跨国公司、非政府组织、个人等各类非政府行为体在国际政治和国际交往过程中的影响不断提升,公众舆论也越来越成为国家制定外交政策的重要影响变量。公共外交开始在世界范围内迅速兴起。尤其是在"9·11"事件之后,世界各国对公共外交的重视程度和投入力度大幅度提高,公共外交得到进一步发展,世界也由此进入了"公共外交时代"。"9·11"事件的爆发使得美国学术界、政策界对其外交政策进行了深刻反思。美国精英们认为,是由于伊斯兰世界公众对美国的仇恨导致了这一惨剧的发生,因此如何化解仇恨、赢得人心、获得理解成为美国外交政策的重点。在此背景下,美国给予了公共外交前所未有的关注和重视,设立了负责公共外交事务的副国务卿和"全球信息办公室"(Office of Global Communication)来组织、协调、统筹美国在全球范围内尤其是在伊斯兰世界的公共外交活动和事宜,并明确了美国公共外交的使命:通过告知和影响他国公众、加强和扩大与他国公众的联系来维护国家安全、促进国家利益和外交政策目标的实现。[①] 与此同时,世界其他国家也越来越认识到公共外交在争取人心和维护安全方面的重要性,纷纷加大了对公共外交的政策研究和战略投入。例如,英国于2002年成立了"公共外交战略委员会"来负责公共外交战略的制定、审议和评估,并着力建立由专家学者、政府部门官员、非政府组织成员组成的公共外交研究队伍;法国则于2006年成立了"法国文化署"来促进法国对外文化交流、提升法国文化的世界影响力,并为其每年提供3000万欧元的经费支持;[②] 中国也于2009年正式提出要"加强公共外交和人文外交"。此外,加拿大、新西兰、挪威、阿根廷、新加坡的外交部门都制定了自己的公共外交政策,[③] 北美和欧洲一些国家的外交部门还专门为外交人员配备了涉及公共外交策略政策、优先次序、经验教训等内容的公共外交手册来指导其公共外交实践。[④] 这一时期,公共外交显现出一些新的变化,公共外交进入了一个新的发展阶段:第一,

---

① 参见美国国务院网站,http://www.state.gov/r/。
② 赵可金:《公共外交的理论与实践》,上海辞书出版社2007年版,第386—401页。
③ Jan Melissen, "The New Public Diplomacy: Between Theory and Practice", in Jan Melissen, ed., *The New Public Diplomacy Soft Power in International Relations*, New York: Palgrave Macmillan, 2005, p. 8.
④ [荷兰] 扬·梅利森:《公共外交:欧洲的视角》,谢婷婷译,《公共外交季刊》2013年第1期。

公共外交的实施主体进一步多元。"9·11"事件之前,公共外交强调政府与公众的交流,因此公共外交的实施主体主要是各类政府行为体,非政府行为体的作用十分有限。而在"9·11"事件之后,人们开始意识到公众与公众的交流更为重要和有效,政府不再是公共外交的唯一实施主体,非政府组织、跨国公司以及个人等非政府行为体也负有赢得人心、改变国家形象、维护国家安全的责任,也是公共外交的重要实施主体。对此,美国的一些非政府组织呼吁美国公众和美国企业都应行动起来,在外国学习、旅行和从事商业活动时都应注意维护和提升美国形象。第二,公共外交的内涵进一步丰富。公共外交在全球范围内的兴起促进了公共外交内涵的进一步丰富,一些其他领域和学科的概念和理论开始成为公共外交的核心概念和理论。例如,市场营销和公共关系中的"品牌"概念和理论已经开始影响着许多国家、地区和城市的公共外交。同样,约瑟夫·奈提出的"软实力"概念和理论也被广泛运用到公共外交的解释、研究和实践之中。[1] 第三,互联网络对公共外交的影响不断上升。随着互联网络技术的发展和新媒体的不断涌现,互联网络开始成为开展公共外交的一个重要阵地。一方面,越来越多的公众倾向于通过网络和新媒体来了解、讨论、评价国际事件和外交事务。也就是说,公众通过网络和新媒体介入外交事务,并形成公众舆论。另一方面,各类公共外交行为体也开始注重通过网络来传递信息、影响舆论。第四,反恐成为公共外交的重要内容。"9·11"事件之后,公共外交就与恐怖主义紧密联系在了一起,反恐成为了公共外交的重要内容。对此,美国著名国际关系学者约翰·米尔斯海默(John Mearsheimer)指出,反恐要与公共外交相结合,推行一种赢得人心的反恐战略。[2] 而随着恐怖主义威胁的不断上升,如何争取国际社会和国际舆论对反恐活动和政策的支持以及如何在恐怖主义高发地区"提供一种能抵消敌意和暴力信息的对抗力量"成为公共外交面临的突出问题。[3] 总的来说,21世纪的世界已进入"公共外交时代",公共外交已成为任何国家都无法回避的

---

[1] The USC Center on Public Diplomacy, "What is PD?", http://uscpublicdiplomacy.org/page/what-pd.

[2] John J. Mearsheimer, "Hearts and Minds", *The National Interest*, No. 69, Fall 2002, pp. 13–16.

[3] 周庆安、田媛媛:《2013—2014年国际学术界对公共外交的理论探索》,载赵启正、雷蔚真主编:《中国公共外交发展报告(2015)》,社会科学文献出版社2015年版,第289页。

世界潮流，未来公共外交全球化、社会化、网络化、战略化的发展趋势日益明显。[①] 任何国家只有顺应时代潮流、结合本国实际创造性地开展公共外交，才能在日趋激烈的国际竞争中赢得人心、赢得主动。

（二）公共外交的发展动力

公共外交作为一种新兴的外交形态已成为现代外交不可缺少的"公众面孔"，[②] 并在一定程度上体现了国际关系结构的变化。[③] 在传统外交理念中，外交是职业外交官通过谈判、交涉、签订条约等方式进行的对外活动，这种对外活动在大多数情况下是双边的、秘密的。因此，外交权是国家和政府代表（外交官）的特有权力，其他一切非国家行为体都被排除在外交事务之外。第一次世界大战之后，人们将世界大战的爆发归咎于欧洲各国之间签订的秘密条约，社会公众普遍认为外交政策和外交行为的公开化将有助于对政府的监督和避免战争的爆发，因而主张废除秘密外交、提倡公开外交的呼声不断高涨。美国总统伍德罗·威尔逊（Woodrow Wilson）在1918年发表的"十四点原则"中就曾提出要"杜绝秘密外交、签订公开的合约"。外交的公开化为公众参与外交事务提供了可能，传统秘密外交由此开始逐渐衰落。摩根索对此指出，"今天，外交不再扮演它自三十年战争结束直到第一次世界大战开始那段时期所扮演的那种角色了……外交的式微是随着第一次世界大战的结束而开始的"。[④] 传统外交的衰落和外交的公开化促进了现代外交的形成，同时也为公共外交在全球范围内的兴起和发展创造了条件。在传统外交式微的背景下，全球化进程的深入、全球公民社会的形成、信息技术和传播手段的进步推动了公共外交在全球范围内的兴起与发展。

1. 全球化进程的深入

第二次世界大战结束后，尤其是20世纪六七十年代以来，随着商

---

① 韩方明：《公共外交：世界外交转型的中国机会》，《第一财经日报》2011年11月15日第T13版。

② Walter Roberts, "What Is Public Diplomacy? Past Practices, Present Conduct, Possible Future", *Mediterranean Quarterly*, Vol. 18, No. 4, 2007, p. 52.

③ Jan Melissen, "The New Public Diplomacy: Between Theory and Practice", in Jan Melissen ed., *The New Public Diplomacy Soft Power in International Relations*, New York: Palgrave Macmillan, 2005, p. 8.

④ ［美］汉斯·摩根索：《国家间政治：权力斗争与和平》（第七版），徐昕、郝望、李保平译，北京大学出版社2006年版，第569页。

品、技术、信息、服务、货币、人员等生产要素在全球范围内的自由流通，各国间经济联系日益紧密、相互间的依赖程度不断提高。世界各国经济活动开始跨越国家和民族的界限在全球范围形成了一个有机的经济整体。经济全球化浪潮在席卷全球的同时，也推动了政治、社会、文化、教育、生态等领域的全球化，人类开始生活在你中有我、我中有你、相互联系、相互依存的世界之中。全球化进程的深入发展改变了国际社会的内在结构和运行规律，也深刻地影响着国家的对外交往方式和外交政策，推动着公共外交的兴起。首先，全球化推动了国际行为主体多元化。随着国际交往的扩大，各国公众、组织间的相互交往也日益频繁和密切，大量跨国公司、国际组织、社会公众等非国家行为体开始活跃在国际舞台上。目前，全球重要跨国公司约有 5300 多家，拥有海外分支机构 8.5 万多个。而根据国际协会联盟（Union of International Associations，UIA）《国际组织年鉴》的统计数据，截至 2013 年全球共有各类国际组织 67139 个，其中政府间国际组织（IGO）为 7756 个，占全球总数的 11.55%，非政府间国际组织（NGO）为 59383 个，占全球总数的 88.45%。[①] 其次，全球化促进了国际关系权力分散化和外交民主化。自现代国际体系形成以来，外交权一直被国家（政府）所垄断，全球化的深入发展产生了大量非国家行为体，这些非国家行为体直接或间接地参与和介入各类国际事务、影响国家外交政策的制定和实施，在国际交往和国际事务中发挥越来越重要的作用，开始与国家行为体分享外交权力。此外，全球化的发展还提升了公众在国家外交决策中的作用，促进了外交的民主化。在全球化条件下，公众意见和舆论是国家外交政策重要的合法性基础，只有获得公众的同意和支持国家的外交政策才能得以顺利实施。最后，全球化改变了外交议题和外交方式。全球化进程在深入发展的同时也带来了大量的全球性问题。外交关注的问题不再仅仅是战争与和平等传统高级政治问题，气候变化、环境污染、资源短缺、传染疾病、恐怖主义、跨国犯罪等全球性问题成为外交的重要议题。任何一个国家都无法单独应对这些涉及多领域的全球性问题，原有通过谈判、交涉、武力胁迫等

---

① UIA, Number of International Organizations by Type, Edition 51, 2014/2015 (data collected in 2013), https：//www.uia.org/sites/uia.org/files/misc_pdfs/stats/Number_of_international_organizations_by_type_2013.pdf.

处理传统高级政治问题的方式也不再适用这些新的议题。在这种条件下，各类非国家行为体特别是国际组织在处理和应对全球性问题中的作用和影响日益凸显。这些数量庞大、涵盖国际事务各个方面的国际组织以自身特有的方式处理和应对全球性问题，它们在环境、生态、卫生、体育、食品、人口等领域发挥的作用甚至超过了国家。

2. 全球公民社会的形成

国家、市场和社会是人类生活的三大组织领域，其中国家涉及人类生活的政治领域，市场涉及人类生活的经济领域，社会涉及人类生活的民间公共领域，三大领域彼此独立又相互作用。一般来说，国家和市场组成了人类生活的两端，社会成为中间因素，三者共同承担着国家的管理职能。而随着国家政治权力的膨胀和自由市场的失灵，社会性的因素在国家管理中的作用不断提升，这种社会性的因素就是公民（市民）社会（Civil Society）。公民（市民）社会是一个不断发展的概念。在马克思看来，公民（市民）社会是国家的前提和基础，它是指随着商品经济发展而形成的与"政治社会"相对应的社会组织和私人利益体系。他指出，"市民社会包括各个个人在生产力发展的一定阶段上的一切物质交往……（市民社会）始终标志着直接从生产和交往中发展起来的社会组织，这种社会组织在一切时代都构成国家的基础以及任何其他的观念的上层建筑的基础"。[①] 与马克思不同，意大利共产党前领导人前书记葛兰西（Antonio Gramsci）则倾向于从文化的角度而不是单从经济关系上来界定公民（市民）社会，他认为公民（市民）社会是制定和传播统治阶级意识形态、对民众的教育和精神统一方面发挥作用的教会、工会、社团、学校等一切"非政府"机构的总称，[②] 公民（市民）社会是统治阶级实现"文化领导权"的主要领域。德国马克思主义者哈贝马斯（Jürgen Habermas）进一步发展了公民（市民）社会理论，他认为公民（市民）社会是一种与公共权力机构或政府相对立的"私人自律领域"。[③] 它主要包括以各类市场经济子系统组成的私人领域和以各类非政府组织和机构组成

---

① 《马克思恩格斯选集》第1卷，人民出版社2012年版，第211页。
② [意] 安东尼奥·葛兰西：《狱中书简》，田时纲译，人民出版社2007年版，译序第6页。
③ [德] 哈贝马斯：《公共领域的结构转型》，曹卫东等译，学林出版社1999年版，第12、170页。

的公共领域。① 总的来说，公民（市民）社会是在国家和社会的张力和分离中发展起来的，它是一个有着自身内部规范和秩序的、相对独立的、自主的系统和领域，其成员也具有独立人格和自主意识。20世纪以来，随着国家干预主义的增强，国家和社会不再是对立的关系，二者呈现出某种融合的趋势。哈贝马斯指出，"当利益冲突无法在私人领域得到解决，于是冲突向政治层面转移，干预主义便由此产生……国家干预社会领域，公共权限也向私人组织转移。公共权威覆盖到私人领域之上，与此同时，国家权力为社会权力所取代"。② "社会的国家化"和"国家的社会化"趋势的不断加强表明了国家和社会的关系已发生了结构性的变化。一方面，社会组织和公众参与国家管理的意识日益强烈；另一方面，国家也为社会因素参与国家管理创造了条件。具体到外交领域，也正是这种结构性的变化才使社会组织和公众有机会参与外交事务。而随着全球化进程的发展，越来越多的具有全球意识和共同价值追求的个人和组织开始参与到全球事务的管理之中，并在一些全球性问题上发挥自己的作用，进而逐渐催生出一个有别于国家、相对独立自主的非政治领域——"全球公民社会"（Global Civil Society）。全球公民社会的形成极大地提升了社会组织和公众参与外交事务和全球事务的意愿、能力和影响力，为公共外交在全球范围内的兴起和发展奠定了广泛的社会基础。

3. 信息技术和传播手段的进步

在人类历史上，科学技术的革新与进步往往伴随着社会的变革与发展。日本著名物理学家、诺贝尔奖获得者汤川秀树（Hideki Yukawa）对此指出，"由于现代科学为人类提供了种种新的可能，而使得这个世界成为了了不起的时代……就连现代人的生活方式和职业内容方面的迅速变化也不得不归结为科学技术在各个领域的发展和进步"。③ 早在以电力的发明与应用为标志的第二次技术革命，人类已经认识到科学技术对社会发展的巨大推动作用。20世纪60年代，加拿大著名思想家马歇尔·麦克卢汉（Marshall McLuhan）在《理解媒介——论人的延伸》一书中率先提

---

① 何增科：《市民社会概念的历史演变》，《中国社会科学》1994年第5期。
② ［德］哈贝马斯：《公共领域的结构转型》，曹卫东等译，学林出版社1999年版，第170页。
③ ［日］汤川秀树：《现代科学与人类》，乌云其其格译，上海辞书出版社2010年版，第1页。

出了"地球村"概念。麦克卢汉指出,"经过专业分工和电力技术的爆炸性增长之后,我们这个世界由于戏剧性的逆向变化而缩小成一个小小的村落……我们塑造了工具,此后工具又塑造了我们"。① 也就是说,电子技术的发展打破了人类传统的地理界限与时空障碍,新的电子相互依赖关系以"地球村"的面貌重新塑造着世界。② 西方学者也普遍认为,科学技术的发展推动了信息传播的国际化、经济的全球化以及不同文化和文明间的了解与交流,促进了"地球村"的形成。③ 而在第三次科技革命后,数字化技术、网络化技术、信息传输技术得到了迅速发展,数字多媒体广播、音视频网络广播、卫星数字直播电视、交互式网络电视、手机电视、网络社交平台、网络新闻组、电子公告板系统(BBS)、网络日志(博客)等新的传播手段和传播形式涌现,这为人类的相互交往和信息传播带来了革命性的变革。首先,信息技术和传播手段的进步极大地加强了媒体和个人的信息传播能力,媒体可以将世界上任何地方的信息传递到世界任意角落,进而实现了信息的全球化传播,而个人则可以通过互联网络进行信息的生产、加工和发布。正如著名经济学家托马斯·弗里德曼(Thomas L. Friedman)所言:"在我们这个世界中每天都有越来越多的壁垒被新技术打破,通信、贸易、融合变得越来越容易;与此同时,一小部分人很容易就能影响到全球。"④ 另外,信息技术和传播手段的进步还增强了受众对信息的选择能力和传播能力,受众可以根据自己的需求和偏好选择信息的接收形式和接收内容而无须受到传播主体的相关限制。信息技术和传播手段的进步使得人类交往、交流的范围和频率得到前所未有的扩大和提高,也对外交领域产生了前所未有的影响。美国学者罗伊斯·阿蒙(Royce J. Ammon)认为,信息技术的发展对外交的影响主要表现在三个方面:一是取代了传统的外交方式;二是增加了非

---

① [加] 马歇尔·加麦克卢汉:《理解媒介——论人的延伸》,何道宽译,商务印书馆2004年版,第4—22页。

② Marshall McLuhan, *Understanding Medina: The Extensions of Man*, London: Routledge & Kegan Paul, 1964.

③ Denis McQuail, *McQuail's Mass Communications Theory: An introduction*, 4th ed, London: Sage Publications Ltd., 2000; John Moss and Linda M. Morra, *At the Speed of Light There is Only Illumination: A Reappraisal of Marshall McLuhan*, Ottawa: University of Ottawa Press, 2004.

④ [美] 道·纽森、朱迪·范斯克里、杜克·迪恩·库克勃格:《公共关系本质》,于朝晖等译,复旦大学出版社2011年版,第77页。

传统领域的外交影响力；三是加快了外交的步伐和进程。[1] 也就是说，信息技术的发展不仅使媒体成为国家开展外交活动的重要工具，使国家可以通过大众传媒更为快捷有效地来向外界传递信息、塑造形象、输出价值，而且还为非政府组织、跨国公司、社会公众等非国家行为体参与外交事务提供了可能，各类非国家行为体能够借助传播媒介对国际事件和外交事务发表看法、表明态度、采取行动。在这种情况下，外交不再以国家为中心，它开始在由多种行为主体参与的全球环境中运行，世界各国的"外交部门和外交官比以往任何时候都需要超越双边和多边外交与全球行动者建立和发展新的关系"。[2] 总而言之，信息技术和传播手段的进步拓展了新的外交领域，推动了公共外交的兴起和发展。

第二节　公共外交的理论体系

公共外交的早期研究主要停留在国际传播领域，在理论归属上处于政治学与传播学的交叉地带。[3] 经过长期系统研究，在吸收、借鉴相关学科理论的基础上，公共外交的理论体系逐渐清晰，并逐渐形成了自身的理论维度、理论范式、构成要素和运行机制。从理论维度上看，公共外交主要包括四大理论维度，即知识维度、沟通维度、交往维度、价值维度。从理论范式上看，公共外交主要包括三大理论范式，即国际关系理论范式、马克思主义理论范式以及文化传播理论范式。从构成要素和运行机制上看，公共外交主要包括主体与对象、主题（理念）与内容、目标与任务、体制与机制、传播与公关、模式（形式）与评估等构成要素，遵循"传播—对话—合作"的运行机制。

一　公共外交的理论维度

公共外交作为执行国家战略和对外政策的工具之一，绝非一国政府

---

[1] Royce J. Ammon, *Global Television and the Shaping of World Politics: CNN, Telediplomacy, and Foreign Policy*, Jefferson, NC: Mcfarland & Company, Inc., 2001, p. 7.

[2] The USC Center on Public Diplomacy: "What is PD?", http://uscpublicdiplomacy.org/page/what-pd.

[3] 赵可金：《中国崛起方略中的公共外交》，《当代世界》2012年第5期。

为促进国家利益实现而采取的权宜之计,而是有着深厚的理论和价值内涵。① 具体来说,公共外交主要包括四大理论维度,即公共外交的知识维度:软实力与话语权;公共外交的沟通维度:国际传播与公共关系;公共外交的交往维度:文化交流与人文合作;公共外交的价值维度:国家形象与国家利益。

(一)公共外交的知识维度:软实力与话语权

公共外交主要围绕提升国家软实力和话语权展开,因而软实力理论与话语权理论二者构成了公共外交的知识维度。软实力是相对于军事实力、经济实力等硬实力而言的,主要是指制度、文化、价值、政策的吸引力。软实力理论认为,公共外交既是软实力的重要体现,又是促进软实力的手段,政府调动各种软实力资源,通过大众传播、文化输出、文化交流项目等方式来吸引他国公众。② 话语权理论的核心思想可概括为"话语即权力"。也就是说,话语不仅仅是一种表达工具,"谁在说""说什么""怎么说"的背后隐含着某种权力关系。③ 话语权理论认为,公共外交的核心就是提升国家话语权、获得特定规范的权力。

(二)公共外交的沟通维度:国际传播与公共关系

公共外交是一个信息传播和与公众沟通的过程。因而,大众传媒和公共关系就构成了公共外交的沟通维度。一方面,公共外交通过国际广播、电视电影、报纸杂志、新闻出版、互联网络等大众传媒手段来向他国公众传递信息、传播价值、影响公共舆论。具体来说,公共外交的国际传播活动主要有三个目的:一是通过传播改变公众态度,对他国公众的心理施加影响;二是通过传播形成有利舆论,对他国政府的决策施加影响;三是通过传播产生预期行为,使他国公众和他国政府采取有利于自己的行动。④ 另一方面,公共外交通过对他国公众,尤其是意见领袖、社会名人等特定公众进行游说和公关,以减少误解、增进信任进而改变其态度和政策观点。

---

① 韩方明主编:《公共外交概论》(第二版),北京大学出版社2012年版,第100页。
② Joseph S. Nye, Jr., "Public Diplomacy and Soft Power", *The Annals of the American Academy of Political and Social Science*, Vol. 616, pp. 94 – 109.
③ [法]米歇尔·福柯:《知识考古学》,谢强、马月译,生活·读书·新知三联书店1998年版,第54页。
④ 程曼丽:《国际传播学教程》,北京大学出版社2006年版,第193—196页。

（三）公共外交的交往维度：文化交流与人文合作

在公共外交实践中，往往通过人文领域的交流与合作与他国公众进行交往和互动，如学者学生交流、民众互访、艺术展览、旅游观光、体育赛事等。因而，文化交流与人文合作就构成了公共外交的交往维度。在文化和信息的鸿沟日益消除的条件下，公共外交中的文化交流与人文合作除了可加深相互理解之外，还具有信息传播的功能。也就是说，文化交流与人文合作不仅仅只涉及"文化"和"艺术"本身，其更深层次的意义是一国思想、观念、价值的对外传播。[1] 例如，四年一届的奥运会就成了世界各国展示自我、提升形象、传播价值的重要平台。奥运会作为世界性的体育盛事，它不仅能够体现出举办国的经济实力、治理水平、国民素养，还能在展示举办国的自然风光、人文景观、社会气象的同时传播举办国的文化理念和价值取向。

（四）公共外交的价值维度：国家形象与国家利益

在全球化时代，国家间联系日益紧密，国家形象成为体现一国综合国力和国际地位的重要标识。国际形象是指国际社会公众对一国客观现实形成的具有较强概括性、相对稳定性的主观印象和总体评价，国家形象主要包括经济形象、安全形象、文化形象、政府形象、国民形象五个方面。[2] 国家形象和国家利益是一个有机统一的整体，良好的国家形象促进国家利益，国家利益是国家形象物质载体和价值追求。公共外交就是基于国家形象和国家利益双重考虑而实施的外交行为，[3] 一国开展公共外交的目的就是通过信息传播、文化交流来塑造良好国家形象，改变国际公众对本国的消极印象和认知，获取其对本国内外政策的理解和支持，最终维护和促进国家利益的实现。因而，国家形象与国家利益构成了公共外交的价值维度。

二 公共外交的理论范式

理论范式是研究某一议题的简约化工具和逻辑遵循。经过国内外学

---

[1] Mette Lending, *Change and Renewal: Norwegian Foreign Cultural Policy 2001 – 2005*, Oslo: Royal Norwegian Ministry of Foreign Affairs, 2000, pp. 13 – 14.

[2] 吴友富：《中国国际形象的塑造和传播》，复旦大学出版社2009年版，第4—14页。

[3] 赵可金：《公共外交的理论与实践》，上海辞书出版社2007年版，第122页。

者长期的研究，在吸收、借鉴相关学科理论的基础上，公共外交逐渐形成了若干理论研究范式。具体来说，公共外交主要包括三大理论范式，即国际关系理论范式、马克思主义理论范式以及文化传播理论范式。

(一) 国际关系理论范式

公共外交反映的是国际社会各行为体之间的相互交往，公共外交的发展也在一定程度上体现了国际关系的发展，因而可将其纳入国际关系的范畴。现实主义（Realism）、自由主义（Liberalism）、建构主义（Constructivism）三大主流国际关系理论中对于公共外交都有着不同的理解和看法。

现实主义国际关系理论认为，国际社会处于混乱、无序的无政府状态之下，即"所有人（国家）反对所有人（国家）"的自然状态。在这种自然状态下和自助体系中，冲突是国际政治的根本特征，国家的首要目标就是保障自身的生存（Survival）与安全（Security）。为了保障生存、维护安全，国家需要尽可能多地获得（硬）权力。国际关系现实主义之父汉斯·摩根索对此指出，"国际政治像一切政治一样，是追求权力的斗争。无论国际政治的终极目标是什么，权力总是它的直接目标……一旦政治家和人民力图通过国际政治的手段去实现自己的目标时，他们就必定参与角逐权力的斗争"。[①] 在古典现实主义看来，权力是一种支配他人行动和意志的控制力，国家权力（实力）主要由地理、自然资源、工业能力、战备、人口、民族性格、国民士气、政府与外交的素质等要素组成，其集中体现为经济实力和军事实力。而国家外交政策所寻求的就是保持权力、增加权力或者显示权力。"一项外交政策的实际目标，无论是获得自然资源、控制海上要冲，还是改变领土现状，始终必须通过影响他国意志、支配他国行为的途径来实现。"[②] 20 世纪 70 年代国际政治现实的重大变化推动了新现实主义（结构现实主义）的产生。新现实主义代表人物肯尼思·华尔兹（Kenneth Waltz）在继承古典现实主义的核心理论的基础上，对古典现实主义进行了修正，提出了高度简练的

[①] [美]汉斯·摩根索：《国家间政治：权力斗争与和平》（第七版），徐昕、郝望、李保平译，北京大学出版社 2006 年版，第 55 页。

[②] [美]汉斯·摩根索：《国家间政治：权力斗争与和平》（第七版），徐昕、郝望、李保平译，北京大学出版社 2006 年版，第 59—76 页。

科学理论，即新现实主义国际关系理论主要有三大变量：自助体系（无政府秩序）、国家功能（利己特征与生存需求）、权力分配（Distribution of Capbilities）。① 由于国际无政府状态的先验性和国家功能的固定性，新现实主义国际关系理论的基本逻辑可以概括为国际格局中的权力分配状况决定国家外交行为。也就是说，在现实主义"权力（实力）外交"的理念之下，一国外交政策的制定和外交目标实现都要遵循权力运行的逻辑，即一国的外交政策必须根据国际体系中的权力分配格局来制定，通过（硬）实力手段（经济制裁、武力威胁、联盟制衡）来实施。因此，现实主义将国际政治视为"权力（实力）政治的游戏""没有政府的政治"，其世界观是一种悲剧式、循环式的世界观。

虽然现实主义国际关系理论强调国家（硬）实力在外交政策中的作用，但同时也对国际关系中的公众舆论、对外宣传、心理战、信息战给予了一定程度的关注，进而丰富和发展了公共外交理念和方式。首先，现实主义重视公共舆论的作用。现实主义认为，公众的支持是一国外交政策的前提条件，一国为了成功地实施外交政策既要获得本国公众舆论的支持，还要赢得其他国家公众舆论的支持。在一些极端的情况下，"国家甚至要牺牲外交政策中的某些要素来制造支持它的公众舆论"。② 如果一国不能有效引导公众舆论，那么将极大地削弱国家权力在外交政策中的效用，"一国的国内成就如果被其他国家从它们各自愿望的角度所了解，那就必然使其国力强大，反之也必然使其权力下降"。③ 其次，现实主义注重对外宣传和心理战的运用。现实主义认识到，国际政治的权力之争不仅是对"军事优势和政治统治的争夺"，而且在特定的意义上是对"人心的争夺"。在这种情况下，外交政策的成功除了使用经济、军事等传统外交手段，"还需运用宣传这一新武器"。④ 摩根索指出，"宣传利用和创造思想观念、道德价值和情感偏好来支持自己的利益，它直接地而

---

① ［美］肯尼思·华尔兹：《国际政治理论》，信强译，上海人民出版社2008年版，第106页。
② ［美］汉斯·摩根索：《国家间政治：权力斗争与和平》（第七版），徐昕、郝望、李保平译，北京大学出版社2006年版，第186页。
③ ［美］汉斯·摩根索：《国家间政治：权力斗争与和平》（第七版），徐昕、郝望、李保平译，北京大学出版社2006年版，第188页。
④ ［美］汉斯·摩根索：《国家间政治：权力斗争与和平》（第七版），徐昕、郝望、李保平译，北京大学出版社2006年版，第187页。

非通过利用利益和暴力的中介作用来塑造人们的思想"。① 因而,"宣传"或者"心理战"成为现实主义继"外交"和"武力"之后的第三种外交政策工具。最后,现实主义注重信息权力和信息战的使用。在信息革命的冲击下,现实主义者开始注重信息对国家权力和外交政策的影响,并提出了信息权力理论和信息战理论。现实主义信息权力理论的核心观点是信息是国家权力的一个组成要素,国家通过对信息的储存和流动进行管理和控制以增进或维护国家权力、推进外交政策的实施。② 信息权力运用到军事领域则形成信息战理论,该理论认为信息是决定现代战争胜负的关键性因素,掌握了信息主导权就掌握了战争的主导权。总而言之,现实主义关注舆论、宣传、信息在外交政策中的运用,对公共外交的发展做出了一定的理论贡献,但现实主义在解释公共外交上仍存在其局限性,即在现实主义权力政治的框架下,舆论、宣传、信息从根本上是以国家权力为支撑的,反过来又服务于国家权力,三者是权力政治的辅助手段。正如摩根索所言,"宣传不仅是善恶真假之争,而且是权力之争。在这种争斗中,美德和真理不仅仅由于传播而获胜,它们必须得到政治政策坚实稳定的支持,从而得以产生意义并显得合理"。③

　　自由主义国际关系理论承认国际社会的无政府性,但认为国际社会并不是现实主义所说的那样无序混乱、充满了暴力与冲突。一方面,各国相互依存程度的加深大大降低了国家间冲突的可能性。在自由主义看来,国际相互依赖有助于深化国家对合作的理解、增强政治上的和睦和经济上的福利。"世界上各个国家、民族之间的联系是如此紧密,世界上某些地区对其他地区的依赖是如此强烈,以致一个国家所遭受的损失也必然会损害到其他国家的利益,而一个国家所获得的好处也一定对其他国家有益。"④ "这种广泛存在的相互依赖关系降低了政治的复杂性,使各国在政治上是友

---

① ［美］汉斯·摩根索:《国家间政治:权力斗争与和平》（第七版）,徐昕、郝望、李保平译,北京大学出版社2006年版,第367页。
② 赵可金:《公共外交的理论与实践》,上海辞书出版社2007年版,第57页。
③ ［美］汉斯·摩根索:《国家间政治:权力斗争与和平》（第七版）,徐昕、郝望、李保平译,北京大学出版社2006年版,第372页。
④ ［法］达里奥·巴蒂斯特拉:《国际关系理论》（第三版修订增补本）,潘革平译,社会科学文献出版社2010年版,第117页。

好的。"① 另一方面，国际制度（International Institution）与国际机制（International Regime）的建立和完善也在很大程度上改变了国际社会的无序状态。自由主义认为，在缺乏超越国家之上的权威的情况下，国家为了维持国际秩序以及自身的权益，可采取以下两种手段：一是建立共处规则，如在国际事务中限制使用暴力、信守承诺、遵守条约、尊重各国主权、不干涉他国内部事务等；二是建立国际制度，如外交机制与外交惯例、维持国际体系总体均势、制定国际法、建立大国管理体制等。② 新自由主义代表人物罗伯特·基欧汉（Robert O. Keohane）指出，"国际机制所执行的功能是有价值的，它们降低合法交易的成本，减少行为的不确定性，利己的政府能够在共享利益的基础上理性地去建立机制、维持机制，即使这样做需要牺牲短时的自身利益"。③ 基于上述认识，自由主义认为国家的关注重点应是社会福利和"绝对收益"的提高，而非权力和"相对收益"的获取。而国家追求社会福利和"绝对收益"不一定要通过军事力量来实现，文化、观念、制度都是提高社会福利和"绝对收益"有效途径。

自由主义国际关系理论对公共外交的理论贡献主要体现在两方面：一是自由主义强调非国家行为主体的作用，提出"跨国世界政治"理论。自由主义对现实主义的"国家中心论"持否定态度，认为国家不仅不是单一的国际行为主体，而且也不是主要国际行为主体。安德鲁·莫劳夫奇克（Andrew Moravcsik）就认为，"国家只不过是个人在国际舞台上的代理人，国家的任务就是维护公民社会各个成员在物质和观念方面的利益"。④ 自由主义指出，在"复合相互依赖"时代，由非政府组织、跨国公司、移民社群、具有世界影响力的个人等非国家行为体组成的全球公民社会（Global Civil Society）正在迅速形成并与国家一起共同发挥作用，

---

① ［美］罗伯特·基欧汉：《霸权之后：世界政治经济中的合作与纷争》，苏长和、信强、何曜译，上海人民出版社2006年版，第4—5页。
② ［英］赫德利·布尔：《无政府社会——世界政治秩序研究》（第二版），张小明译，世界知识出版社2003年版，第54—59页。
③ ［美］罗伯特·基欧汉：《霸权之后：世界政治经济中的合作与纷争》，苏长和、信强、何曜译，上海人民出版社2006年版，第106—107页。
④ ［法］达里奥·巴蒂斯特拉：《国际关系理论》（第三版修订增补本），潘革平译，社会科学文献出版社2010年版，第124页。

进而催生了跨国世界政治的出现。① 在跨国世界政治中，A 国社会的人可以直接与 B 国政府和 B 国社会的人施压，反之，B 国政府也可以直接与 A 国社会的人进行对话和交流。② 二是自由主义重视文化、观念、制度作用，提出了"软实力"理论。"软实力"理论是由国际关系自由主义代表人物约瑟夫·奈（Joseph S. Nye, Jr.）提出的。按照奈的观点，软实力是指通过引导他人做愿意做的事而使其符合预期结果的能力，这种能力建立在吸引而非武力或者胁迫的基础之上。③ 也就是说，国家的权力不仅仅依赖于外交的技巧和武装力量的强大，更依赖于文化、制度、政策、价值观对其他国家和公众的吸引力和感召力。奈认为，公共外交是一国提升软实力的重要工具，国家借助公共外交对其文化、价值观和政策的"传播"来提升其软实力，"如果一个国家的文化、价值观和政策没有吸引力，那么公共外交的'传播'也无法使之产生软实力"。④ 总的来说，自由主义对非国家行为主体、文化、观念、制度的关注以及"跨国世界政治"理论、"软实力"理论的提出为公共外交提供了合理性来源和理论支撑。

建构主义国际关系理论从哲学和社会学的研究视角出发，认为国际政治现实的构筑材料既是物质性的，也是观念性的，⑤ 国际关系在本质上是一种社会关系建构，国际行为主体（国家）之间的互动过程构建了国际社会。在这一互动过程中，国际行为主体的实践交往活动中产生或者改变一些共有观念（Shared Ideas），进而在共有观念的基础上形成某种文化（Culture）或者规范（Norms），共有观念和文化塑造了国际行为主体的身份和利益，而身份和利益的变化决定了国际行为主体的行为的变化。建构主义关注社会背景、主体间性以及规则和规范的建构性质，因而建

---

① ［美］小约瑟夫·奈、［加拿大］戴维·韦尔奇：《理解全球冲突与合作：理论与历史》，张小明译，上海人民出版社 2012 年版，第 7 页。

② ［美］小约瑟夫·奈、［加拿大］戴维·韦尔奇：《理解全球冲突与合作：理论与历史》，张小明译，上海人民出版社 2012 年版，第 344 页。

③ Joseph S. Nye, Jr., *Soft Power: The Means to Success in World Politics*, New York: Public Affairs, 2004, pp. 5 - 6.

④ Joseph S. Nye, Jr., "Public Diplomacy and Soft Power", *The Annals of the American Academy of Political and Social Science*, Vol. 616, pp. 94 - 95.

⑤ ［美］彼得·卡赞斯坦、罗伯特·基欧汉、斯蒂芬·克拉斯纳：《世界政治理论的探索与争鸣》，秦亚青、苏长和等译，上海人民出版社 2006 年版，第 281 页。

构主义代表人物亚历山大·温特（Alexander Wendt）认为，国际社会的无政府状态并不是先验存在的，而是由国家造就的。① 具体来说，国家在互动过程中造就了三种无政府文化，即以"敌意"为核心的霍布斯文化、以"竞争"为核心的洛克文化和以"友谊"为核心的康德文化。② 在建构主义看来，国际政治中的行为由权力和利益建构，而权力和利益的内容则是由观念建构，即经济、军事等物质力量要通过共有知识结构、文化和规则等观念因素才能发挥作用。③ 换言之，规范性因素（观念分配）与国家身份一起直接塑造了国家利益和国家行为，④ 国家在不同无政府文化中的不同身份和利益导致了其外交行为的不同。因此，在霍布斯文化中，国家间互相视为"敌人"，国家外交行为表现为暴力与征服；在洛克文化中，国家间互相视为"对手"，国家外交行为表现为竞争与冲突；在康德文化中，国家间互相视为"朋友"，国家外交行为表现为互助与合作。建构主义者彼得·卡赞斯坦（Peter Katzenstein）对此指出，"文化环境不仅能够从源头上促进各个国家的行为，而且还能对国家的基本特征产生影响，这就是我们所说的身份认同感"。⑤

建构主义国际关系理论对公共外交的理论支撑作用体现在三方面：一是建构主义强调观念和文化的建构作用。建构主义认为，国际体系中的观念和文化决定了国家行为。观念和文化是"自我实现的预言"，国家间的实践活动使国家之间产生一些共有观念，然后国家将这种观念作为起点在以后的互动中再现这些观念。⑥ 也就是说，国家所持有的共有观念造就对外政策行为，而这种行为反过来又加强和再造这样的观念。从这

---

① Alexander Wendt, "Anarchy is What States Make of It: The Social Construction of Power Politics", *International Organization*, Vol. 46, No. 2, 1992, pp. 391–425.
② ［美］亚历山大·温特：《国际政治的社会理论》，秦亚青译，上海人民出版社2008年版，第40页。
③ ［美］亚历山大·温特：《国际政治的社会理论》，秦亚青译，上海人民出版社2008年版，第131页。
④ ［美］彼得·卡赞斯坦、罗伯特·基欧汉、斯蒂芬·克拉斯纳：《世界政治理论的探索与争鸣》，秦亚青、苏长和等译，上海人民出版社2006年版，第265页。
⑤ ［法］达里奥·巴蒂斯特拉：《国际关系理论》（第三版修订增补本），潘革平译，社会科学文献出版社2010年版，第206—207页。
⑥ ［美］亚历山大·温特：《国际政治的社会理论》，秦亚青译，上海人民出版社2008年版，第323页。

个意义上说，公共外交就是通过文化、信息的交流来实现提升国家形象、改善或者改变他国公众对自身内外政策的观念和态度的目的，从而形成"朋友"的共有观念和文化规范，并逐步内化和深化这种观念和文化，使国家间关系接近或者达到康德文化的状态。二是建构主义注重身份与利益的社会性建构。在现实主义国际关系理论看来，国家的身份和利益是固定的，即利己特征与生存需求。而建构主义则认为，国家的身份和利益是一个主体间性的社会建构过程，即"主动地、不间断地构建他者相对于自我的角色的过程"，它取决于自己为其他国家所承认的程度。[①] 温特指出，"自我相对于他者的自身角色身份取决于自我认为他者怎样看待自己，角色身份是行为体当作客体（即以他者的眼光看待自己）时对自身赋予的意义"。[②] 按照建构主义的理论逻辑，既然国家的身份和利益是社会建构的，那么国家在原则上都可以成为朋友。也就是说，国家可通过公共外交活动的开展来加强相互沟通与交流、增进相互了解和信任，在这种互动过程中塑造其集体身份和共有利益，进而影响国家的外交政策和外交行为。三是建构主义注重社会性力量和因素的作用。建构主义的主旨思想可归纳为所有人文"知识"都是在社会情景中发展、传播和延续的。[③] 因此，在建构主义看来，外交事务不再是少数社会精英的专利，各类社会组织、民族、种族、宗教等社会力量都是参与和影响外交事务的重要因素。

（二）马克思主义理论范式

马克思主义国际关系理论是一个开放、发展的体系。[④] 马克思主义国际关系理论的知识体系和研究纲领都与西方三大主流国际关系理论有着较大差异，它坚持社会实践本体论，认为国际关系在根本上是社会的、实践的，它强调对国际公正和人类命运的终极关怀，是一种具有全球关

[①] 袁正清：《国际政治理论的社会学转向：建构主义研究》，上海人民出版社2005年版，第131页。

[②] ［美］亚历山大·温特：《国际政治的社会理论》，秦亚青译，上海人民出版社2008年版，第326页。

[③] ［加］瑟乔·西斯蒙多：《科学技术学导论》，许为民、孟强等译，上海科技教育出版社2007年版，第68页。

[④] 郭树勇：《从国际主义到新国际主义——马克思主义国际关系思想发展研究》，时事出版社2006年版，第9页。

照意蕴的"全球性理论",为公共外交提供了新的理论视野。马克思主义国际关系理论将"阶级"作为国际关系的最基本分析单元,而不是西方主流国际关系理论所说的"民族国家"。因此,马克思主义认为,国家是社会在一定发展阶段上的产物,是阶级矛盾不可调和的产物,其本质上是在经济上占统治地位的阶级维护自己的统治地位、实现自己阶级利益的工具,是统治阶级利益和意志的体现。正如恩格斯所指出,"国家是从控制阶级对立的需要中产生的……它同时又是在这些阶级的冲突中产生的"。[①] 在马克思主义看来,国家只不过是反映了社会阶级之间的力量对比,是社会结构的一个组成部分,社会结构主要由经济基础(生产关系的总和)和上层建筑(思想、政治、法律等)组成。因而,国家间关系是不同社会结构的体现,国家间关系要服从于社会关系,这种社会关系需要以历史唯物主义的观点来加以解释。[②]

按照历史唯物主义的观点,经济基础(社会存在)决定了政治、文化、思想(社会意识)的深度与广度,一切上层建筑都受到特定经济基础和条件的推动或制约。马克思对此指出,"物质生活的生产方式制约着整个社会生活、政治生活和精神生活的过程。不是人们的意识决定人们的存在,相反,是人们的社会存在决定人们的意识"。[③] 因而,在马克思、恩格斯看来,在资本主义世界体系下(即自由资本主义阶段),整个社会按照生产资料占有状况日益分裂为无产阶级(工人阶级)与资产阶级两大国际性社会阶级,国际体系和国际政治也将在这两大对立阶级的相互运动和斗争中缓慢发展演变。[④] 虽然国家也处在一个社会学所说的社会横切状分层的分层构造里,这种建立在职业、种族、宗教、地区性或语言等基础上的分层体系能促进一个团体内的个人和其他团体内的个人较为密切地相互影响与合作,从而在一定程度上缓解和降低由经济等级划分带来的阶级敌对程度。不过,这并不意味着阶级和阶级矛盾的有效消除和永久消亡,无产阶级与资产阶级两大阶级将持久而深远地影响着国际体系和国际政治的变革。因此,马克思、恩格斯认为,革命是国际政治

---

① 《马克思恩格斯选集》第4卷,人民出版社2012年版,第188页。
② [法]达里奥·巴蒂斯特拉:《国际关系理论》(第三版修订增补本),潘革平译,社会科学文献出版社2010年版,第160页。
③ 《马克思恩格斯文集》第2卷,人民出版社2009年版,第591页。
④ 《马克思恩格斯文集》第2卷,人民出版社2009年版,第32—37页。

的重要内容，无产阶级对外政策的主要任务就是"以各国工人的兄弟联盟来对抗各国资产者的兄弟联盟"。① 而随着世界生产力的发展和世界交往的扩大最终将导致全世界范围内社会主义革命的爆发和共产主义的实现。马克思在1864年《国际工人协会成立宣言》中大致阐述了这一理论观点："工人阶级的解放既然要求工人们兄弟般的合作，那么在那种为追求罪恶目的而利用民族偏见并在掠夺战争中洒流人民鲜血和浪费人民财富的对外政策下，他们又怎么能完成这个伟大任务呢？……（工人阶级）要洞悉国际政治的秘密，监督本国政府的外交活动，在必要时就用能用的一切办法反抗它；在不可能防止这种活动时就团结起来同时揭露它，努力做到使私人关系间应该遵循的那种简单的道德和正义的准则，成为各民族之间的关系中的至高无上的准则。为这样一种对外政策而进行的斗争，是争取工人阶级解放的总斗争的一部分。"②

20世纪初，资本主义开始从自由发展阶段向帝国主义阶段过渡，资本主义世界体系已演变为"极少数'先进'国对世界上绝大多数居民实行殖民压迫和金融扼杀的世界体系"，③ 帝国主义民族和被压迫民族（殖民地民族）两大世界性民族代替两大国际性阶级成为了最主要的国际行为主体。列宁认为，在"帝国主义时代"，所有国际问题都与帝国主义密切相连，帝国主义具有资本家垄断同盟、银行资本和工业资本融合、向外国资本输出、瓜分世界领土、国际托拉斯瓜分世界的五大特征。其中，殖民扩张是帝国主义特征的集中体现，帝国主义国家之间、帝国主义与殖民地之间矛盾的日益激化将导致帝国主义国家之间的战争成为一种必然的、不可避免的结果，"一些最富裕的国家已把全世界的领土瓜分完毕，国际托拉斯已开始从经济上瓜分世界。在这种情况下，帝国主义战争，即争夺世界霸权、争夺银行资本的市场和扼杀弱小民族的战争是不可避免的"。④ 帝国主义的殖民扩张推动了民族主义的兴起和民族解放运动的高涨，也促进了国际共产主义运动与民族解放运动的有机结合。在此背景下，列宁认为，战争与革命是世界的主题，他揭示了国际政治

---

① 《马克思恩格斯文集》第1卷，人民出版社2009年版，第697页。
② 《马克思恩格斯文集》第3卷，人民出版社2009年版，第14页。
③ 《列宁全集》第27卷，人民出版社1990年版，第327页。
④ 《列宁专题文集·论资本主义》，人民出版社2009年版，第294页。

"强者公然掠夺弱者"的实质,认为被压迫民族的解放运动是社会主义革命的一部分,无产阶级只有与世界被压迫民族联合起来"开展争取社会主义的革命斗争"才能实现自己的解放。列宁在《民族和殖民地问题委员会的报告》中指出,"在帝国主义战争以后,各民族的相互关系、全世界国家体系,将取决于少数帝国主义国家反对苏维埃运动和以苏维埃俄国为首的各个苏维埃国家的斗争"。① 因此,列宁认为,在"帝国主义时代",无产阶级的对外政策就是联合各国的革命者和各被压迫民族反对所有帝国主义者,"在这种斗争中有没有同盟者呢?有。那就是欧洲各被压迫阶级,首先是无产阶级,还有就是受帝国主义压迫的各个民族,首先是同我们邻近的亚洲各个民族"。② 而在新中国成立以后,中国共产党在继承马克思、恩格斯、列宁等经典作家国际关系思想的基础上,结合中国实际和中国所处的国际环境创造性地发展了马克思主义国际关系理论,逐步形成了以和平与发展为主题的具有中国特色的国际关系理论体系,如"和平共处五项原则""中间地带论""三个世界划分理论""韬光养晦战略""世界政治经济新秩序""新安全观""和谐世界""国际关系民主化""新型大国关系""新型国际关系""正确义利观""命运共同体"等。

此外,第二次世界大战之后,一些西方学者受经典马克思主义的影响,开始从经典马克思主义的基本原理、研究方法和批判路径出发研究当代资本主义问题,并形成了一套内容庞杂的思想体系,这些学派和思潮被称为西方马克思主义或者新马克思主义,其代表人物包括安东尼奥·葛兰西(Antonio Gramsci)、尤尔根·哈贝马斯(Jürgen Habermas)、伊曼纽尔·沃勒斯坦(Immanuel Wallerstein)、罗伯特·科克斯(Robert Cox)等。西方马克思主义继承了经典马克思主义社会本体论哲学取向,关注思想、观念、价值、文化等因素在社会领域的相互作用。具体到国际关系理论,西方马克思主义提供了一种独特的解释框架,它把阶级作为国际关系的主要因素,把经济关系作为世界演化的主要动力,把国际公平正义与平等作为衡量问题的价值尺度。③ 因此,西方马克思主义的国

---

① 《列宁专题文集·论资本主义》,人民出版社2009年版,第278页。
② 《列宁全集》第30卷,人民出版社1985年版,第310页。
③ 王逸舟:《西方国际政治学:历史与理论》(第二版),上海人民出版社2007年版,第265页。

际关系研究视野主要集中在霸权、世界体系、世界秩序等方面。关于霸权，西方马克思主义者认为，以往的研究过多地关注霸权在政治、经济、军事领域的支配作用，而忽视了霸权在文化领域的领导作用。因此，葛兰西认为，霸权不仅是一种物质性的支配力量，更体现为一种文化的领导权，即一种非暴力的文化意识形态的领导权。葛兰西从实践哲学观出发，指出领导权（霸权）必须通过社会实践才能获得，这种领导权（霸权）并不是建立在政治权力和"政治社会"的强制统治基础之上，而是建立在文化伦理和"公民社会"（市民社会）的引导认同基础之上。葛兰西希望通过领导权（霸权）的获得进而实现社会主义革命的胜利。[①] 关于世界体系和世界秩序，西方马克思主义者认为，现有世界秩序和世界体系的合理性与合法性缺乏，国际行为主体无法受到平等、公正的对待，因此需要改变或改造现有世界体系和社会结构以形成公正、合理的世界新秩序。例如，沃勒斯坦的"世界体系论"就认为，现有世界体系处于政治经济的失衡状态，资本主义全球分工将世界划分为三个区域，即掌握着生产要素和资本要素的核心区、提供原材料供应的边缘区以及拥有一定生产和资本要素但没有独立工业基础的半边缘区，这三个区域之间存在等级和剥削关系。在资本主义世界体系中，处于核心区的国家利用自己的经济和军事优势剥削、压榨处于边缘和半边缘地区的国家，边缘和半边缘地区的国家只能在政治和经济上依附于核心区的国家。沃勒斯坦认为，由在政治、经济、文化上受压制的阶层和阶级组成的各种集团将成为推翻现有世界体系"核心—边缘"结构的主要力量。[②] 科克斯也认为，世界秩序具有一定的结构性，生产的发展将导致新的社会力量的产生以及社会结构和国家结构的变化，最终引起世界秩序的改变。[③]

马克思主义国际关系理论对公共外交的理论支撑作用主要体现在三方面：一是各民族相互依赖与对外开放思想。马克思主义认为，随着大工业的发展和世界市场的建立，各民族之间的相互交往和相互依赖代替

---

① 参见［意］安东尼奥·葛兰西《狱中札记》，葆煦译，人民出版社1983年版。
② 参见［美］伊曼纽尔·沃勒斯坦《现代世界体系》，郭方等译，社会科学文献出版社2013年版。
③ ［美］罗伯特·科克斯：《社会力量、国家与世界秩序：超越国际关系理论》，载罗伯特·基欧汉编：《新现实主义及其批判》，郭树勇译，北京大学出版社2002年版，第187—231页。

了各民族原有自给自足和分隔对立的状态，使世界各民族相互联系了起来。马克思、恩格斯指出，大工业"使每个文明国家以及这些国家中的每一个人的需要的满足都依赖整个世界，因为它消灭了各国以往自然形成的闭关自守的状态"。①"把全球各国人民，尤其是各文明国家的人民，彼此紧紧地联系起来，以致每一个国家的人民都受到另一个国家发生的事情的影响。"②马克思主义认为，在各民族相互依赖的情况下，无产阶级国家需要实行对外开放政策，既要与世界其他被压迫民族和无产者进行合作，也要与资本主义国家建立联系。列宁指出，"在社会主义制度下，劳动群众本身决不会赞成封闭"③，"同真正站在国际主义立场上的集团和派别接近和联合是必要的"④，"同（英法）这两个强国建立十分友好的关系是完全可能的，而且是我们的目的"⑤。各民族相互依赖与对外开放是公共外交的一个重要理论前提，其为国家开展公共外交提供了广阔空间。二是人民主体论与人民外交思想。历史唯物主义从社会存在决定社会意识、生产方式决定社会发展的基本观点出发，认为人民群众是历史的创造者，人民群众社会活动的总和"构成人类全部历史活动的基础"⑥，"整个所谓世界历史不外是人通过人的劳动而诞生的过程"⑦。历史唯物主义明确了人民群众在历史创造过程中的主体性地位。因此，在马克思主义看来，广大的人民群众将是国家外交事务和外交活动的重要依靠力量，苏联在20世纪20年代开展的"人民外交"以及新中国成立之后开展的"（人民）民间外交"就是对人民主体论的有效实践。公共外交就是政府与公众以及在政府授意下公众与公众之间相互交流和往来的外交活动，因而马克思主义人民主体论与人民外交思想为公共外交提供了有力的理论解释。三是文化领导、交往行动和公民社会（市民社会）的思想。葛兰西的"文化领导权"理论认为，文化和意识形态领导权是国家权力的重要组成部分，"国家的一般概念中有应该属于市民社会概念

---

① 《马克思恩格斯文集》第1卷，人民出版社2009年版，第566页。
② 《马克思恩格斯文集》第1卷，人民出版社2009年版，第687页。
③ 《列宁全集》第28卷，人民出版社1990年版，第35页。
④ 《列宁全集》第29卷，人民出版社1985年版，第421页。
⑤ 《列宁全集》第33卷，人民出版社1957年版，第345页。
⑥ 《列宁全集》第26卷，人民出版社1990年版，第59页。
⑦ 《马克思恩格斯文集》第1卷，人民出版社2009年版，第196页。

的某些成分（在这个意义上可以说：国家＝政治社会＋市民社会）"①。因此，国家要维持自身的统治，不仅要依靠强大的暴力机器，更要在教育、文学、艺术、宗教等公民社会领域获得文化领导权来增强其合法性和被认同度。② 与此同时，哈贝马斯的"交往行动理论"认为，社会由物质再生产的系统理性领域和文化意义及价值再生产的交往理性领域（公民社会）两大领域构成，系统理性领域的矛盾通过控制媒体（权力与金钱）的方式进行调节，交往理性领域的矛盾通过语言（思想沟通）的交往行为进行调节。③ 在哈贝马斯看来，交往行为对社会生活具有重要意义，它通过语言沟通来寻求人们的承认和理解、调整人们的社会关系、继承和更新文化系统。④ 文化、交往、沟通也是公共外交的基本范畴和题中之义，而公共外交的兴起与公民社会的发展又有着密切的关系，因此马克思主义文化领导权理论、交往行动理论和公民社会思想也构成了公共外交的理论基础。

（三）文化传播理论范式

在全球化时代，文化交往和大众传媒在公共外交活动中发挥着越来越重要的作用，文化与传播成为公共外交重要的理论维度。文化传播理论范式集中体现了传播学和外交学对公共外交的理论支撑作用。具体来说，文化传播理论范式主要从国际传播和文化外交的视角来为公共外交提供理论解释。

国际传播一般理解为国家借助大众传播媒介的跨国界信息传播。⑤ 从国际传播的一般性定义可以得出其基本范畴：首先，国际传播的主体主要是国家（政府）。国际传播是国与国之间的信息交流，国家（政府）是信息的组成者、发出者和控制者，因此国家（政府）构成了国际传播的基本单位。不过，随着信息技术的发展，企业、社会组织、个人等非政

---

① ［意］安东尼奥·葛兰西：《狱中札记》，葆煦译，人民出版社1983年版，第222页。
② ［意］安东尼奥·葛兰西：《狱中书简》，田时纲译，人民出版社2007年版，译序第6页。
③ ［德］尤尔根·哈贝马斯：《交往行动理论·第二卷——论功能主义理性批判》，洪佩郁、蔺菁译，重庆出版社1996年版，第165页。
④ ［日］中冈成文：《哈贝马斯——交往行为》，王屏译，河北教育出版社2001年版，第118页。
⑤ ［美］罗伯特·福特纳：《国际传播："地球都市"的历史、冲突与控制》，刘利群译，华夏出版社2000年版，第5—6页。

府行为体也越来越多地在国际交往领域发挥作用，国际传播的主体呈现出多元化的趋势。其次，国际传播的对象为国外受众。早期的大众传播主要是国内受众，而国家对外交往的扩大使得国家需要对外信息传播。国内受众与国外受众存在较大差异，国外受众由于地域范围、风俗文化、宗教信仰、语言文字、政治制度、法律体系等方面的不同而表现出复杂性和广泛性的特点。再次，国际传播的手段主要为大众传播媒介。在国际传播中，对外信息通常要在一般性的"编码""释码"的基础上，再经过跨文化"译码"才能实现有效传播。这些"译码"或"二次编码"的任务通常由具有跨国性质的传播机构来完成，这些具有跨国性质的传播机构主要包括国际性的通讯社、广播电台、电视台和互联网等。[1] 最后，国际传播的内容主要为信息。国际传播的信息根据传播主体可分为政府传播信息和非政府传播信息两大类。政府传播的信息主要包括具有宣传性、公关性或者广告性的文化知识、法律法规、重大事件（事务）、数据资料等信息；非政府传播的信息主要包括具有告知性、劝导性或者评论性的涉及各个领域的信息。[2] 根据国际传播的内涵与外延，美国学者罗伯特·福特纳（Robert Fortner）概括出国际传播的六个显著特点：一是国际传播是基于一定的目的而不是随意进行的；二是国际传播主要通过公共频道进行传播；三是国际传播依靠特定的传输技术；四是国际传播可采取娱乐、新闻、数据等多种形式；五是国际传播必然产生文化影响；六是国际传播带有公开或者隐含的政治色彩。[3] 鉴于国际传播的上述特点，越来越多的国家开始将国际传播应用于国际关系领域，注重发挥国际传播在外交政策和对外宣传中的重要作用。而在外交领域，文化外交也是观察和理解公共外交的重要视角。文化外交基于"文化是外交的根基"的理论前提，认为任何国家的外交行为都蕴含和体现着本国或本民族特有的价值观念和历史文化，因而文化与外交密不可分，外交必然带有文化的烙印。所谓文化外交，就是以文化为手段或载体，通过文化传播、交流和沟通等形式来实现特定目的和意图的外交活动，它是一国对

---

[1] 程曼丽：《国际传播学教程》，北京大学出版社2006年版，第115—121页。
[2] 程曼丽：《国际传播学教程》，北京大学出版社2006年版，第144—173页。
[3] [美] 罗伯特·福特纳：《国际传播："地球都市"的历史、冲突与控制》，刘利群译，华夏出版社2000年版，第6—9页。

外文化关系的总和。一般来说，文化外交需要具备以下四个条件：一是具有明确的外交目的；二是实施主体是政府或受其支持；三是在特定的时间针对特定的对象；四是以文化的表现形式开展。① 文化是情感交流、心灵沟通的有效途径。随着文化在对外交往中作用的提升，文化外交也作为促进国家间关系发展的有力手段而受到世界各国的重视。

此外，在国际传播和文化外交不断发展的同时，一部分学者开始认识到文化传播的"文化攻略"功能以及文化传播过程中所隐含的文化霸权（即一国文化被外国文化所支配而又无力抵抗），故而将文化传播与西方国家的霸权主义联系在一起，认为西方发达国家通过电视、广播、影视、书籍、报刊、音乐等文化产品和媒介产品的传播来影响发展中国家的思想意识、文化价值、社会结构以符合或迎合体系霸权国的价值标准、配合其对外政策的实施、增进其国家利益。美国著名传播学者赫伯特·席勒（Herbert Schiller）系统研究了美国文化传播业在强大军事和工业体系支撑下维护、捍卫美国世界霸权所发挥的独特作用，并在《大众传播与美帝国》一书中正式提出了"文化帝国主义"（Cultural Imperialism）概念。席勒指出，美国依靠无可比拟的经济技术实力构成了一个强大的传播通信系统，美国处在这个帝国网络金字塔顶端并控制着弱小国家。② 按照席勒的观点，"文化帝国主义"就是某个社会在被带进现代世界体系的过程中，在外部压力的作用下，即这个社会的统治阶层是如何受到引诱、贿赂、压力、强迫从而接受现代世界体系的主宰中心的价值，并使社会结构与这个世界体系相适应甚至对其起到促进作用的过程。③ 英国学者 T. 苏利文（Tim Sullivan）进一步发展了席勒的"文化帝国主义"理论。苏利文指出，西方工业化国家掌握着媒介传播的主导权，"文化帝国主义"既是某些经济上占主导地位的发达国家增进其自身利益的重要手段，也是扩大对发展中国家政治、经济、文化控制和支配的结果。当代表着这些发达工业化国家文化价值的商品产品和生活方式进入发展中国家进而形成某种特定需求之后，发展中国家的本土文化和民族文化将会

---

① 孟晓驷：《中国：文化外交显魅力》，《人民日报》2005 年 11 月 11 日第 7 版。

② Herbert I. Schiller, *Mass Communications and American Empire*, Boston: Beacon Press, 1971, pp. 3 – 8.

③ 赵月枝、邢国欣：《传播政治经济学》，载鲁曙明、洪浚浩编：《传播学》，中国人民大学出版社 2007 年版，第 517—518 页。

在不同程度上遭到侵害、削弱甚至代替。[1] 概括来说，"文化帝国主义"基本内容包括三方面：一是外来文化将会对本国的政治系统和道德系统造成冲击，因此应该对外来文化采取控制措施；二是文化传播可能会对一国的历史、文化、价值进行扭曲，影响他国对本国的认知；三是国际传播系统实质上就是以西方发达国家为代表的体系霸权国将发展中国家纳入西方资本主义文化霸权下的一种机制安排。[2] 其主要特点表现为："文化帝国主义"以强大的经济、资本实力为后盾；"文化帝国主义"本质上是一种文化价值的扩张以实现全球性文化支配；"文化帝国主义"的文化扩张以商品市场和信息传播为手段。[3]

文化传播理论范式对公共外交的理论支撑作用主要体现在以下两个方面：一是文化传播理论范式强调国际传播的战略价值。国际传播可以塑造舆论、影响受众态度和行为，因而国际传播在控制舆论和进行对外宣传方面都具有巨大优势。尤其是在战争时期，国际传播影响敌方价值观和态度、争取国际支持的作用就尤为明显。对此，有学者指出，"在战争期间，人们逐步认识到，仅仅对人进行动员是不够的，此外还需动员舆论。而权力高于舆论，如同生命和财富，最终掌握在政府手中"。[4] 因此，国际传播与外交政策紧密联系在一起，日益成为国家推动外交政策实施的有力工具。也正是基于国际传播的战略价值，公共外交才能通过国际传播来使他国公众能够广泛地获取信息和交流观点，进而塑造公众舆论、传播公众舆论、影响政府决策，为本国的战略目标和国家利益的实现创造条件。二是文化传播理论范式注重文化在外交中的作用。在文化传播理论范式看来，文化是外交的有效载体，文化外交是文化在外交领域的集中体现。文化外交一方面通过各类文化交流活动超越国家、民族和意识形态的界限来增进不同国家和民族的相互了解和理解、谋求相互间的共识与合作、促进相互间关系的发展，另一方面则通过输出思想

---

[1] Tim O'Sullivan ed., *Key Concepts in Communication and Cultural Studies*, London: Routledge & Kegan Paul, 1994, p. 62.

[2] [美] 罗伯特·福特纳：《国际传播："地球都市"的历史、冲突与控制》，刘利群译，华夏出版社 2000 年版，第 44、198 页。

[3] 周庆山：《传播学概论》，北京大学出版社 2004 年版，第 332 页。

[4] [英] 达雅·屠苏：《国际传播：延续与变革》，董关鹏译，新华出版社 2004 年版，第 35 页。

和文化、传播观念和价值来获得更多他国公众和国际社会的承认、认可和支持。对公共外交而言，文化交流是其主要的工作内容，获得人心和认可是其主要的工作目标。因此，公共外交和文化外交有着较大的相通和相同之处，而随着文化在外交领域作用的提升，公共外交和文化外交的相互联系将更为紧密，二者之间的相互融合和相互通约之势也将越发明显。

综上所述，公共外交作为全球化条件下产生的一门新兴的学科，需要吸收、借鉴、融合其他学科的理论和成果来丰富和完善自身的理论体系。因此，公共外交不是某种单一理论范式的简单反映，而是国际关系理论、马克思主义理论和文化传播理论三大理论范式的综合运用。

三　公共外交的构成要素与运行

公共外交是一种以信息传播和文化交流为核心的外交类型。因此，公共外交的构成要素及其运行机制都有着自身的特点。具体来说，公共外交主要包括主体与对象、主题（理念）与内容、目标与任务、体制与机制、传播与公关、模式（形式）与评估等构成要素，遵循"传播—对话—合作"的运行机制。

（一）公共外交的构成要素

1. 主体与对象。任何一种外交形态都必须确定自己的实施主体和实施对象。对公共外交而言，就是首先要明确"由谁实施（表达）""向谁实施（表达）"的问题。一般来说，公共外交的实施主体首先包括各类政府行为体，即政府、政府所属涉外及驻外机构等。在现代国际体系中，国家仍是主要的国际行为主体，公共外交也是在国家（政府）主导和参与下的外交行为，各类政府行为体在公共外交中扮演着指导、组织、策划的角色。其次，公共外交的实施主体还包括受政府、政府所属机构委托、授权、支持的各类国内外非政府行为体，新闻媒体、涉外企业、高等学校、社会组织、人民团体、公众个人等。各类非政府行为体是公共外交活动的主力军，大部分公共外交事务由其出面实施，其处在公共外交的第一线。此外，公共外交的实施对象为他国公众。具体来说，公共外交的实施对象主要包括四大类：对象国普通公众、对象国媒体公众（新闻机构、新闻界人士）、对象国领袖（政治领袖、经济领袖、社会领袖、文化领袖、宗教领袖、其他特殊利益群体）、对象国组织（政治组织、商业组织、社会组织、文化组织、宗教组织、市民组织、其他特定利益组织)。①

2. 主题(理念)与内容。在公共外交活动实施之前还需明确自己的实施主题(理念)和实施内容,即明确"实施(表达)什么"的问题。任何一项公共外交活动只有根据自身和对象的实际情况确定正确清晰的主题(理念)、表达合适恰当的内容才能有效集中和使用各类公共外交资源,在纷繁复杂的公共外交事务中做到有的放矢和重点突破。如果公共外交活动主题(理念)定位出现偏差或者表达内容出现失当,那么不仅可能会浪费大量的公共外交资源,还可能招致对象国公众的无感甚至反感和排斥,以致难以发挥自身优势获得预期的成效。例如,有学者指出,以色列将对美公共外交的主题(理念)确定为"插入美国心脏",日本将对美公共外交的主题(理念)确定为"购买华盛顿",② 而中国对美公共外交的主题(理念)则应确定为"中国文化美国行",并将中美文化交流、社会交往、人民往来作为对美公共外交的主要内容,以淡化中美之间地缘政治经济的竞争以及意识形态和社会制度的隔阂。③

3. 目标与任务。公共外交的目标和任务既是公共外交的理论问题,也是一国开展公共外交活动的实践问题。从理论上讲,公共外交的目标和任务是公共外交理论体系的基本构成要素,它决定了公共外交的本质和指向。因此,学术界和理论界一般认为公共外交的目标和任务主要是提升国家软实力和国家形象、推动国家战略的实施、维护和促进国家利益的实现等。从具体的公共外交实践上讲,公共外交的目标与任务则需要根据实施主体、实施对象和实施环境的具体情况来设置。首先,公共外交实施主体的不同决定了公共外交目标和任务的不同。例如,中国公共外交的主要目标和任务就是向世界说明自己,回答"中国如何发展、中国将走向何处、中国追求一个什么样的世界"等问题,④ 美国公共外交的目标和任务则主要是向世界推广美国的民主、自由价值观念,而法国、英国等欧洲国家公共外交的目标和任务则是传播本国的历史、语言和文

---

① [美]道·纽森、朱迪·范斯克里·杜克、迪恩·库克勃格:《公共关系本质》,于朝晖等译,复旦大学出版社2011年版,第133—136页。
② 赵可金:《公共外交的理论与实践》,上海辞书出版社2007年版,第320、357页。
③ 赵可金:《软战时代的中美公共外交》,时事出版社2011年版,第229页。
④ 王义桅:《中国公共外交的三重使命》,《公共外交通讯》2010年春季号。

化等。① 其次，公共外交实施对象和实施环境的不同也决定了公共外交活动目标和任务的不同。例如，中国对周边国家公共外交的目标和任务是促进区域经济一体化、传播命运共同体意识等，② 而中国对欧洲国家公共外交的目标和任务就是减少欧洲公众对华负面认知、增强中国发展道路的接纳度和认可度等。③

4. 体制与机制。公共外交活动的正常开展和有效运行离不开体制与机制的保障。公共外交的体制主要是回答公共外交的组织架构、隶属关系与管理权限等问题。也就是说，公共外交体制就是要明确谁是公共外交的领导机构、谁是公共外交的实施机构以及各自的职责分工是什么。一般来说，公共外交的领导机构通常由一国中央政府相关部门担任，主要负责对公共外交活动的组织、策划和指导。公共外交的实施机构则通常由政府的驻外、涉外部门和各类非政府行为担任，主要负责公共外交具体事务的实施和执行。例如，中国的公共外交体制大致遵循中央外事工作领导小组—中央涉外部门—各级政府涉外部门—人民团体与社会组织的领导隶属关系，美国的公共外交体制大致遵循总统和国会—国家安全委员会—国务院（美国新闻署）—驻外部门—社会组织的领导隶属关系。④ 而公共外交的机制则主要是指保障公共外交各项工作顺利进行的各种制度性安排，如工作运行机制、协调沟通机制、经费管理机制、人才保障机制等。

5. 传播与公关。公共外交是信息传播和与公众沟通的过程，因此公共外交主要通过国际传播和国际公关来向他国公众传递信息并与之进行互动和沟通。公共外交传播作为一项对外传播活动需要明确传播者、传播受众、传播媒介、传播内容等基本问题。通常来说，公共外交的传播者即公共外交的实施主体，包括政府、企业、社会组织、个人等；公共外交的传播受众即公共外交的实施对象，包括对象国社会公众、对象国精英群体、对象国社会组织等；公共外交的传播媒介主要包括人际传播、组织传播和大众传播三种（人际传播就是人与人之

---

① 赵可金：《公共外交的理论与实践》，上海辞书出版社2007年版，第279、380页。
② 姚遥：《推进周边公共外交：理念、问题与对策》，《国际问题研究》2014年第6期。
③ 宋黎磊、王义桅：《中国对欧公共外交：目标、进展与挑战》，《现代国际关系》2011年第8期。
④ 韩方明主编：《公共外交概论》（第二版），北京大学出版社2012年版，第224—230页。

间面对面的信息传播，如国际性的会议、体育、教育、旅游活动以及人们在互联网络中的沟通和交流等；组织传播就是借助一定传播系统和组织体系，以广告、报告、媒体宣传、公共服务等形式进行的有组织、有目的、有计划的信息传播，如形象宣传、品牌建设等；大众传播就是通过广播、电视、报刊、网络等大众传媒进行的信息传播，如新闻报道、传媒广告等）；[1] 公共外交的传播内容主要是服务于公共外交活动开展的各类信息，包括新闻性的信息、知识性的信息、广告性的信息、宣传性的信息、服务性的信息等。此外，公共外交中的公关活动则主要是由政府、企业等组织来实施的。政府的公关活动往往通过各类外交、经贸和人文交流活动来提升形象、获得支持与信任，而企业的公关活动则通过各类宣传活动和公益活动来展示自我、获得好感与认可。

6. 模式（形式）与评估。公共外交是一项长期的系统工作，任何公共外交活动都需要确定其实施模式（形式），并对其实施环境和实施效果进行评估。公共外交的依靠手段或者行为方式主要是国际传播、国际公关、文化交流。因此，公共外交的实施模式（形式）大致可分为媒体外交、公关外交、人文外交三种基本类型。所谓媒体外交就是通过电视广播、新闻出版、互联网络等媒体来向他国公众传递信息、塑造舆论、影响行为的传播活动；所谓公关外交就是为改善形象、增进了解和理解而对特定对象开展的公关活动；所谓人文外交就是在经贸、文化、科技、教育、体育等人文领域开展的交流活动。当然，在具体的公共外交实践中，还会根据实际情况的不同和需要在三大基本模式（形式）的基础上衍生出更加具体和细化的模式（形式）。此外，为了保障公共外交活动的有效性，还需对公共外交的实施环境和实施效果进行评估。实施环境的评估主要包括两方面内容：一是公共外交的现实条件评估，即评估开展公共外交活动的各类有利条件和不利条件；二是公共外交的影响因素评估，即评估对开展公共外交活动产生影响的各类内外部因素。实施效果的评估也主要包括两方面内容：一是在公共外交的实施过程中对公共外交的效果进行评估，以及时发现和纠正公共外交活动中出现的偏差和失误，保障公共外交活动按照既定的目标和方向进行；二是在公共外交活动完成后对公共外交总体成效的评估，以总结经验教训、为以后的公共外交活动奠定基础。

---

[1] 韩方明主编：《公共外交概论》（第二版），北京大学出版社2012年版，第114页。

(二) 公共外交的运行机制

公共外交以他国公众为对象、以信息传播和文化交流为核心，它不同于以他国政府为对象、以谈判交涉和武力胁迫为核心的传统政府外交。因此，公共外交的运行机制也有别于传统政府外交，它遵循"传播—对话—合作"的运行机制。

根据英国学者马克·列昂纳德（Mark Leonard）的观点，公共外交具有短期的信息管理（Messages Management）、中期的战略沟通（Strategic Communications）和长期的人际关系发展（Relationship Development）三个层次。[①] 公共外交的信息管理就是指与对象国公众的日常沟通和对突发事件的新闻反应。在短期的信息管理中，公共外交的实施主体一方面需要向对象国的公众、新闻媒体、社会组织等传递本国的相关信息以维持日常的沟通，其中最主要的是对本国的内外政策和举措进行解释和说明；另外，公共外交的实施主体还需对突发事件及时做出反应，澄清和纠正对本国的错误言论和和误导性信息。[②] 公共外交的战略沟通就是通过一系列活动和事件强化某一战略议题和某些战略信息，以提升这些战略议题和战略信息的影响力。[③] 在中期的战略沟通中，公共外交的实施主体围绕某一议题或主题进行集中的信息传播以加深对象国公众对该议题或主题的印象，并将对象国公众的态度和意见进行收集和反馈。公共外交的人际关系发展就是与对象国公众，尤其是与关键人物建立长期、稳定、有效的人际关系以获得其对本国内外政策的认可与支持。建立和维护人际关系是一个长期的工作，短时间内难以收到成效，需要长期的经营和培育才能得到回报。因此，在长期的人际关系发展中，公共外交的实施主体需要通过长期、可持续的人文交流活动与合作项目来与对象国公众建立长久、良好的人际关系，比如设立留学生奖学金、举办各类培训和会议、开展各类参观和访问活动等。美国学者杰弗里·考恩（Geoffrey Cowan）和阿米莉亚·阿瑟诺（Amelia Arsenault）则将公共外交的三个层次进一步概括为独白（Monologue）、对话（Dialogue）与合作（Collaboration）。在杰弗里·考恩和阿米莉亚·阿瑟诺看来，公共外交的第一个层

---

① Mark Leonard, *Public Diplomacy*, London: Foreign Policy Centre, 2002, pp. 8 – 25.
② 韩方明主编：《公共外交概论》（第二版），北京大学出版社2012年版，第169页。
③ Mark Leonard, *Public Diplomacy*, London: Foreign Policy Centre, 2002, pp. 11 – 12.

次——独白，即向他国公众单向的信息传播；第二个层次——对话，即双向的思想和信息交流；第三个层次——合作，即特定目标下的跨国项目参与。[1]

公共外交的三个层次大致反映了公共外交的运行机制，即传播（短期的信息管理）—对话（中期的战略沟通）—合作（长期的人际关系发展）。具体来说，公共外交的运行机制可以表述为：一国的各类政府行为体与非政府行为体—通过传播来传递信息、影响舆论—通过对话来设定议程、输出价值、塑造形象—通过合作来促进人文交流与合作、民间往来、对外援助—影响对象国公众的态度和意见—影响对象国政府外交政策的调整和改变（如图1-1所示）。

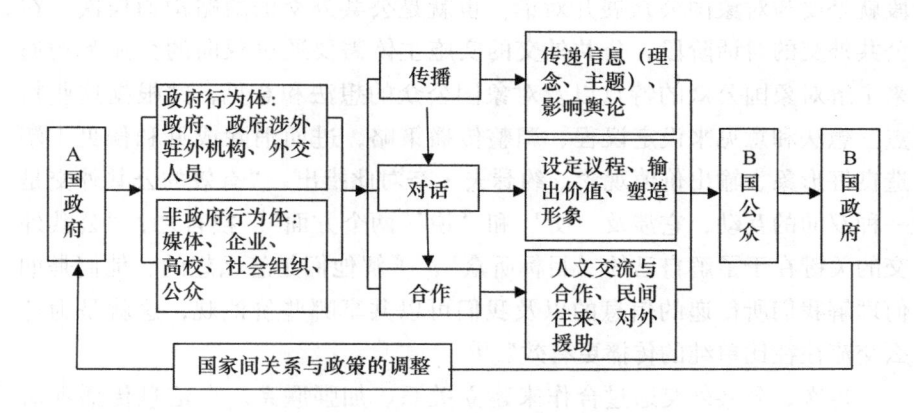

图1-1 公共外交的运行机制

资料来源：作者自制。

首先，公共外交通过传播来传递信息、影响舆论。一般来说，一国开展公共外交活动的第一阶段就是信息的传播，也就是公共外交的信息管理层次。一国的各类政府行为体和非政府行为体通过人际传播、组织传播和大众传播等传播形式，利用报纸、杂志、广播、电视、网络等媒介向对象国公众传播有关公共外交活动的各类信息，使对象国公众能够

---

[1] Geoffrey Cowan and Amelia Arsenault, "Moving from Monologue to Dialogue to Collaboration: The Three Layers of Public Diplomacy", *The Annals of the American Academy of Political and Social Science*, Vol. 616, 2008, pp. 10-30.

较为全面、准确地了解本国开展公共外交活动的背景、内容及举措。在信息的传播过程中逐步增加对象国公众对公共外交活动的认知和兴趣,积极引导和塑造公众舆论,进而形成有利于本国的舆论氛围。公共外交的信息传播需要注意两方面事项:一是传播的信息必须是真实可信的,否则不仅消息将被置若罔闻,还将给对象国公众留下不良印象、失去对象国公众的信任;二是传播的信息必须与国家的现行政策和立场保持一致,否则将会导致对象国公众思想的混乱,甚至对国家间关系产生消极影响。

其次,公共外交通过对话来塑造形象、输出价值。单向的信息传播难以改变对象国公众的固有成见与消极认知。因此,公共外交的第二阶段就是要与对象国公众展开对话,也就是公共外交的战略沟通层次。在公共外交的对话阶段,公共外交的实施主体需要通过双向的交流和沟通来了解对象国公众的特点以及对象国公众的想法和意见,并根据这些特点、想法和意见来设定议程、调整传播策略,进而消除成见和偏见、塑造良好形象、输出价值观念。约瑟夫·奈对此指出,"有效的公共外交是一种双向的互动,它涉及'听'和'说'两个方面"。换言之,"公共外交的关键在于了解自己的'目标听众',了解他们是怎么想的、他们是如何理解我们所传递的信息的以及我们可以共享哪些价值观,这就是为什么交流往往比单纯的传播更有效"。[1]

再次,公共外交通过合作来建立关系、加强联系。在信息传播和对话沟通的基础上,公共外交需要与对象国公众建立长期、稳定的人际关系并不断加强相互间的联系。因此,公共外交的第三阶段就是与对象国公众展开合作,也就是公共外交的人际关系发展层次。公共外交的合作主要涉及教育、文化、科技、体育等人文领域的交往与合作,通过留学访学项目、学术会议与培训项目、文化与体育交流活动、旅游与观光活动等一系列人文交流合作项目和活动来增强与对象国公众的了解和理解、获得对象国公众的好感和认同,进而与对象国公众建立长期、稳定、良好的人际关系,为自己赢取更多的支持和信任。事实上,公共外交的成效在很大程度上取决于人文领域的交流与合作。著名公共外交学者扬·梅理

---

[1] Joseph S. Nye, Jr. , "Public Diplomacy and Soft Power", *The Annals of the American Academy of Political and Social Science*, Vol. 616, 2008, p. 103.

森认为,"公共外交的关键是赢得人心和建立信任,其重点在于与他国公众的互动而不是单纯的兜售消息,在于与他国公众建立稳定的合作关系而不是单纯的政治活动,在于长期的关系发展而不是短期的利益需要。"①

最后,公共外交通过影响对象国公众态度来影响对象国政策。公共外交通过信息管理、战略沟通、人际关系发展三个层次或者传播、对话、合作三个阶段的主要目的就是要影响对象国公众的态度,进而影响对象国外交政策的调整或改变。在现代政治体系中,公众的态度和意见在政策的形成过程中具有显著作用,是影响一国外交政策制定和实施的新兴变量。现代政治理论认为,公众态度和意见能够影响政府决策主要基于以下假设:一是每个人都能有所作为,都可以为改变世界负起个人责任;二是当公众引路的时候,决策者会跟随;三是权力不仅在决策者手中,也在社会公众手中。② 无论哪个国家,公众的态度和意见对于政府决策都是至关重要的。如果政府的决策遵循公众的态度和意见,那么将有助于政策的实施和社会的稳定。反之,如果政府的决策违背公众的态度和意见,那么将有可能导致政策的失败、社会的动荡以及公众与政府矛盾的激化。一国的外交政策同样需要尊重和契合国内公众的态度和意见。因此,公共外交的运行逻辑就是一国通过改变和改善对象国公众对本国及其内外政策的态度,最终影响对象国外交政策的调整和改变,以维护和促进本国的国家利益。

第三节 "一带一路"公共外交的提出

国之交在于民相亲,民相亲在于心相通。"一带一路"建设倡导民心相通在合作中的基础性作用,民心相通就需要开展公共外交工作,公共外交的目的就是实现民心相通。"一带一路"倡议提出以来,国际社会和"一带一路"域内外国家对"一带一路"倡议的认知和评价总体积极,150 多个国家、30 多个国际组织签署共建"一带一路"合作文件。但国

---

① Jan Melissen, "The New Public Diplomacy: Between Theory and Practice", in Jan Melissen, ed., *The New Public Diplomacy Soft Power in International Relations*, New York: Palgrave Macmillan, 2005, pp. 21–22.

② [美]路易斯·戴蒙德、约翰·麦克唐纳:《多轨外交:通向和平的多体系途径》,李永辉等译,北京大学出版社2006年版,第62页。

际社会和域内外国家对"一带一路"倡议的疑虑和误解仍在一定范围内存在,"一带一路"推进过程中也夹杂着质疑和反对的声音。因此,面对国际社会和"一带一路"域内外国家对"一带一路"倡议的疑虑、误解和责难,应该充分发挥公共外交在"一带一路"建设中的推动作用,围绕"一带一路"建设向"一带一路"域内外国家公众开展和实施"一带一路"公共外交。

一 "一带一路"倡议的提出及时代内涵

2013年9月和10月,中国国家主席习近平在出访中亚和东南亚国家期间,先后提出共建"丝绸之路经济带"和"21世纪海上丝绸之路"的重大倡议,得到国际社会高度关注和有关国家积极响应。"一带一路"倡议是在古代丝绸之路的基础上创造性形成的、全方位推进中国与欧亚非拉各国各领域务实合作的一种新型多边跨区域合作架构和制度安排,它秉持开放的区域合作精神,旨在打造政治互信、经济融合、文化包容、互联互通、互利共赢的欧亚非拉利益共同体、命运共同体和责任共同体,实现欧亚非拉各国共同发展、共同繁荣。2015年3月,国家发展和改革委员会、外交部、商务部联合发布的《推动共建丝绸之路经济带和21世纪海上丝绸之路的愿景与行动》指出,共建"一带一路"致力于欧亚非拉各国的互联互通、维护全球自由贸易体系和开放型世界经济,旨在促进经济要素有序自由流动、资源高效配置和市场深度融合,推动沿线各国实现经济政策协调,开展更大范围、更高水平、更深层次的区域合作,共同打造开放、包容、均衡、普惠的区域经济合作架构。[①] 2023年10月,习近平主席在第三届"一带一路"国际合作高峰论坛开幕式上明确指出,提出"一带一路"倡议的初心是"借鉴古丝绸之路,以互联互通为主线,同各国加强政策沟通、设施联通、贸易畅通、资金融通、民心相通,为世界经济增长注入新动能,为全球发展开辟新空间,为国际经济合作打造新平台。"[②] 作为一种新型跨区域合作架构,"一带一路"倡议具有开

[①] 《推动共建丝绸之路经济带和21世纪海上丝绸之路的愿景与行动》,《人民日报》2015年3月29日第4版。

[②] 习近平:《建设开放包容、互联互通、共同发展的世界——在第三届"一带一路"国际合作高峰论坛开幕式上的主旨演讲》,《人民日报》2023年10月19日第2版。

放、包容、互利、共赢的特点，它不是中国单独推进或强加于他国的方案，也不是一个封闭性和排他性的方案，而是中国与欧亚非拉各国共商、共营、共建、共享的开放的合作方案。

"一带一路"倡议虽然借用了古代丝绸之路的历史符号，但与古代丝绸之路相比却具有全新的时代内涵。具体来说，作为一种新型区域合作架构，"一带一路"倡议是地区与全球经济一体化合作平台，欧亚非拉利益、命运与责任共同体建设平台，全球治理方案与全球公共物品供给平台以及世界地缘政治经济与文明交流融合新格局构筑平台。

第一，地区与全球经济一体化合作平台。"一带一路"涉及欧亚非拉150多个国家，具有广阔的发展前景。作为一种区域合作新模式，"一带一路"在实现中国自身发展的同时，其中一个重要的远景目标就是以点带面，从线到片，逐步推动欧亚非拉自身以及与美洲、大洋洲的经济融合，实现地区与全球经济一体化。习近平总书记强调，"要加强顶层设计、谋划大棋局，既要谋子更要谋势，逐步构筑起立足周边、辐射'一带一路'、面向全球的自由贸易区网络，积极同'一带一路'沿线国家和地区商建自由贸易区"。[①] 此外，未来中国还将继续加大对"一带一路"沿线各国的对外投资力度，预计到2025年中国对"一带一路"国家总投资的规模将达到1.6万亿美元，占到中国对外投资总额的70%。[②] 随着全球自由贸易区网络的形成与对外投资的扩大，"一带一路"将使中国与沿线国家合作更加紧密、往来更加便利、利益更加融合，也将为地区和全球经济一体化发挥更大作用。

第二，欧亚非拉利益、命运与责任共同体建设平台。"一带一路"沿线各国大多是新兴经济体和发展中国家，各国共同面临着发展经济、改善民生、维护稳定的重要任务，战略利益相近、战略理念相通、命运休戚与共。"一带一路"倡议的理想愿景和建设目标是打造欧亚非拉利益共同体、命运共同体和责任共同体，实现欧亚非拉各国的共同发展与合作共赢。三个共同体相互联系、各有侧重，利益共同体强调各国经济互惠互利，命运共同体强调各国发展融合，责任共同体强调各国和平稳定，打造利益共同体、命运共同体和责任共同体重在实现各国间的互联互通，

[①] 《习近平谈治国理政》（第二卷），外文出版社2017年版，第101页。
[②] 中国现代国际关系研究院编：《"一带一路"读本》，时事出版社2015年版，第8页。

即在政策沟通方面实现理念共通与决策共商,在道路联通方面实现设施共建与资源共享,在贸易畅通方面实现关税共同与规则共议,在货币流通方面实现规划汇率共浮与信息共享,在民心相通方面实现文化共存与价值共患。①"一带一路"将在互联互通建设过程中把沿线各国更加紧密地联系起来,开辟新的经济增长区域、创造新的经济增长点,增进沿线各国的政治互信与睦邻友好,促进沿线各国的共同安全、合作安全以及文化互融互鉴,实现沿线各国全方位、高水平、深层次的合作共赢,进而形成政治互信、经济融合、文化包容的欧亚非拉利益共同体、命运共同体和责任共同体。

第三,全球治理方案与全球公共物品供给平台。当前,全球经济发展不平衡,南北差距仍然较大,"一带一路"沿线许多国家经济发展缓慢,基础设施亟须升级改造,但现有全球治理平台和开发性金融机构难以有效推动相关国家经济发展,也无法满足其经济建设的资金需求。党的十八届五中全会提出,必须奉行互利共赢的开放战略,发展更高层次的开放型经济,积极参与全球经济治理和公共产品供给,提高我国在全球经济治理中的制度性话语权。②为此,作为一个负责任的大国,中国提出"一带一路"合作倡议来推动全球经济的复苏发展、均衡发展,并成立亚洲基础设施投资银行,出资400亿美元设立丝路资金向"一带一路"沿线国家基础设施、资源开发、产业合作等互联互通项目提供投资和融资支持。"一带一路"倡议以交通基础设施建设和融资平台搭建为重点和优先,是中国提供给世界的新型公共产品和全球治理方案。中国外交部部长王毅对此指出,"一带一路"倡议的提出和实施标志着中国从国际体系的参与者向全球公共产品的提供者的转变。③中国通过"一带一路"建设向全球治理输出公共产品将加快区域与全球一体化进程,缩小地区发展差距,造福沿线国家和人民。

第四,世界地缘政治经济与文明交流融合新格局构筑平台。"一带一路"是促进共同发展、实现共同繁荣的合作共赢之路,是增进理解信任、

---

① 中国人民大学重阳金融研究院编:《欧亚时代——丝绸之路经济带研究蓝皮书2014—2015》,中国经济出版社2014年版,序一第2页。

② 《中共十八届五中全会在京举行》,《人民日报》2015年10月30日第1版。

③ 《王毅谈"一带一路":倡议是中国的,机遇是世界的》,中华人民共和国外交部网站,2016年3月8日,http://www.fmprc.gov.cn/web/zyxw/t1345928.shtml。

加强全方位交流的和平友谊之路，是推进不同文明间对话、交流、融合的文明互鉴之路，① 它将在构筑世界地缘政治经济与文明交流融合新格局中扮演积极角色。一方面，"一带一路"倡议不同于以往"核心—边缘"或"依附—被依附"的传统剥削式合作模式，也不同于西方崛起过程中所采用的殖民和强制的霸权式发展方式，它秉承共商、共建、共享原则，是和平的倡议、发展的倡议、合作的倡议、开放的倡议，是创新国际合作与全球治理模式的积极探索。正如习近平总书记所指出，"推进'一带一路'建设，要诚心诚意对待沿线国家，做到言必信、行必果。要本着互利共赢的原则同沿线国家开展合作，让沿线国家得益于我国发展。要实行包容发展，坚持各国共享机遇、共迎挑战、共创繁荣。"② 另一方面，"一带一路"倡议不仅要实现沿线各国商品货物、基础设施的互联互通，更要实现欧亚非拉不同文明和文化间的交流融合与互学互鉴，它倡导文明、文化间的求同存异、吸收借鉴、和谐共处、共生共荣，是促进人类文明进步发展的有益实践。

二 国际社会对"一带一路"倡议的认知与反应

"一带一路"倡议一经提出便引发了国际社会的高度关注和强烈反响。国际舆论围绕"一带一路"倡议相关议题展开了讨论，对"一带一路"倡议的认知和评价既有积极的一面，也有消极的一面。"一带一路"域内外国家对"一带一路"倡议的认知和反应也不尽相同，表现出期待与疑虑、支持与排斥相互交织的复杂状态。

（一）国际舆论对"一带一路"倡议的认知与评价

"一带一路"倡议提出后便成为海外媒体和国际智库关注的重点。据专业数据库统计，2013年9月至2015年2月，海外媒体有关"一带一路"的英文报道共2500多篇，中文报道共有1000多篇。③ 其中，路透社、法新社、菲律宾新闻社、哈萨克国际通讯社、美国《华尔街日报》、美国《赫芬顿邮报》、日本《外交学者》、新加坡《联合早报》、新加坡

---

① 《传承弘扬丝路精神 共筑梦想同谱华章》，《人民日报》2015年3月29日第4版。
② 《加快推进丝绸之路经济带和二十一世纪海上丝绸之路建设》，《人民日报》2014年11月7日第1版。
③ 孙敬鑫：《"一带一路"建设面临的国际舆论环境》，《当代世界》2015年第4期。

《海峡时报》、印度《印度时报》、马来西亚《南洋商报》等海外媒体对"一带一路"倡议进行了大量的报道和评论。此外,根据中国零点智库的统计数据,2015年上半年,英国广播公司(BBC)、英国《金融时报》、美国有线电视新闻网(CNN)、美国《华盛顿邮报》、日本《读卖新闻》、俄罗斯卫星网等全球20家重点海外媒体有关"一带一路"的相关报道共有322篇,布鲁金斯学会、卡内基国际和平基金会、兰德公司、美国战略与国际研究中心、英国国际战略研究所、瑞典斯德哥尔摩国际和平研究所、比利时欧洲与全球经济治理实验室等全球十大顶尖智库共发布与"一带一路"倡议有关的研究报告54篇。[1] 中国国家信息中心"一带一路"大数据中心发布的《"一带一路"大数据报告(2018)》指出,自"一带一路"倡议提出以来,国外媒体和网民对"一带一路"始终保持高度关注,倡议的顶层规划发布及重大里程碑事件均成为全球关注的焦点。[2] 整体而言,国际舆论对"一带一路"倡议评价积极,认为"一带一路"倡议是促进全球发展合作的中国方案,其致力于打造欧亚非拉利益共同体、命运共同体与责任共同体,体现了中国外交政策的转型和创新,不仅有助于提升中国的国际影响力,还将对地区与全球的繁荣发展与和平稳定产生重大影响。例如,新加坡《联合早报》刊文指出,中国通过亲、诚、惠、容的周边外交和"一带一路"倡议构建中国的海陆伙伴体系,展现了中国带动全球格局和秩序发生深刻变革的信心。美国《赫芬顿邮报》网站发文称,"一带一路"将成为中国今后十年的深刻标志,并构成欧亚国家的一个历史性机遇,有望把超过60%的世界人口引

---

[1] 纳入零点智库舆情监测范围的全球20家重点海外媒体和全球十大顶尖智库包括:美国有线电视新闻网(CNN)、美国福克斯广播公司(FOX)、美国全国广播公司(NBC)、《华盛顿邮报》、《今日美国》、《洛杉矶时报》、《时代周刊》、《赫芬顿邮报》、BuzzFeed、英国广播公司(BBC)、《卫报》、《金融时报》、《每日电讯》、《每日邮报》、《经济学人》、《读卖新闻》(英文版)、《日本时报》、《海峡时报》、《印度时报》、俄罗斯卫星网(英文版)、美国布鲁金斯学会、美国卡内基国际和平基金会、美国战略与国际研究中心、美国兰德公司、美国外交关系学会、美国伍德罗·威尔逊中心、英国皇家国际事务研究所、英国国际战略研究所、瑞典斯德哥尔摩国际和平研究所、比利时欧洲与全球经济治理实验室。参见《零点智库:围绕"一带一路"做好"点穴式"公共外交》,零点研究咨询集团网站,2015年12月10日,http://www.horizon-china.com/page/4113。

[2] 国家信息中心"一带一路"大数据中心:《"一带一路"大数据报告(2018)》,商务印书馆2018年版,第4页。

向前所未有的凝聚和繁荣。① 英国路透社发表评论称，中国提出的"一带一路"倡议契合沿线国家的共同需求，为沿线国家优势互补、开放合作开拓了新的合作途径。英国《金融时报》评论文章也认为，"一带一路"计划既是一个大战略，又是一种展示、一幅全景图，它以一种组织性理念出现，将各种不同的目标、动机和项目集合在一起。韩国《中央日报》发文指出，"一带一路"帮助周边国家成长，实现共同发展的中国式"合作共荣"的逻辑正在被全世界所接受，中国式的全球战略正在全球范围被接受。② 而在全球十大顶尖智库2015年上半年发布的"一带一路"研究报告中，大多数报告对"一带一路"倡议所倡导的合作互惠表示认可，且整体看好"一带一路"倡议实现前景。《"一带一路"大数据报告（2018）》也显示，全球舆论对"一带一路"的积极情绪占比也由2013年的16.5%提高到2017年年底的23.7%。③

但不容忽视的是，受价值偏好、现实利益等因素的影响，一些海外媒体对"一带一路"倡议的报道仍呈现出较为负面的倾向，依然对"一带一路"倡议进行了歪曲式、挑拨式的报道和解读。

（二）域内国家对"一带一路"倡议的认知与反应

对于中国提出的"一带一路"倡议，域内国家存在不同的认知和反应。一方面，一些域内国家将"一带一路"倡议视为促进本国经济社会发展的良好机遇，希望通过参与"一带一路"建设来发展经济、改善民生、维护稳定，因此对"一带一路"倡议持肯定和支持态度。首先，俄罗斯、白俄罗斯、哈萨克斯坦等独联体国家积极支持"一带一路"倡议，并推进"一带一路"倡议与本国和地区发展战略实现对接。在2014年中俄两国发表的《中俄关于全面战略协作伙伴关系新阶段的联合声明》中，俄罗斯官方对"一带一路"表示了支持。④ 白俄罗斯总统卢卡申科（Al-

---

① 《中国"一带一路"助力世界经济爬坡过坎》，《新华每日电讯》2015年3月3日第2版。
② 《外媒盛赞"习式外交"："一带一路"为区域发展带来巨变》，国际在线，2016年2月6日，http://news.cri.cn/201626/4dd2a015-e53c-e56e-7382-3b5feafd2310.html。
③ 国家信息中心"一带一路"大数据中心：《"一带一路"大数据报告（2018）》，商务印书馆2018年版，第6页。
④ 《中华人民共和国与俄罗斯联邦关于全面战略协作伙伴关系新阶段的联合声明》，《人民日报》2014年5月21日第2版。

exander Lukashenko）曾表示，白俄罗斯愿意成为"一带一路"倡议的重要支柱，并希望与中国共同将中白"巨石"工业园项目打造成"一带一路"倡议重点项目。① 其次，塞尔维亚、匈牙利、波兰等中东欧国家也积极响应"一带一路"倡议。在第三次中国—中东欧国家领导人峰会期间，中国与16个中东欧国家发表了《中国—中东欧国家合作贝尔格莱德纲要》，全面强化与中东欧国家在基础设施、交通、能源、金融等领域的合作，并与匈牙利、塞尔维亚签署了《匈塞铁路项目合作谅解备忘录》。再次，南非、委内瑞拉等非洲及拉美国家和沙特阿拉伯、埃及、伊朗等中东国家也对"一带一路"倡议表现出极大热情。2015年12月，习近平主席访问南非期间，两国签署了26项合419亿元人民币的"海上丝绸之路"合作项目协议，涵盖基础设施建设、能源、通信、金融等多个领域。2016年，中国与沙特阿拉伯、埃及和伊朗分别签署了《关于共同推进"一带一路"建设的谅解备忘录》，并与沙特阿拉伯和土耳其签署了《关于加强海上丝绸之路建设的谅解备忘录》，沙特阿拉伯、埃及和伊朗表示愿成为"一带一路"通往非洲和欧洲的支点。最后，巴基斯坦、印度尼西亚、泰国等亚洲国家也积极参与"一带一路"建设。2013年，中国与巴基斯坦提出共建"中巴经济走廊"以加强两国互联互通、促进两国共同发展，"一带一路"倡议提出后，"中巴经济走廊"成为"一带一路"建设的"旗舰项目"，连接巴基斯坦瓜达尔港—卡拉奇—中国喀什的公路及铁路构成这一项目的核心。2015年4月，中巴双方签署了30多项与"一带一路"和"中巴经济走廊"有关的合作协议和备忘录。同年，中国与印度尼西亚、泰国两国分别签署了《关于开展雅加达—万隆高速铁路项目的框架安排》《中泰高铁合作协议》。

另一方面，一些域内国家也对"一带一路"倡议表示疑虑和顾忌，怀疑中国可能借助"一带一路"倡议来扩大势力范围、争夺地区主导权，担心本国的国家主权和安全会遭到"一带一路"倡议的威胁和侵蚀。例如，东盟国家对"一带一路"倡议的态度较为"审慎"，可大致分为两类：一类是泰国、老挝、柬埔寨、印度尼西亚、马来西亚、文莱、新加坡。这些国家对"一带一路"倡议的接受度较高，但它们并不想过度依

---

① 《卢卡申科：白俄罗斯愿成为"一带一路"倡议重要支柱》，中国网，2015年5月12日，http://news.china.com.cn/world/2015-05/12/content_35548936.htm。

赖或倒向中国，也不想中国在本地区的影响过快发展，因此它们在参与"一带一路"建设的同时还会争取和联合其他域外大国。另一类是菲律宾、越南、缅甸。鉴于领海主权纷争激化、民族主义情绪高涨等因素，中国与这些国家开展"一带一路"合作将面临更多困难。

（三）域外国家对"一带一路"倡议的认知与反应

在全球化深入发展、世界各国相互依存度不断加深的今天，"一带一路"作为一项涉及欧亚非拉150多个国家的宏大战略倡议，不仅直接关乎域内国家的切身利益，而且也将对域外国家产生重大影响。与此同时，域外国家对待"一带一路"倡议的认知和反应也将影响"一带一路"的建设。总的来说，域外国家尤其是域外大国普遍对"一带一路"倡议的意图表示怀疑，担心"一带一路"倡议可能是中国进行对外扩张、挑战国际秩序的外交工具并会威胁本国国家利益和地区与全球稳定，因而对"一带一路"倡议持谨慎、观望甚至是反对态度。

域外国家对待"一带一路"倡议的态度也大致可分为两类：一类是美国、日本等国。这些国家与中国存在明显的地缘政治和现实利益冲突，虽然没有公开地对"一带一路"倡议表示排斥和反对，但总体上对"一带一路"倡议采取怀疑、不参与、抵触、阻挠的立场，认为"一带一路"倡议是一个具有外交、安全和军事意义的经济项目，[①] 将对自身的战略利益产生一系列消极影响。美国认为，"一带一路"不仅会削弱美国在欧亚大陆和亚太地区的影响力和领导力，还可能将美国彻底挤出亚洲，帮助中国建立一个"去美国化"的地区乃至全球秩序。而"一带一路"以及由中国倡议筹建的亚洲基础设施投资银行也将强化中国对全球金融的影响力和控制力，挑战由国际货币基金组织、世界银行和亚洲开发银行构成的全球金融体系。[②] 因此，美国采取了多种措施对"一带一路"进行阻挠和干扰：一是拒绝参与亚投行，并向亚太盟友施压阻挠其加入亚投行；

---

① Wendell Minnick, "China's 'One Belt, One Road' Strategy", Defense News, April 12, 2015, http://www.defense news.com/story/defense/2015/04/11/taiwan-china-one-belt-one-road-strategy/2535 3561/.

② Ralph Cossa and Brad Glosserman, " A tale of two tales: competing narratives in the Asia Pacific", *Pacific Forum CSIS*, December 1, 2014, http://csis.org/files/publication/Pac1484.pdf; James McBride, "Building the New Silk Road", *CFR Backgrounders*, May 25, 2015, http://www.cfr.org/asia-and-pacific/building-new-silk-road/p36573.

二是利用海洋领土和资源争端等现实利益冲突来挑唆中国与东南亚相关国家关系,影响东南亚相关国家对"一带一路"的态度;三是强化亚太联盟体系、加强亚太军事存在,联合日本、印度、菲律宾等国干扰"一带一路"建设;四是强化与亚太国家和地区的经贸联系,积极拉拢中国台湾、越南、马来西亚等国家和地区消解"一带一路"影响。此外,日本也对"一带一路"倡议持消极看法。日本认为,"一带一路"将主要从经济、政治两个方面对日本产生消极影响:在经济上,"一带一路"将加剧中国与日本在海外投资、国际金融、高科技基础设施建设等领域的竞争,削弱日本在亚太地区乃至全球的经济影响力;在政治上,"一带一路"将提升中国战略影响力,改变地区乃至全球地缘政治格局,挤压日本的战略空间并牵制日本的发展。[①] 对此,日本采取一系列措施对"一带一路"进行抵触和遏制:一是加强同印度尼西亚、孟加拉国等东南亚、南亚国家间关系,并将其将提升为"全球战略合作伙伴";二是加大对东南亚国家的安全承诺,积极开展"日美+X"海洋安全合作;三是提升在各类地区和全球经济、金融、贸易框架及机制中的话语权和影响力;四是拒绝参加亚投行,并宣布推行一项投资1100亿美元的亚洲基础设施资助计划抗衡和牵制亚投行。

另一类是加拿大、澳大利亚、法国、英国、德国等国。这些国家在地缘政治经济利益方面与中国没有明显的冲突,在一定程度上表现出对"一带一路"的参与兴趣和意愿,但鉴于对"一带一路"倡议的疑虑以及美国的干涉和施压,因而对"一带一路"倡议持谨慎、复杂和有所保留的态度。

三 中国实施"一带一路"公共外交的意义

面对国际社会和"一带一路"域内外国家对"一带一路"倡议的疑虑、误解和责难,围绕"一带一路"建设向"一带一路"域内外国家公众开展和实施"一带一路"公共外交具有重要意义。

首先,开展和实施"一带一路"公共外交有助于营造"一带一路"良好舆论环境。当前,一些海外媒体对"一带一路"倡议的不真实、不

---

① 许元荣、郑妮娅:《日本怎么看待中国"一带一路"》,《第一财经日报》2015年8月11日第13版。

客观甚至是挑拨式、歪曲式的报道深刻地影响着国际社会和"一带一路"域内外国家公众对"一带一路"倡议的认知。通过开展和实施"一带一路"公共外交对"一带一路"倡议进行全面、准确、鲜活的展示、宣介和传播，可以对这些负面的报道和解读在理论和实践上予以批驳，引导国际社会和"一带一路"域内外国家公众真实、准确地了解和认识"一带一路"倡议，在"讲故事""说道理"的过程中改变国际社会和"一带一路"域内外国家公众对"一带一路"倡议的错误认知和消极态度，提高国际社会和"一带一路"域内外国家公众对"一带一路"倡议的认知度和接纳度，为"一带一路"建设营造良好的国际舆论环境。

其次，开展和实施"一带一路"公共外交有助于夯实"一带一路"社会民意基础。"一带一路"倡议的核心在于"共建"，"一带一路"域内外国家社会各界的共同参与才能确保"一带一路"倡议的顺利实施。在"一带一路"域内外国家对"一带一路"倡议心存疑虑甚至对"一带一路"倡议进行排挤和围堵的情况下，通过开展和实施"一带一路"公共外交加强文化交流、人文对话和民间往来，可以有效消除国际社会和"一带一路"域内外国家公众对"一带一路"倡议的疑虑与猜忌，激发国际社会和"一带一路"域内外国家公众对"一带一路"倡议的参与兴趣，为"一带一路"建设奠定深厚的社会民意基础。

最后，开展和实施"一带一路"公共外交有助于应对和缓解中国崛起困境。在中国快速崛起的大背景下，中国面临着日益严峻的崛起困境，中国提出的任何发展战略或外交倡议都容易被视为隐藏着强烈的地缘政治经济意图。通过开展和实施"一带一路"公共外交，可以向国际社会和"一带一路"域内外国家公众全面、准确地阐释和介绍"一带一路"倡议以及中国内外政策的真实情况和意图，深化国际社会和"一带一路"域内外国家公众对"一带一路"倡议以及中国内外政策的理解、信任和支持，展现中国开放、包容、合作、和平的大国形象，应对和缓解中国日益严峻的崛起困境。

总之，"一带一路"建设对实现中华民族伟大复兴中国梦、维护全球自由贸易体系与开放型世界经济、推动全球治理体系公正合理变革与世界文明深度交流融合具有重要意义。在这一过程中，公共外交应充分发挥其推动作用，为"一带一路"建设营造良好国际舆论氛围、奠定坚实社会民意基础，推动"一带一路"民心相通的实现。

第二章

"一带一路"公共外交的概念界定

"一带一路"倡议是新时代中国促进全方位对外开放的必然选择，也是推动全球经济复苏发展与世界文明深度融合的必然要求。在当前"一带一路"建设深入推进的背景下，围绕"一带一路"建设向"一带一路"域内外国家公众开展和实施"一带一路"公共外交具有重要意义。所谓"一带一路"公共外交（Public Diplomacy of the Belt and Road），就是指中国各类政府行为体和非政府行为体围绕"一带一路"建设，通过信息传播、国际公关、人文交流等多种手段和途径向"一带一路"域内外国家公众全面、准确、鲜活地展示、宣介和传播"一带一路"倡议的对话和交流活动，以纠误解惑、增信释疑，为"一带一路"建设营造良好的国际舆论氛围与外部环境，深化"一带一路"域内外国家公众对"一带一路"倡议以及中国的理解、信任与支持。作为一种具体的公共外交形态，"一带一路"公共外交的内涵、外延及其相关概念范畴首先需要得以明确，这也是开展"一带一路"公共外交研究的出发点。因此，本章主要从主体对象、内涵、目标任务、核心理念等方面对"一带一路"公共外交的相关概念进行明确和说明。

第一节 "一带一路"公共外交的主体对象

"一带一路"公共外交作为一种具体的公共外交形态，首先需要明确自己的实施主体和实施对象。具体来说，"一带一路"公共外交的实施主体主要包括各类政府行为体与非政府行为体。政府行为体包括各级政府、政府所属涉外及驻外机构等，非政府行为体包括新闻媒体、社会组织、人民团体、涉外企业、高等学校、思想库、公众个人等。"一带一路"公共外交的实施对象则主要是"一带一路"域内外国家公众。

一 主体选择：政府与非政府行为体

公共外交是一国政府针对他国公众的外交活动，在实施主体上主要包括政府行为体与非政府行为体两方面。一方面，公共外交是由一国政府主导的外交行为，其目的是服务于国家战略和对外政策的实施、维护，促进国家利益的实现。因此，公共外交的行为主体首先包括政府、政府所属涉外及驻外机构在内的各类政府行为体。另一方面，由于公共外交的实施对象是他国公众，更多地涉及他国的社会领域。因此，公共外交的行为主体还包括受政府委托、授权、支持的新闻媒体、社会组织、人民团体、涉外企业、高等学校、公众个人在内的各类非政府行为体。

习近平总书记指出，"推进'一带一路'建设，既要发挥政府把握方向、统筹协调作用，又要发挥市场作用。……引导更多社会力量投入'一带一路'建设，努力形成政府、市场、社会有机结合的合作模式，形成政府主导、企业参与、民间促进的立体格局。"[①]"一带一路"公共外交作为一种具体的公共外交形态，其实施主体也主要包括各类政府行为体与非政府行为体。"一带一路"公共外交的政府行为主体主要包括中央政府、外交部及其下属机构、驻外使领馆以及其他政府涉外部门等。（1）中央政府（包括国家领导人、政府首脑）。中央政府领导国家一切外交事务，掌握国家最高外交权，负责制定和策划国家的外交战略和方针政策，其他政府部门和机构都要服从中央政府的领导并负责落实和实施由中央政府制定的外交战略和政策。"一带一路"公共外交也不例外，它受党中央、国务院、全国人大、全国政协的领导和统率。国家最高领导层讨论和制定"一带一路"公共外交的指导思想、战略规划、方针政策，国家领导人通过发表演讲、接受媒体采访、出席联谊与参观活动等形式向"一带一路"域内外国家公众传递信息、与"一带一路"域内外国家公众展开交流与互动。（2）外交部及其下属机构。狭义的外交认为只有外交部门和外交人员才具有从事外交事务的权力。外交部作为一国专门负责外交事务的部门，是一国外交战略和方针政策的主要执行机构，负责代表国家和政府办理外交事务、阐述对外政策、调查研究外交领域的

[①]《习近平谈治国理政》（第二卷），外文出版社2017年版，第501—502页。

重大问题、为国家制定外交战略和方针政策提供建议。我国外交部及其下属机构既是国家外交战略和政策的主要执行机构，同时也是"一带一路"公共外交的组织和实施机构。"一带一路"公共外交受外交部及其下属机构的指挥、管理、协调、统筹，并主要由其进行安排和实施。（3）驻外使领馆。驻外使领馆是一国在建有外交关系国家的常设外交代表机构，是一国对外进行联系和沟通的主要渠道和基础单位，负责办理具体的外交事务、开展外交活动包括公共外交活动、促进本国与所在国国家间关系的发展和人民间的往来。驻外使领馆作为开展公共外交的一线机构直接面对他国公众，与他国公众的交流和互动更加广泛和频繁，承担着对外宣传和联络、文化教育交流、人员往来互访等许多具体的公共外交事务。因此，"一带一路"公共外交的项目、计划和任务也需要中国驻外使领馆的直接参与和实施。（4）其他政府涉外部门。公共外交涉及对外传播、经济、教育、科技、文化、艺术、体育、军事等诸多领域，因而仅仅依靠专门的外交部门来处理公共外交事务是远远不够的，需要外宣部门、文化部门、教育部门等其他涉外部门的积极参与和支持。我国中宣部、国新办、商务部、文化和旅游部、教育部、国家体育总局、国家广播电视总局以及各级党政军涉外部门也都在不同程度上负有在自身所涉及的领域组织、开展、实施公共外交的职责。因此，"一带一路"公共外交的开展和实施也同样需要涉及对外传播、人文交流等对外事务的相关政府部门的参与和协助，以充分发挥不同政府部门的自身优势与"一带一路"域内外国家公众展开双边、多边交流与对话。

"一带一路"公共外交的非政府行为主体主要包括新闻媒体、社会组织、人民团体、涉外企业、高等学校、思想库以及公众个人等。（1）新闻媒体。新闻媒体是一国对外信息传播、塑造国际舆论、开展公共外交的重要工具。我国的新闻媒体尤其是新华社、人民日报社、中国日报社、中央电视台、中国国际广播电台等国家主流媒体肩负着向世界介绍中国、说明中国、展示中国、塑造国家良好形象、维护国家根本利益、服务党和国家对外战略的重大使命。"一带一路"公共外交的实施需要新闻媒体特别是国家主流媒体向"一带一路"域内外国家公众说明"一带一路"的意义影响、介绍"一带一路"的实施情况、展示"一带一路"的丰硕成果，引导和塑造"一带一路"良好国际舆论，增进"一带一路"域内外国家公众对"一带一路"倡议的了解与认知，影响其对"一带一路"

倡议的态度和行为。（2）社会组织和人民团体。随着冷战后社会组织在国际交往和全球治理中作用的日益增长，社会组织尤其是非政府组织（NGO）、非营利组织（NPO）逐渐成为公共外交的重要实施主体。越来越多的社会组织通过建立网站、出版图书、举办论坛等形式对外传递信息、影响公众态度和社会舆论。社会组织由于独立于政府和市场，具有公共性和自主性的特点，在社会性因素日益凸显、公民社会不断发展的今天更容易获得公众的信赖和支持，也更容易影响社会舆论和政府决策，一些国际非政府组织则拥有更多机会和能力可以对全球事务和其他国家的外交议程和政策施加影响。因此，作为一股强大的社会力量，我国涉及政治、经济、文化、教育、环境、宗教等各领域的各类社会组织也将是"一带一路"公共外交不可或缺的实施主体，其无论是对于加强与"一带一路"域内外国家公众的沟通对话还是影响社会舆论和政府决策、塑造良好的中国国家形象都具有重大意义，尤其是中华全国工商联合会、中国科学技术协会、中国全国归国华侨联合会、中华全国青年联合会、中国人民外交学会、中国人民对外友好协会、中国国际友好联络会、中国对外文化交流协会等从事对外经贸往来与民间友好交流事业的人民团体和社会组织更要发挥其在"一带一路"公共外交中的增进中国人民与世界人民间相互了解和友谊、促进中国与世界各国间关系健康发展、推动"一带一路"国际民间友好交流与合作的重要作用。（3）涉外企业。涉外企业或跨国企业是国家形象和公共外交的重要构筑者和参与者。企业是海外公众认识和观察一个国家的重要窗口，企业在海外的生产经营活动和行为、提供的产品和服务不仅关乎企业自身的形象和口碑，更影响着企业所属国家的形象和声誉，因而企业负有塑造和维护国家良好形象的重要责任。全球化时代下，涉外企业的跨国经营和生产需要与海外国家的各个社会阶层建立广泛的联系和沟通渠道，这既可以使海外公众能够直观、直接地通过企业认识企业所在国家，也可以使企业能够大范围、长时间地影响海外公众对企业所在国家的认知和态度。因此，开展和实施"一带一路"公共外交也需要中国企业在"一带一路"建设中以优良的行为作风、优质的产品服务和强烈的社会责任担当来增进域内外国家公众对"一带一路"倡议以及中国的好感和信任，提升中国负责任的大国形象。（4）高等学校。高等学校作为教育与学术领域国际交流的重要载体和人才培养、科学研究的重要基地，在公共外交布局中占据重要地位。在公共外交活动开展方面,高等学校不仅可以通过举办国际研讨会和学术研究项目来增进与国际学术界的了解与认知、加强相互间的交流与合作,还可通过招收留学生来培养和影响他国未来的社会精英。而在公共外交人才培养和科学研究方面,高等学校可发挥其知识、技术密集的优势开展公共外交的教学和研究,为公共外交事业的发展培养和储备各类所需专业人才、提供理论支撑和实践指导。中国的高等学校承担着服务社会、建设国家的重要任务。目前,中国高等学校参与公共外交的意识不断加强,越来越多的高等学校参与到公共外交事业中来,并逐渐成为公共外交舞台上的新主角。开展和实施"一带一路"公共外交需要高等学校的积极参与,以加强同"一带一路"域内外国家在教育与学术领域的国际交流与合作以及对"一带一路"公共外交的人才培养和科学研究。(5)思想库。思想库又称智库,是独立于政府之外的政策研究机构,它为政府提供政策建议和智力支持。智库通常由政界、学界、商界以及非政府组织的社会精英组成,其核心目标是通过各种传播媒介和策略影响社会舆论和政府政策制定,因而在公共外交中发挥着独特而重要的作用。近年来,智库对公共外交的影响力不断提升,日益成为公共外交的议题设置者和政策倡导者。而随着中国智库数量的增加以及对中国公共外交影响力的提升,中国智库也日益在公共外交中扮演重要角色。当前,中国智库数量仅次于美国,稳居世界第二。开展和实施"一带一路"公共外交需要利用好中国的智库资源,充分发挥智库政策咨询和智力支持的重要功能以及影响国内外社会舆论的独特作用。(6)公众个人。公共外交不是政府单方面的职责,随着公共外交范围的扩大,普通社会公众成为公共外交开展的基础性力量。公共外交不同于政府外交,公共外交的参与者不能代表国家处理外交事务。因此,普通的社会公众也可以参与到公共外交之中,更为宽松、生动和灵活地采取多种形式在多种场合发出声音。[①] 社会精英、海外侨胞和族裔群体、出国人员、高校教师、大学生等能够经常接触他国公众的社会公众都可以通过各自的方式和形式向他国公众讲述本国的"故事",且更容易获得他国公众接受和信任。改革开放四十多年来,中国与世界的联系日益密切,现在每年中国人出境和外国人入境均达一亿多人次,中国在走向世界的同时,中国

---

① 赵启正:《公共外交与跨文化交流》,中国人民大学出版社2011年版,第4页。

公民也进行着向"世界公民"的身份转变，这为中国开展公共外交奠定了坚实基础。开展和实施"一带一路"公共外交需要充分发挥社会公众的巨大潜能，向域内外国家公众传播好"一带一路"中国声音、讲好"一带一路"中国故事。

总的来说，"一带一路"公共外交的实施主体涉及政府行为体与非政府行为体两个层面。其中，政府、政府所属涉外及驻外机构等各类政府行为体在"一带一路"公共外交中居于主导地位，新闻媒体、社会组织、人民团体、涉外企业、高等学校、思想库、公众个人等各类非政府行为体则由于其独立性、公开性、非营利性等特点，更便于与"一带一路"域内外各国具有不同利益和价值的公众进行沟通和交流，也更容易获得域内外国家公众的好感和认可，因而是"一带一路"公共外交的主要依靠力量。也就是说，"一带一路"公共外交的任务和项目将更多地由各类非政府行为体来负责具体实施和执行，"一带一路"公共外交是政府主导下的"多中心"公共外交。

二 对象确定：域内外国家公众

公共外交的对象是他国公众。"公众"一般是指那些与特定组织发生联系，具有某种共同利益，可以相互交流信息，相互产生影响的个人、群体或者其他组织，它们对组织的目标和发展具有实际或潜在的影响力和制约力。[①] 因此，公共外交的对象就是指那些由某种或某些共同利益联系在一起，与公共外交的实施主体发生联系，并且对公共外交的实施产生影响的对象国的个人、群体或者其他组织。"一带一路"公共外交是围绕"一带一路"建设向"一带一路"域内外国家公众开展的公共外交。也就是说，"一带一路"公共外交的实施对象是"一带一路"域内外国家公众。

具体来说，"一带一路"公共外交的实施对象主要包括"一带一路"域内外国家的普通公众、媒体公众、社会精英和社会组织、意见领袖等。（1）域内外国家普通公众。普通公众是指那些在"一带一路"域内外国家各行各业中不处于权势地位的人群。普通公众占据着域内外国家公众的大多数，他们由于社会经济地位、职业和受教育程度、文化传统等原

---

① 张克非编著：《公共关系学》，高等教育出版社2001年版，第83页。

因更加关注与自身实际利益直接或密切相关的国内事务，外交政策、国际事务关注和了解程度有限，对于外交政策、国际事务相关信息的获取也主要来源于电视、广播、网络等大众传媒。因此，他们对外交政策、国际事务不持有明确的、固定的态度和立场，但往往容易受到精英群体、新闻媒体、意见领袖等权势群体的左右和影响。[①]（2）域内外国家媒体公众。媒体公众也称为新闻界公众，域内外媒体公众主要包括"一带一路"域内外国家的电视台、广播电台、报社、杂志社、互联网站等新闻传播机构和记者、编辑、撰稿人、主持人等新闻界人士。媒体公众由于掌握着各类大众媒体和专业媒体，承担着信息的采集、加工、筛选和传播的任务，因而成为信息的"把关人"，对社会舆论具有巨大的导向和塑造作用。[②] 媒体公众对信息的传播和扩散具有倾向性和选择性，他们根据自身的价值准则和社会需求来对信息进行筛选和过滤，而经过筛选和过滤的带有特定价值和清晰的信息一经电视、广播、报刊、互联网络等传播媒介的传播和放大就会在短时间内引起社会公众的普遍关注并获得其认可，公众态度和社会舆论也由此受到了媒体公众的影响和引导。（3）域内外国家的社会精英和社会组织。社会精英是指那些"一带一路"域内外国家受过良好教育、享有较高的社会经济地位的，在政治、经济、社会、文化、宗教等各行业中具有一定权势和社会权威性的人群，如政府官员、企业家、社会活动家、知识分子、艺术家、宗教领袖等。社会组织即域内外国家具有广泛社会影响力的各类政治组织、商业组织、社会组织、文化组织、宗教组织、市民组织以及其他特定利益组织。社会精英和社会组织领袖通常具有较强的国际化意识和全球性观念，不仅关注国际事务和外交政策，而且也关注全球治理等人类共同关心的议题。他们活跃在世界舞台上，通过各种媒介手段获取信息，参与外交政策、国际和全球性事务的讨论，甚至直接成为外交政策、国际和全球性事务的决策者或实施者，并对社会公众和社会舆论施加影响。（4）域内外国家意见领袖。意见领袖又称舆论领袖（Opinion Leader），特指在不同群体和不同人际传播网络中具有高度影响力、能够向他人传递信息并对其施加舆论影响的人。域内外国家意见领袖是指"一带一路"域内外国家中拥有信息

[①] 韩方明主编：《公共外交概论》（第二版），北京大学出版社2012年版，第85页。
[②] 张克非编著：《公共关系学》，高等教育出版社2001年版，第102—103页。

优势和一定权威性，能够引导和影响公众态度和社会舆论的人群。意见领袖通常能够首先或较多地接触信息，通过自己的专业知识或社会名望或人际关系方面的优势对信息进行加工、阐释、扩散与传播，影响社会公众态度乃至行为的形成或改变，进而起到引导、协调、干扰、支配社会舆论的作用（如图2—1所示）。

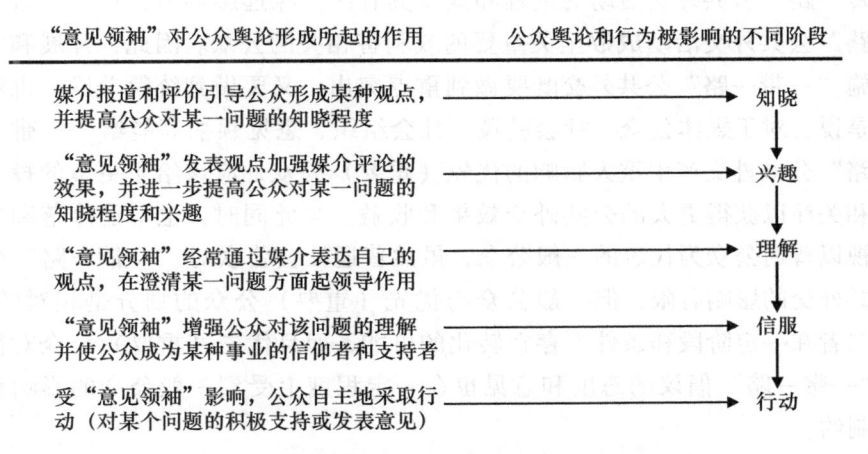

"意见领袖"对公众舆论形成所起的作用	公众舆论和行为被影响的不同阶段
媒介报道和评价引导公众形成某种观点，并提高公众对某一问题的知晓程度	→ 知晓 ↓
"意见领袖"发表观点加强媒介评论的效果，并进一步提高公众对某一问题的知晓程度和兴趣	→ 兴趣 ↓
"意见领袖"经常通过媒介表达自己的观点，在澄清某一问题方面起领导作用	→ 理解 ↓
"意见领袖"增强公众对该问题的理解并使公众成为某种事业的信仰者和支持者	→ 信服 ↓
受"意见领袖"影响，公众自主地采取行动（对某个问题的积极支持或发表意见）	→ 行动

图2—1　"意见领袖"对公众舆论和行为的影响过程

资料来源：[英]萨姆·布莱克：《公共关系学新论》，陈志云、郭惠民等译，复旦大学出版社2000年版，第21页。

总的来看，"一带一路"公共外交面对着不同的域内外国家公众，不同域内外国家公众对"一带一路"公共外交的意义和影响也存在较大差异。鉴于此，有必要对"一带一路"公共外交的不同实施对象进行精准而明确的分类和排序。借助公共关系中的"PVI指数"（公众脆弱性重要程度）可以排列出公共外交实施对象的优先次序，即公共外交项目及组织影响某类公众的潜能（P）+公共外交项目及组织受该类公众影响的脆弱性（V）=该类公众对公共外交项目及组织的重要性（I）。[①] I值越高，公众对公共外交项目及组织的重要性越大（如表2—1所示）。根据"PVI指数"的测定方法，"一带一路"公共外交中的域内外国家公众可分为一

---

① [美]道·纽森、朱迪·范斯克里、杜克·迪恩·库克勃格：《公共关系本质》，于朝晖等译，复旦大学出版社2011年版，第137页。

般公众和优先（重要）公众。一般公众是指"PVI指数"较低，以广大普通公众为代表的对"一带一路"公共外交活动的进程和效果产生一定影响力但不产生决定性作用的公众；优先（重要）公众是指"PVI指数"较高，以媒体公众、社会精英、社会组织和意见领袖为代表的能够直接或间接地影响社会公众认识和态度以及社会舆论形成和走向的，对"一带一路"公共外交活动的进程和效果具有广泛深远影响力，对"一带一路"公共外交活动成败至关重要的或利害相关的公众。因此，开展和实施"一带一路"公共外交既要做到重点突出，又要做到统筹兼顾。也就是说，对于媒体公众、社会精英、社会组织、意见领袖等能给"一带一路"公共外交产生重大影响的优先（重要）公众，应该给予更多的投入和关注以获得更大的公共外交效果和收益。与此同时，也不能冷落和忽视以普通公众为代表的一般公众，虽然普通社会公众对"一带一路"公共外交的影响有限，但一般公众与优先（重要）公众的划分是相对的，二者在一定阶段和条件下存在转化的可能，而且优先（重要）公众对待"一带一路"倡议的态度和意见也在一定程度上受到一般公众的影响和制约。

表2—1　　　　　　　确定公众优先次序的 PVI 指数

	P	+	V	=	I
公众或受众	组织影响的潜能（数值范围 1—10）		受组织影响的脆弱性（数值范围 1—10）		公众对组织的重要性

资料来源：［美］道·纽森、朱迪·范斯克里·杜克、迪恩·库克勃格：《公共关系本质》，于朝晖等译，复旦大学出版社2011年版，第137页。

第二节 "一带一路"公共外交的内涵

"一带一路"公共外交是向"一带一路"域内外国家公众传播"一带一路"声音、讲好"一带一路"故事、让"一带一路"域内外各国"共走丝绸路、共筑丝路梦"的公共外交。因此，"一带一路"公共外交具有四方面内涵：一是"传播丝路文化"，即复兴、创新、传播丝路文化，将古代丝路文化和现代丝路文化相结合，将丝路文化与"一带一路"

建设相结合，促进丝路文化与世界其他文化的交流交融与共同繁荣；二是"传递丝路友谊"，即传递古代丝绸之路各国间友好交流和往来的历史友谊，促进域内外各国间关系和人民间友谊不断向前发展；三是"讲好丝路故事"，即既要虚心讲好一个真实的、客观的、域内外国家公众能够听懂的古代丝路故事与现代丝路故事，又要与域内外国家公众共寻丝路共同记忆、共讲世界丝路故事；四是"弘扬丝路精神"，即弘扬古代丝绸之路所承载的、丝路故事所体现的、"一带一路"倡议所倡导的和平合作、开放包容、互学互鉴、互利共赢的丝路精神，阐明丝路精神所蕴含的时代价值和意义启示。

一 传播丝路文化

古代丝绸之路具有狭义和广义之分。狭义上的丝绸之路是指从古代中国长安出发，经中亚通往南亚、西亚及欧洲、北非的陆上贸易通道。广义上的丝绸之路则是指所有经古代中国出发的各条中西贸易道路，包括经中亚至欧洲、北非的"沙漠丝绸之路"（即狭义的丝绸之路），经蒙古至中亚、俄罗斯的"草原丝绸之路"，经中国南海、印度洋、红海、地中海至欧洲的"海上丝绸之路"以及从四川、云南出发，经缅甸至印度的"南方丝绸之路"。[1] "丝绸之路"（The Silk Road）这一概念最早由德国地理学家李希霍芬（F. V. Richthofen）于1887年在其名著《中国——亲身旅行的成果和以之为根据的研究》中提出，最初是指"从公元前114年到公元127年间，连接中国与河中（中亚阿姆河与锡尔河之间）以及中国与印度，以丝绸之路贸易为媒介的西域交通线路"。[2] 这一概念提出后很快得到中西方学者的认可和支持。1910年，德国东方学家阿尔巴特·赫尔曼（Albert Herrmann）在《中国与叙利亚间的古代丝绸之路》一书中提出，"我们应该把这个名称——丝绸之路的含义进一步延长通向遥远的西方叙利亚。"[3] 虽然李希霍芬和赫尔曼对古代丝绸之路提出了经典定义，但并不能较为全面地概括出古代丝绸之路的含义。随着对古代

---

[1] 周伟洲、丁景泰主编：《丝绸之路大辞典》，陕西人民出版社2006年版，第1页；石云涛：《丝绸之路的起源》，兰州大学出版社2014年版，第4页。
[2] 林梅村：《丝绸之路考古十五讲》，北京大学出版社2006年版，第2页。
[3] 石云涛：《丝绸之路的起源》，兰州大学出版社2014年版，第2页。

丝绸之路认识的不断深化，学术界倾向于将古代丝绸之路定义为古代从中国黄河、长江流域出发，经中亚、西亚、印度连接北非和欧洲的以丝绸贸易为主要媒介的文化交流之路。[1] 学术界一般认为，古代丝绸之路开通于西汉使者张骞两次出使西域之后。公元前 139 年（汉武帝建元二年），汉武帝派张骞出使西域联合大月氏（初居于河西走廊西部的游牧民族）抗击匈奴。虽然张骞的政治目的并未完成，却获得了大量的西域资料，汉夷文化交往随之频繁。公元前 119 年（汉武帝元狩四年），张骞第二次出使西域乌孙（今伊犁河、楚河流域）、大宛（今中亚费尔干纳盆地）、康居（今巴尔喀什湖和咸海之间）、大夏（今阿富汗北部）等国，进一步加强了与西域各国间的友好往来。从此，中国通往西域的贸易往来和文化交流线路建立起来，史称"凿空"。《史记索隐》载："谓西域险厄，本无道路，今凿空而通之也。"[2] 唐代诗人杜甫在《秦州杂诗·闻道寻源使》一诗中也赞扬了张骞出使西域的历史功绩："闻道寻源使，从此天路回。牵牛去几许？宛马至今来。"隋唐时期，陆上丝路之路达到了鼎盛阶段，中西贸易和文化交流都得到空前发展。五代十国、宋、辽、金政权分裂割据时期，陆上丝绸之路开始逐步走向衰落，海上丝绸之路与南方丝绸之路得到迅速发展。到了明清时期，陆上丝绸之路虽然并未中断，但其重要性已远不如海上丝绸之路与南方丝绸之路。古代丝绸之路不仅是一条横贯东西、连接欧亚的商贸之路，更是一条东西方文化交流、文明对话之路。自古代丝绸之路开通之后，丝绸就成为中国与中亚、南亚、欧洲贸易往来的主要商品。丝绸在罗马帝国"其价值高于黄金"，而且还成为拜占庭帝国"内外政策制定的重要影响因素"。[3] 除丝绸之外，茶、粮食、铁器、漆器、瓷器也是古代丝绸之路上中国远销西方的重要商品，西方的玉器、金银器、玻璃器、毛织品、珍宝、香料、牲畜（马匹、牛、骆驼等）、农作物（葡萄、菠萝、甘蔗、苜蓿、胡桃、胡麻等）也经古代丝绸之路传入中国。古代丝绸之路上东西方贸易的发展和繁盛在促进东西方以及丝路沿线经济发展、物质繁荣的同时，还推动着东西方文化、文明间的交流、融合与发展。中国的文字、儒学、律法、科技

---

[1] 林梅村：《丝绸之路考古十五讲》，北京大学出版社 2006 年版，第 4 页。
[2] 《史记》卷 123《大宛列传》，中华书局 1999 年版，第 2404 页。
[3] 周伟洲、丁景泰主编：《丝绸之路大辞典》，陕西人民出版社 2006 年版，第 3 页。

不仅影响了周边国家而且辐射到更远的地区，特别是造纸术、印刷术、丝织技术、制瓷技术、火药、指南针等科学技术相继由陆上丝绸之路和海上丝绸之路传入西方，对西方文明和世界文化的发展进程起到了巨大促进作用。与此同时，西方的文学、艺术、宗教、风俗也沿着古代丝绸之路传入中国，对中国的社会生活和文化都产生了重大影响。西方的舞乐，如龟兹乐、西凉乐、拂林舞、柘枝舞、胡旋舞、胡腾舞等乐舞深受中国内地喜爱，"胡声""胡乐"甚至在魏晋南北朝和隋唐时期成为官方礼乐而被广泛用于国家庆典、祭祀和宴会。西方的宗教，如佛教、景教、摩尼教、伊斯兰教等宗教对中国的影响则更为深远，丝路沿线至今保留着众多与宗教相关的石窟、壁画、文物、古籍、古迹、遗址，其中尤以佛教最为突出。魏晋南北朝时期佛教在中国内地广为传播，并形成了长安、凉州、庐山三个传播中心，到了唐代佛教各宗派竞相开发，迎来了其历史上的一个辉煌时期，中国的儒学、道教、绘画、雕塑等传统文化都深受其影响。而西方各国各民族风俗习惯也深刻地影响了中国内地的社会风俗，西方各国各民族的商人、使节、工匠、僧侣在中国内地的居住、生活和交往使得胡服、胡食、胡风在中国内地盛行，以至唐代的宫室、服饰、饮食、娱乐都具有浓厚的西域色彩。[①] 总而言之，这些沿古代丝绸之路所传播、衍生和发展的文化逐步形成了特有的"丝路文化"，成为今天沿线各国的宝贵历史资源。"一带一路"倡议以古代丝绸之路为历史依托，旨在新时期实现欧亚非拉各国的共同发展与共同繁荣。"一带一路"公共外交作为"一带一路"倡议的助推器，一个重要的战略内涵就是复兴丝路文化、创新丝路文化、传播丝路文化，将古代丝路文化和现代丝路文化相结合，将丝路文化与"一带一路"建设相结合，发掘丝路文化与世界文化的共通性，促进丝路文化与世界其他文化的交流交融与共同繁荣。

二 传递丝路友谊

古代丝绸之路的畅通繁荣促进了东西方之间的经贸往来、政治交往与文化交流，同时也使中国与丝路沿线各国各民族建立了相互理解、相互信任的丝路友谊。千百年来，伴随着千里丝路上经贸往来、文化交流的频繁，丝路沿线各国各民族之间相互融合、和谐共处，谱写出千古传

[①] 周伟洲、丁景泰主编：《丝绸之路大辞典》，陕西人民出版社2006年版，第4页。

诵的友好篇章。古代丝绸之路开通后,西汉与西域的贸易随之兴盛起来,双方的使者和商队往来频繁,"西北外国使,更来更去",① 西汉"使者相望于道,诸使外国一辈大者数百,少者百馀人。汉率一岁中使多者十馀,少者五六辈"。② 在相互交往过程中,西汉与西域各国之间也建立起了深厚的友谊。《史记·大宛列传》载:"骞为人强力,宽大信人,蛮夷爱之。"③ 张骞宽容、大度、诚信、友好的待人处事方式获得了西域各国人民的好感和信任,以致西汉以后的使者都以"博望侯"的名义出使西域。"其后使往者皆称博望侯,以为质与外国,外国由此信之。"④ 后来,西汉使者出使安息(今伊朗地区)时,受到安息王的热情欢迎,安息及其他各国使者也都跟随西汉使者赴长安拜见西汉天子,并且西汉军队在抗击匈奴时也得到了西域各国的普遍拥护和支持。"安息王令将二万骑迎于东界。东界去王都数千里。行比至,过数十城,人民相属甚多。汉使还,而后发使随汉使来观汉广大,以大鸟卵及黎轩善眩人献于汉。及宛西小国驩潜、大益,宛东姑师、扞罙、苏薤之属,皆随汉使献见天子。"⑤ (西汉军队)"所至小国莫不迎,出食给军"。⑥ 此外,大秦国(泛指古代罗马帝国)也沿着海上丝绸之路与东汉展开了友好往来。《后汉书·西域传》载:"至桓帝延熹九年,大秦王安敦遣使自日南缴外献象牙、犀牛、瑇瑁,始乃一通焉。"⑦ 隋唐时期,古代丝绸之路达到鼎盛时期,陆路可通往印度、西亚、欧洲及北非,海路可达波斯湾,中国与丝路沿线各国的友好交往和民族融合也超过以往各代。隋大业三年(公元607年),隋炀帝派众多使者出使南海国家,与赤土(今苏门答腊岛一带)、真腊(今柬埔寨一带)、婆利(今印度尼西亚加里曼丹岛或巴厘岛)、丹丹(今马来西亚马来东北部)、盘盘(今泰国南万伦湾沿岸一带)等南海国家建立了友好关系,此后这些国家纷纷向隋朝"遣使朝贡"。其中,隋使臣常骏等人出使赤土国时受到隆重接待,赤土王还派王子跟隋使回访。《隋书·

---

① 《史记》卷123《大宛列传》,中华书局1999年版,第2406页。
② 《史记》卷123《大宛列传》,中华书局1999年版,第2404页。
③ 《史记》卷123《大宛列传》,中华书局1999年版,第2397页。
④ 《史记》卷123《大宛列传》,中华书局1999年版,第2404页。
⑤ 《史记》卷123《大宛列传》,中华书局1999年版,第2406页。
⑥ 《史记》卷123《大宛列传》,中华书局1999年版,第2409页。
⑦ 龚书铎主编:《中国文化发展史》(秦汉卷),山东教育出版社2013年版,第384页。

列传》载:"至于赤土之界。其王遣婆罗门鸠摩罗,以舶三百艘来迎,吹蠡击鼓乐隋使,进金锁以缆船……寻遣那邪迦随贡方物,并献金芙蓉冠、龙脑香,以铸金为多罗叶,隐起成文以为表,金函封之,令婆罗门以香花奏蠡鼓而送之。"公元 7 世纪中叶,唐朝派使臣达奚弘通再访赤土国,并西行至虔那国(今阿拉伯半岛南部),途经 36 国。《西南海诸藩行记》载:"唐上元中,弘通以大理司直使海外,自赤土至虔那,几经三十六国,略载其事。"① 唐朝中期,骠国(今缅甸一带)王子访问中国,其歌舞团的演出轰动长安。对于唐朝与丝路沿线各国的往来盛况,韩愈记述到:"唐受命为天子,凡四方万国,不问海内外,无大小,时节贡水土百物,大者特来,小者附集"。② 除了大力开展对外友好交往,唐朝政府还鼓励外商来中国贸易,允许其在中国居住、任官和通婚。长安聚集了大量日本人、朝鲜人、突厥人、回鹘人、吐火罗人、粟特人、大食人、印度人和波斯人,外来居民及其后裔占到长安 100 万总人口的 5% 左右,③长安成为当时各国各民族聚居、往来的国际大都会,各民族之间交往密切、交流融合频繁。宋元时期,丝路沿线各国的友好交往和民族融合得到进一步加强。与南宋通商的国家有五十多个,南宋与高丽、日本、交趾(今越南北部)等国往来密切,与东南亚、阿拉伯各国的经济交流也比较频繁。公元 1279 年,忽必烈派使臣与马八尔(印度科罗曼德海岸)、俱兰(南印奎隆)等南亚国家交好,进而疏通了印度洋及其以西航道。海上丝绸之路西线疏通后,元朝与东南亚、西亚、北非、东非及地中海等许多国家建立了友好关系,高丽、日本、占城(今中南半岛东南部)、古里地闷(今帝汶岛)、伊尔汗国、祖法尔(今阿曼佐法尔)、摩加迪沙(今索马里)等国都与元朝交往密切。④ 而随着蒙古帝国的西征,一些中亚、西亚民族也逐步与汉族或其他民族相互融合,甚至形成新的民族。到了明朝,国内外环境的变化已不适于陆上丝绸之路的发展,但海上丝绸之路却得到空前发展,中国与丝路沿线各国之间的友好关系也随之得到了巩固和发展。明洪武二年(公元 1369 年),朱元璋派使臣与爪哇、

---

① 林梅村:《丝绸之路考古十五讲》,北京大学出版社 2006 年版,第 221—222 页。
② 梁启超:《梁启超论中国文化史》,商务印书馆 2012 年版,第 143 页。
③ 龚书铎主编:《中国文化发展史》(隋唐卷),山东教育出版社 2013 年版,第 362 页。
④ 杨建新、卢苇:《丝绸之路》,甘肃人民出版社 1988 年版,第 337—339 页。

暹罗、占城、真腊、三佛齐等国交好,并宣布朝鲜、日本、大琉球、小琉球、苏门答腊、爪哇、暹罗、占城、百花、真腊、三佛齐等十五国为不征之国。① 为增进与丝路沿线各国和平友谊、"示中国富强",明成祖派郑和率庞大船队自公元1405年至1433年七下西洋,东起琉球、菲律宾,西至莫桑比克海峡和南非海岸,共出使35个亚非国家和地区。郑和七下西洋密切了明朝与亚非各国间的政治、经济、文化往来,促进了东西方海外贸易的发展和繁盛,增进了相互间的了解与友谊,实现了和平友好的目的,在整个古代丝绸之路发展史、中国远航史和世界航海史中都具有举足轻重的地位。总的来说,古代丝绸之路作为当时世界上最主要的商贸和文化交流通道之一,有力地推动了中国与丝路沿线各国各民族之间的友好交流与往来,东西方各国各民族在相互交流、相互融合中建立起了深厚的丝路友谊。如今,"一带一路"倡议为加强中国与"一带一路"域内外国家的各领域合作,增进相互之间的友好往来提供了重大机遇。而继承和发展古代丝绸之路所建立起的历史友谊、深化中国与"一带一路"域内外国家间的相互理解与信任对于"一带一路"的建设也至关重要。因此,"一带一路"公共外交的一个重要内涵就是传递古代丝绸之路各国间友好交流和往来的历史友谊,促进"一带一路"域内外各国间关系和人民间友谊不断向前发展。

三 讲好丝路故事

从叙事角度看,历史和当今世界的变化发展都是故事。"讲故事"就是把历史和当今世界的变化发展进行真实、客观的解读与传播,以增进外界对自己的认知、了解和理解。具体到丝绸之路,有着两千多年历史的古代丝绸之路留下了很多可歌可泣的丝路故事,而继承了古代丝绸之路内在精神气质并被赋予新的时代内涵的"一带一路"也正在发生着新的丝路故事。面对国际社会和"一带一路"域内外国家对"一带一路"倡议的疑虑和误解,开展和实施"一带一路"公共外交就需要讲好丝路故事,即既要虚心讲好一个真实的、客观的、域内外国家公众能够听懂的古代丝路故事与现代丝路故事,又要与域内外国家公众共寻丝路共同记忆、共讲世界丝路故事。首先,讲好古代丝路故事,就是要发掘古代

---

① 杨建新、卢苇:《丝绸之路》,甘肃人民出版社1988年版,第362页。

第二章 "一带一路"公共外交的概念界定

丝绸之路历史资源,激发"一带一路"域内外国家公众情感共识。经历千年的古代丝绸之路是座"故事富矿",世界各国各民族为开拓和发展丝绸之路,在相互交往和交流过程中产生了很多可歌可泣的传统友谊故事。凿空西域的张骞、投笔从戎的班超、西行求佛的玄奘、入唐留学的崔志远、游历丝路的马可·波罗、七下西洋的郑和都为古代丝绸之路的开辟和发展、中西方文化的交流和繁荣做出了重大贡献。"一带一路"公共外交要讲好古代丝路故事,就需要发掘和开发丝绸之路历史资源,通过历史、文学、艺术等多种表现形式来激发"一带一路"域内外相关国家公众对古代丝绸之路的情感共识,进而来引发其对"一带一路"倡议的强烈共鸣。例如,中国2008年创作的大型历史舞剧《碧海丝路》就以汉代海上丝绸之路历史为背景,讲述了男女主人公在海上丝绸之路航行过程中发生的爱情故事,不仅再现了古代海上丝绸之路的历史场景,还展现了古代丝绸之路文化和中国与东南亚各国的交往经历与友谊。《碧海丝路》在国内首演后,先后赴韩国、马来西亚、斯里兰卡等国演出,在东南亚国家中产生了广泛影响。其次,讲好现代丝路故事,就是要真实、客观、生动、形象地讲述"一带一路"建设过程中发生的故事,增进"一带一路"域内外国家公众对"一带一路"倡议的了解和认知。"一带一路"公共外交要讲好现代丝路故事,就需要讲清楚"一带一路"倡议秉持的和平属性、创造的共同机遇与带来的文明互鉴,讲清楚"一带一路"倡议如何有利于域内外国家、有利于世界,从"一带一路"建设正在发生的生动故事中展现丝路新风貌、新机遇、新友谊。尤其是在对外报道和对外传播中,需要更加注重从"一带一路"建设的寻常生活中讲述好现代丝路故事。例如,新华社在一篇"一带一路"报道中讲述了德国净水壶14天"火车旅行"到重庆的故事:"一列载有1万件德国产净水壶的渝新欧国际班列,从德国杜伊斯堡出发,途经波兰、白俄罗斯、俄罗斯、哈萨克斯坦,历经14天的旅程驶入重庆铁路口岸。时间比海运缩短近一个月,价格只有空运的四分之一。"[①]《中国青年报》在一篇关于"一带一路"的报道中讲述了中国铁建在尼日利亚的友好合作故事:"在尼日利亚当地,人们都以在中国铁建工作为荣,喜欢穿着有中国铁建

[①] 《"看着地图做生意"——"一带一路"上的中国故事》,新华网,2015年7月13日,http://news.xinhuanet.com/fortune/2015-07/13/c_1115909206.htm。

标志的工作服。如今在尼日利亚很多州,遇到发大水、教堂坍塌、应急的工程事故,人们第一个想到的就是中国铁建。中国铁建的曹保刚还被尼日利亚两个州同时授予最高酋长衔。"① 最后,讲好世界丝路故事,就是要与"一带一路"域内外相关国家公众共同寻找丝路历史记忆,共同讲述中外各方共建、共享的"一带一路"故事。历史上,古代丝绸之路不是中国一国的经贸、文化交往通道,它是由古代丝绸之路沿线各国各民族共同开拓和发展起来的,沿线各国各民族都拥有着古代丝绸之路的共同历史记忆。现如今,"一带一路"倡议是中国的,但机遇是世界的,有赖于中外各方的共商、共建、共享。"一带一路"公共外交要讲好世界丝路故事就需要邀请、联合"一带一路"域内外相关国家公众,尤其是新闻媒体、社会精英和意见领袖来共同寻找丝路历史记忆,强化"一带一路"共商、共建、共享意识,变中国的丝路故事为世界的丝路故事,变中国讲丝路故事为世界讲丝路故事。

四 弘扬丝路精神

古代丝绸之路作为东西方经贸、文化交流交往大通道,不同民族、不同种族、不同宗教、不同文化在此相互交流融合,丝路沿线各国各民族在长期的交往过程中逐步形成了和平合作、开放包容、互学互鉴、互利共赢的丝路精神。习近平主席指出,"两千多年的交往历史证明,只要坚持团结互信、平等互利、包容互鉴、合作共赢,不同种族、不同信仰、不同文化背景的国家完全可以共享和平,共同发展。这是古丝绸之路留给我们的宝贵启示。"② "千百年来,丝绸之路承载的和平合作、开放包容、互学互鉴、互利共赢精神薪火相传。"③ "一带一路"是承接古今、连接中外的和平共赢之路,在当前"一带一路"建设深入推进、各类矛盾问题逐渐显现的背景下,开展和实施"一带一路"公共外交就需要弘扬丝路精神,即向"一带一路"域内外国家公众弘扬古代丝绸之路所承载的、丝路故事所体现的、"一带一路"倡议所倡导的和平合作、开放包

---

① 《讲好"一带一路"上的中国故事》,《中国青年报》2015年8月2日第3版。
② 习近平:《弘扬人民友谊 共创美好未来——在纳扎尔巴耶夫大学的演讲》,《人民日报》2013年9月8日第3版。
③ 习近平:《弘扬丝路精神 深化中阿合作——在中阿合作论坛第六届部长级会议开幕式上的讲话》,《人民日报》2014年6月6日第2版。

容、互学互鉴、互利共赢的丝路精神,阐明丝路精神所蕴含的时代价值和意义启示。和平合作,就是通过坦诚对话、深入沟通、平等交流的方式来深化国家间的友好合作,而非威逼利诱、剥削胁迫或诉诸武力。古今丝绸之路都是和平友谊之路,都旨在促进丝路沿线各国各民族之间的友好往来与持久和平。弘扬和平合作的丝路精神,就是要倡导和平平等对话,反对霸权与强权,顺应各国和平共赢发展的共同愿望,深化各国友好交往和相互信任的现实基础。开放包容,就是以海纳百川的胸怀和气度兼收并蓄、博采众长。无论是古代丝绸之路还是今天的"一带一路"倡议,二者都涵盖着欧亚非拉广大地区。在这样广阔的地理范围内,不同国家、不同民族、不同地域在历史文化、宗教信仰、风俗习惯、社会制度、发展道路等方面都存在巨大的差异。"履不必同,期于适足;治不必同,期于利民。"弘扬开放包容的丝路精神就是要承认和接纳不同国家民族间的差异,尊重各国的文化传统、社会制度和发展道路,努力求同存异、和谐共处。互学互鉴,就是尊重人类文明多样性和世界各国发展道路多样化,相互学习借鉴、共同发展进步。文明多样性是人类社会的基本特征,人类文明没有高低优劣之分,不同国家和民族都有自己独特的文明,丝绸之路上儒家文明、基督文明、伊斯兰文明等文明间的平等交流和相互学习借鉴才使得人类文明得以发展、进步和繁荣。同时,由于历史文化和现实国情的不同,世界各国所选择的发展道路也不尽相同。弘扬互学互鉴的丝路精神,就是要尊重差异、理解个性,摒弃偏见、打破隔阂,相互学习、相互借鉴,共同促进人类文明的发展繁荣以及世界各国的和谐共处。互利共赢,就是要兼顾各方利益和诉求,共享机遇、共迎挑战、共谋福祉,使不同文化传统、发展水平和社会制度的国家都能通过互利互惠的合作受益。互利合作、共同发展既是连接古代丝绸之路沿线各国各民族的利益纽带,也是推动"一带一路"建设的持久动力。习近平总书记指出,"'一带一路'建设不应仅仅着眼于我国自身发展,而是要以我国发展为契机,让更多国家搭上我国发展快车,帮助他们实现发展目标。我们要在发展自身利益的同时,更多考虑和照顾其他国家利益。"[①]"我们既要让自己过得好,也要让别人

[①]《借鉴历史经验创新合作理念 让"一带一路"建设推动各国共同发展》,《人民日报》2016年5月1日第1版。

过得好。"① 弘扬互利共赢的丝路精神，就是要摒弃"你输我赢"的零和思维，树立"一荣俱荣、一损俱损"的共赢理念，使世界各国在共同发展中获得裨益和助力。

第三节 "一带一路"公共外交的目标任务

公共外交是服务于国家战略和对外政策的工具和手段，公共外交的目标和任务是一国开展公共外交活动需要回答的理论与实践问题，它决定了公共外交的本质和指向。"一带一路"公共外交作为服务于"一带一路"建设的公共外交，其目标和任务主要包括短期、中期和长期三类：短期目标是消除疑虑与误解，提升"一带一路"认同度；中期目标是夯实社会民意基础，增进各国战略互信；长期目标是强化共同体意识，化解中国崛起困境。

一 短期目标：消除疑虑与误解、提升"一带一路"认同度

"一带一路"倡议作为一项地理跨度大、涉及人口多、覆盖领域广的宏大战略性、系统性工程，其核心要义在于"共建"。对此，中国政府在各种多边、双边场合明确指出"一带一路"建设秉持的是共商、共建、共享原则。2015年3月，习近平主席在博鳌亚洲论坛2015年年会发表主旨演讲时指出，"'一带一路'建设秉持的是共商、共建、共享原则，不是封闭的，而是开放包容的；不是中国一家的独奏，而是沿线国家的合唱。"② 王毅外长在十二届全国人大三次会议、十二届全国人大四次会议期间回答中外记者关于"一带一路"倡议提问时也分别表示，"在推进'一带一路'过程当中，我们将坚持奉行'共商、共建、共享'的原则。'一带一路'不是中国一家的'独奏曲'，而是各国共同参与的'交响乐'。"③"'一带一路'倡议是中国的，但机遇是世界的。'一带一路'秉

---

① 习近平：《弘扬丝路精神 深化中阿合作——在中阿合作论坛第六届部长级会议开幕式上的讲话》，《人民日报》2014年6月6日第2版。

② 习近平：《迈向命运共同体 开创亚洲新未来——在博鳌亚洲论坛2015年年会上的主旨演讲》，《人民日报》2015年3月29日第2版。

③ 《王毅："一带一路"不是中方"独奏曲"而是各国"交响乐"》，中华人民共和国外交部网站，2015年3月8日，http：//www.fmprc.gov.cn/ce/celt/chn/xwdt/t1243595.htm。

持共商、共建、共享原则，奉行的不是'门罗主义'，更不是扩张主义，而是开放主义。"① 当前，国际社会和"一带一路"域内外国家对"一带一路"的意图仍表现出一定的担忧和不安。一些海外媒体将"一带一路"倡议看作挑战和威胁而非机遇，因而对"一带一路"倡议的报道和解读呈现出较为消极负面的倾向。一些"一带一路"域内外国家怀疑"一带一路"倡议可能是中国进行对外扩张、挑战国际秩序的外交工具，担心本国的国家主权和安全以及现有的全球与地区秩序会遭到"一带一路"倡议的威胁和侵蚀，因而对"一带一路"倡议持谨慎、观望甚至是反对态度。如果无法获得"一带一路"域内外国家的广泛认同和强烈共鸣，"一带一路"就难以谈及共商、共建、共享。因此，及时、准确地向国际社会及"一带一路"域内外国家公众回答"一带一路"提出的意图是什么、中国计划如何推动"一带一路"建设以及"一带一路"将给域内国家和世界带来什么等问题成为"一带一路"建设的重要任务。鉴于此，"一带一路"公共外交的首要目标和任务就是消除国际社会及"一带一路"域内外国家公众对"一带一路"倡议的疑虑、猜忌与误解，把"一带一路"的倡议意图、政策举措和意义影响讲清楚、说明白，提升"一带一路"倡议的世界接纳度和认同度，使国际社会及"一带一路"域内外国家公众认同"一带一路"是没有军事安全考量、推动不同文明交流互鉴、促进全球经济增长与欧亚非拉共同发展繁荣、维护世界和平发展的和平友谊之路、合作共赢之路，并认识到"一带一路"并非某种所谓的独占性、排他性的旨在扩大势力范围的制度安排和政策工具，而是具有开放性、包容性的欧亚非拉各国共同的发展战略，契合欧亚非拉国家和人民实现发展的共同利益和共同期盼，其将为世界提供更多全球性公共产品，为域内外国家带来共同繁荣和持久和平。

二　中期目标：夯实社会民意基础、增进各国战略互信

国之交在于民相亲，"一带一路"的建设有赖于获得"一带一路"域内外国家及公众的广泛支持和积极参与，有赖于培植深厚的社会民意基础与牢固的国家间战略互信。"一带一路"域内外各国在历史文化背景、

---

① 《王毅谈"一带一路"：倡议是中国的，机遇是世界的》，中华人民共和国外交部网站，2016年3月8日，http://www.fmprc.gov.cn/web/zyxw/t1345928.shtml。

社会政治制度、经济发展水平、自然社会环境、外交战略与地缘利益诉求等方面都存在巨大差异，公众的情感态度、思想观念、价值取向也不尽相同，这些差异和不同在国际社会交往中极易产生激发效应，引发公众间的隔阂与仇视以及国家间的猜疑与对抗。目前，一些"一带一路"域内外国家怀疑、猜忌"一带一路"倡议的意图，对"一带一路"倡议持谨慎、观望态度，甚至对"一带一路"倡议进行排挤和围堵，究其原因主要是由于"一带一路"域内外国家公众交往互动有限、各国战略互信不足。一方面，一些"一带一路"域内外大国与中国缺乏战略互信，对"一带一路"倡议存有戒心和疑虑。例如，印度担心"一带一路"的建设将提升中国在印度洋地区的政治经济影响力，进而可能会从陆上和海上恶化印度的安全环境、削弱和瓦解印度在印度洋地区的领导地位；美国担心"一带一路"的建设可能会削弱美国在欧亚大陆和亚太地区的影响力和领导力，帮助中国建立一个"去美国化"的地区和全球秩序；日本担心"一带一路"将在经济上削弱日本在亚太地区乃至全球的经济影响力，在政治上挤压日本的战略空间并牵制日本的发展。另一方面，一些"一带一路"域内外中小国家与中国利益诉求不同，容易产生不信任和怀疑。土耳其、印度尼西亚、新加坡等地区影响力较大的国家都普遍具有追求成为世界大国的梦想，其外交战略与地缘利益诉求都与中国存在较大差异，容易对"一带一路"倡议产生不信任和怀疑；泰国、老挝、马来西亚、文莱等东盟国家在搭乘中国经济发展快车和便车的同时并不想过度依赖或倒向中国，也不想中国在本地区的影响力过快发展，因而也不会无条件支持"一带一路"建设；菲律宾、越南等国与中国存在领土和海洋权益纠纷，其致力于在世界各大国之间寻求平衡以谋利，中国与这些国家开展"一带一路"国际合作也面临很大挑战。总之，"一带一路"域内外各国间战略互信的缺乏不仅将严重掣肘"一带一路"的具体议程、整体进展和实施效果，甚至还可能使"一带一路"沦为狭隘民族主义激化和国家安全利益博弈的牺牲品。基于此，"一带一路"公共外交的中期目标和任务将是在消除国际社会及"一带一路"域内外国家公众疑虑与猜忌、提升"一带一路"倡议世界认同度的基础上，坚持开放合作、和谐包容、市场运作、互利共赢的"一带一路"共建原则，通过传播丝路文化、传递丝路友谊、讲好丝路故事、弘扬丝路精神，弥合"一带一路"域内外国家公众分歧与文化裂痕，深化中国与"一带一路"

域内外各国友好关系，增进"一带一路"域内外公众间的彼此理解和国家间的相互信任，争取更多的参与者、建设者和支持者为"一带一路"建设提供不竭动力。

三 长期目标：强化共同体意识、化解中国崛起困境

中国的快速崛起推动着地区乃至全球地缘政治经济格局的急速调整，世界主要大国和中国周边国家都纷纷调整对外战略和对华政策以适应新的地缘战略格局和崛起中的中国。中国一方面面临着前所未有的历史发展机遇，另一方面也面临前所未有的国际体系压力和崛起困境。国际体系主导国、守成大国以及中国周边国家在与中国展开"接触"与"合作"的同时，更会施加更多国际体系压力，对中国进行"防范"与"遏制"。作为一个崛起中的新兴大国，中国的地缘战略空间不断遭到挤压，东有日本的战略对抗和美国的战略围堵，东南有菲律宾、越南的战略搅局，西南有印度的战略不合作，周边还有印度尼西亚、韩国、新加坡等心怀大国情结的国家的战略牵制。在中国快速崛起的背景下和大国林立的格局中，中国提出的任何发展战略或外交倡议往往容易被视为隐藏着强烈的地缘政治经济意图。面对日益严峻的崛起困境，中国要想顺利推进"一带一路"倡议、实现和平崛起就需要在发挥经济等物质性力量作用的同时，站在人类共同命运的高度运用人类文明成果来处理与世界主要大国和周边国家的关系，既要拉紧中国与这些国家的利益纽带，又要为双边关系的发展提供价值支撑。对此，以习近平同志为核心的党中央提出了通过在"一带一路"建设中积极打造利益共同体、命运共同体和责任共同体来化解崛起困境的外交方略。2013年10月，习近平主席在印度尼西亚国会发表演讲时提出全方位建设讲信修睦、合作共赢、守望相助、心心相印、开放包容的"中国—东盟命运共同体"。[①] 同年，习近平主席在周边外交工作座谈会上指出，要本着互惠互利的原则同周边国家开展合作，让命运共同体意识在周边国家落地生根。[②] 2014年11月，习近平

[①] 习近平：《携手建设中国—东盟命运共同体——在印度尼西亚国会的演讲》，《人民日报》2013年10月4日第2版。

[②] 《为我国发展争取良好周边环境　推动我国发展更多惠及周边国家》，《人民日报》2013年10月26日第1版。

主席在中央外事工作会议上强调要通过务实合作积极推进"一带一路"建设,深化同周边国家的互利合作和互联互通,打造"周边命运共同体"。① 2015年4月,习近平主席在巴基斯坦议会发表重要演讲时指出,构建"中巴命运共同体"是从中巴两国根本利益出发做出的战略抉择,中巴两国需要不断充实"中巴命运共同体"的内涵,为打造"亚洲命运共同体"发挥示范作用。② 同年6月,习近平主席同安哥拉总统多斯桑托斯会谈时指出,中国和非洲历来是休戚与共的利益共同体和命运共同体。随后,"中阿利益共同体""中阿命运共同体""中拉命运共同体""亚洲利益共同体""亚洲命运共同体""亚洲责任共同体""人类命运共同体"等各类利益和命运共同体也先后被提出。因此,中国"一带一路"公共外交的长期目标将是在提升"一带一路"世界认同度、夯实社会民意基础、增进域内外各国战略互信的基础上,围绕"一带一路"构建欧亚非拉利益共同体、命运共同体和责任共同体的根本任务,促进中国的发展与"一带一路"域内外国家的现实需求相对接,推动"一带一路"域内外国家与中国共同塑造讲信修睦、弘义融利、守望相助、同舟共济的"共同体"意识,争取国际社会和"一带一路"域内外国家公众对"一带一路"倡议以及中国制度文化、发展战略、内外政策的理解与认同,提升和展示中国开放、包容、合作、和平的大国形象,以有效化解日益严峻的崛起困境。

第四节 "一带一路"公共外交的核心理念

"一带一路"公共外交作为"一带一路"建设的助推器和黏合剂,其核心在于发掘、传播、阐释好古今丝路文明和丝路精神,紧密围绕"一带一路"建设开展有针对性的公共外交活动。因此,开展和实施"一带一路"公共外交需要秉承和平合作、互利共赢的利益共同体理念,开放包容、互鉴互融的文明共同体理念以及复兴发展、互存互荣的命运共同体理念。

---

① 《中央外事工作会议在京举行》,《人民日报》2014年11月30日第1版。
② 习近平:《构建中巴命运共同体 开辟合作共赢新征程——在巴基斯坦议会的演讲》,《人民日报》2015年4月22日第2版。

一　和平合作、互利共赢的利益共同体理念

"共同体"（Community）是一个社会概念，是指人与人之间基于某些主观上或客观上的共同特征而建立、形成的某种相对稳定的相互关系或社会组织形式。所谓利益共同体，就是指不同国家、不同民族之间自我利益与他者利益、单个利益与共同利益相互交织的国家集合体。在利益共同体中，自我利益与他者利益、单个利益与共同体利益具有一致性和共通性，每一个国家的利益都与他国的利益休戚相关，每一个国家都难以存在不包含他国利益的国家利益，一国国家利益的实现也离不开与他国的合作。因此，和平合作、互利共赢就成为了利益共同体的本质特征。在古代丝绸之路两千多年的历史中，丝路沿线各国各民族秉承和平合作、互利共赢理念，在相互经贸交往过程中逐步形成了荣损与共、利益相连的利益共同体格局。虽然古代丝绸之路与欧洲人开辟的新航路并称为打通世界的两大要道，但与伴随着殖民掠夺、侵略扩张、战争与火的新航路不同，古代丝绸之路是一条和平合作、互利共赢之路。从历史上看，古代丝绸之路由中国汉王朝开辟，并在大多数时期内主要由中国来维护丝路的安全、推动丝路的发展。然而，中国强调睦邻友好、"和为贵""协和万邦""以德行仁，不以力称霸"，并没有借此侵略、剥削、压榨丝路沿线各国各民族，丝路沿途各国各民族相互交流交融，相互之间没有爆发较大规模的冲突战争，和平合作、互通有无始终是古代丝绸之路经贸往来的主流。也正因如此，古代丝绸之路才延续了千百年商贾往来不断、奇货数见不鲜的经贸繁盛。中国内地出现了"苜蓿随天马，蒲桃逐汉臣""殊方异物，四面而至"的繁荣景象，而中国的丝绸等商品也远销罗马等西方国家。对此，古罗马学者普林尼（Gaius Plinius Secundus）在其名著《自然史》中记载："赛里斯国（即中国）林中产丝，驰名宇内。丝生于树上，取出、湿之以水，理之成丝。后织成锦绣文绮，贩运至罗马。富豪贵族之妇女，裁成衣服，光辉夺目。"[①]今天，和平与发展是时代的主题，随着经济全球化进程的深入发展，国家间、地区间的联系不断增强，经济相互依存度不断提高，"一带一

[①] 龚书铎主编：《中国文化发展史》（秦汉卷），山东教育出版社2013年版，第389—390页。

路"倡议依然秉承和平合作、互利共赢的理念，着力通过实现政策、设施、贸易、货币、民心的互联互通和生产要素的自由流通来打造欧亚非拉一荣俱荣、一损俱损的利益共同体，顺应了欧亚非拉各国和平、共赢发展的共同愿望，将极大地推动欧亚非拉经济一体化进程，为欧亚非拉国家带来持久和平和共同繁荣。开展和实施"一带一路"公共外交，同样需要在秉承和平合作、互利共赢的利益共同体理念的基础上与"一带一路"域内外国家公众展开友好交流与合作。秉承和平合作、互利共赢的利益共同体理念，就是要在"一带一路"公共外交的交流合作过程中坚持通过平等对话、协商沟通的方式来推进和深化"一带一路"国家间和公众间的友好合作，求同存异、广泛接触、广交朋友，兼顾各方利益、寻找共同利益、培育共同观念，强调"一带一路"倡议的和平属性以及共赢价值，增进域内外国家公众对共同利益的理解和认识，提升域内外国家公众对"一带一路"的信任程度与和平预期。

二 开放包容、互鉴互融的文明共同体理念

所谓文明共同体，就是不同国家、不同民族之间文明和文化和平共存、和谐共生、交融共盛的国家集合体。在文明共同体中，不同文明之间不仅能够共生、共存，而且还能相互交流、相互融合、共同繁荣。首先，文明共同体强调人类文明相互之间的开放包容。人类文明是丰富多样的，就如同自然界物种具有多样性一样。文明共同体承认人类文明的多样性，提倡文明间的宽容和包容，反对文明间的偏见和仇视，正所谓"万物并育而不相害，道并行而不相悖""己所不欲，勿施于人"。其次，文明共同体强调人类文明相互之间的互融互鉴。人类文明是平等的，没有高低优劣之分，每一种文明都是全人类的宝贵财富。文明共同体尊重人类文明的平等价值，提倡文明间的相互借鉴、相互砥砺和相互融合，反对文明间的相互割据和自我封闭，正所谓"五色交辉，相得益彰；八音合奏，终和且平"。因此，开放包容、互鉴互融是文明共同体的本质特征。千百年来，古代丝绸之路沿线各国各族人民秉承开放包容、互鉴互融的理念，相互之间的交流日益密切和深入，不仅极大地促进了丝路沿线各国各民族的经济发展和物质繁盛，还有力地推动了东西方文明交流和文化繁荣。古代丝绸之路把中国的瓷器、丝绸、茶叶、铁

器、漆器等商品以及哲学、文学、造纸术、印刷术等文化科技经中亚、西亚传入欧洲，同时也把欧洲、西亚、中亚等国的玉器、金银器、香料、珍宝、胡桃、苜蓿等商品作物以及音乐、舞蹈、宗教、天文、历法、医药等文化科技传入中国。中国则以其开放、博大的胸怀迎纳世界各类文明成果。据美国学者爱德华·谢弗（E. H. Schafer）在《唐代的外来文明》一书中的记载，仅在唐代，传入中国的外来物品共计18类，170余种，涉及唐代生活的各个方面。[①] 英国历史学家赫伯特·乔治·威尔斯（Herbert George Wells）在《世界史纲》一书中也对中国开放包容的心态大加赞赏："在整个第七、八、九世纪中，中国是世界上最安定最文明的国家……当西方人的心灵为神学所缠迷而处于蒙昧黑暗之中时，中国人的思想却是开放的，兼收并蓄而好探求的。"[②] 今天，意大利卢卡采用的中国丝织技术，土耳其托普卡帕皇宫收藏的中国陶瓷，中国人喜爱的欧洲和伊斯兰风格的文学、音乐、舞蹈、建筑都是古代丝绸之路开放包容、互鉴互融的鲜活例证。古代丝绸之路沿线各国各民族在交流过程中相互尊重、相互学习、相互借鉴，共同促进了中华文明、印度文明、巴比伦文明、阿拉伯文明、希腊罗马文明的交融繁荣以及人类文明的发展进步。当前，"一带一路"倡导文明间的吸收借鉴、和谐共处、共生共荣，致力于构建开放包容、互鉴互融的欧亚非拉文明共同体，追求多元文明间的相互交融与共同繁荣。"一带一路"倡议是促进人类文明发展繁荣的有益实践，它与日本所推行的"价值观外交"和美国所倡导的"价值同盟"有着本质的区别。所谓的"价值观外交"和"价值同盟"表面上是为了巩固和扩大自由、民主、人权等人类的普遍价值，但其实质却是贬低批评他人价值观、推销自己价值观、忽视文明多样性、阻碍文明间平等交流的具有强烈意识形态色彩和排他性的政治工具。包容交融是人类文明发展进步的基本逻辑，"一带一路"提倡多元文明间的包容性发展，鼓励多元文明间的互鉴互融，符合文化发展进步规律和时代要求，终将谱写人类文明包容互鉴的新篇章。开展和实施"一带一路"公共外交，需要秉承开放包容、互鉴互融的文明共同体理念与"一带一路"域内外国家公众展开友好交流与合作。秉承

[①] 龚书铎主编：《中国文化发展史》（隋唐卷），山东教育出版社2013年版，第331页。
[②] 龚书铎主编：《中国文化发展史》（隋唐卷），山东教育出版社2013年版，第329页。

开放包容、互鉴互融的文明共同体理念,就是要在"一带一路"公共外交的交流合作过程中尊重"一带一路"域内外各国各民族文明的多样性和平等性、价值的多元性和复合性,以开放、包容的姿态与"一带一路"域内外不同文明和文化相互交流、相互学习、相互借鉴,推动欧亚非拉多元文明间的和谐共生、交融互鉴与繁荣进步。

三 复兴发展、互存互荣的命运共同体理念

所谓命运共同体,就是不同国家、不同民族所组成的利益相连、荣辱相生、命运攸关的国家集合体。在命运共同体中,不同国家、不同民族的发展前途和命运休戚相关,任何国家和民族都无法独立生存和单独发展,需要不同国家和民族在竞争中合作、在合作中共赢,共同应对风险挑战、共同实现繁荣发展。首先,命运共同体承认和尊重差异性和多样性。从哲学上看,个性和共性是辩证统一的。世界是由不同文化背景、不同宗教信仰、不同社会制度的国家和民族组成的,差异性和多样性是人类社会的基本特征,共同体所追求的统一和整体正是以差异性和多样性为前提和基础的。命运共同体承认人类文明的多样性和世界发展模式的多样化,尊重各国人民自主选择发展道路的权利。其次,命运共同体强调和追求整体性和共同性。命运共同体既承认和尊重差异性和多样性,更强调和追求整体性和共同性。虽然命运共同体中各国的文化背景、宗教信仰、社会制度各不相同,但各国却面临着共同的风险和挑战、存在着广泛的共同利益和整体利益,各国需要同舟共济、荣辱与共、互利合作以促进新的人类文明复兴、实现共同发展。因此,共同发展、互存互荣是命运共同体的本质特征。古代丝绸之路不仅是一条横跨中西、连接欧亚的贸易通道,它还具有政治交往、文化交流和民族融合的丰富内涵,丝路沿线各国各民族几千年来相互合作、相互交流、相互融合,呈现出某种你中有我、我中有你、相互依存的命运共同体特点,共同促进了丝路的繁荣发展,共同创造了辉煌灿烂的丝路文明。当前全球经济形势复杂严峻、全球性问题层出不穷,任何国家都不可能独善其身,也不可能独立应对,国际社会日益成为一个你中有我、我中有你的"命运共同体"。习近平主席指出,"这个世界,各国相互联系、相互依存的程度空前加深,人类生活在同一个地球村里,生活在历史和现实交

汇的同一个时空里，越来越成为你中有我、我中有你的命运共同体。"①中国提出"一带一路"倡议，就是要着力打造荣辱相生、休戚与共的欧亚非拉命运共同体，与欧亚非拉各国共同应对全球性挑战、共同复兴创新丝路文明、共同实现繁荣发展。具体来说，命运共同体主要包含四方面崭新内涵，即"对话不对抗，结伴不结盟"，尊重各国选择的社会制度、发展道路和彼此核心利益的政治新道路；"大河有水小河满，小河有水大河满"，合作共赢、共同发展的经济新前景；"命运与共、唇齿相依"，以合作谋和平、以合作促安全的安全新局面；"并育而不相害"，平等对话、交流互鉴的文明新气象。② 开展和实施"一带一路"公共外交，需要秉承复兴发展、互存互荣的命运共同体理念与"一带一路"域内外国家公众展开友好交流与合作。秉承复兴发展、互存互荣的命运共同体理念，就是要在"一带一路"公共外交的交流合作过程中积极培育、塑造和传播欧亚非拉命运共同体意识，发掘欧亚非拉各国共同利益和共同价值的新内涵，复兴、转型古代丝路文明，创新、发展现代丝路文明，以命运共同体的新视角开创共存共荣、共同发展、和平发展、可持续发展的欧亚非拉新文明。

---

① 习近平：《顺应时代前进潮流 促进世界和平发展——在莫斯科国际关系学院的演讲》，《人民日报》2013年3月24日第2版。
② 国纪平：《为世界许诺一个更好的未来——论迈向人类命运共同体》，《人民日报》2015年5月18日第1版。

第三章

"一带一路"公共外交的实施环境

根据公共外交的战略定位、预期目标对公共外交的实施环境进行全面准确的把握和评估是开展好公共外交的前提。一般来说，任何公共外交活动的开展都会受到一国自身条件和内外部环境的影响和制约，一国所具有的自身条件和所面临的内外部环境从根本上决定着公共外交的方向、空间、范围和效果。基于以上考虑，一国在开展公共外交之前通常都需要根据公共外交的战略定位，全面分析和评估开展公共外交的自身条件和所面临的内外部环境，只有这样才能做到知己知彼、有的放矢。"一带一路"公共外交的开展和实施也同样离不开对其实施环境的评估。因此，本章主要从现实基础和影响因素两方面对"一带一路"公共外交的实施环境进行分析和评估。

第一节 实施"一带一路"公共外交的现实基础

任何公共外交的开展都需要建立在一定的现实基础之上，它使公共外交的开展成为可能。中国开展和实施"一带一路"公共外交拥有良好的现实基础，这些基础将为"一带一路"公共外交的开展提供强有力的支撑。具体来说，中国外交思想与理论的创新与丰富、中国公共外交工作的拓展与深化、中国硬实力与软实力资源的潜能与优势、国外公共外交发展的经验与启示分别为"一带一路"公共外交的开展提供了理论基础、实践基础、资源基础和经验借鉴。

一 理论基础：中国外交思想与理论的创新与丰富

对外传播本国外交的核心思想、价值与理论是公共外交的重要内容，先进的外交思想、价值和理论同时也是公共外交的重要支撑和强大后盾。在新中国长期的外交实践中，中国逐步形成了一系列具有自身特色和广泛指导意义的、值得在国际关系实践中大力提倡和推广的外交思想、价值和理论。例如，互相尊重主权和领土完整、互不侵犯、互不干涉内政、平等互利、和平共处的共处观，互信、互利、平等、协作的安全观，开放、包容、合作、共赢的发展观，克制互谅、协商解决、反对动辄使用武力或以武力相威胁的争端处置观，睦邻、安邻、富邻的周边关系观，和平、发展、民主、法治的国际秩序观等。开展公共外交，就需要在对外传播好本国先进外交思想、价值和理论，增加其国际影响力和感召力的同时，深度挖掘和充分发挥其对公共外交的理论指引价值和支撑作用。党的十八大以来，中国外交呈现出主动谋划、开拓进取、奋发有为的新局面，以习近平同志为核心的党中央从战略高度统筹国内国际两个大局，提出了"中国梦""亲、诚、惠、容"周边外交理念、正确义利观、新型国际关系、人类命运共同体等一系列外交新思想、新理念、新理论，丰富和发展了中国外交思想与理论，推动了中国特色大国外交的大发展大作为，不仅为包含"一带一路"建设在内的中国外交实践提供了重要的理论指导，同时也为"一带一路"公共外交的开展提供了重要的思想引导和理论支撑，"一带一路"公共外交实践将从这些中国特色大国外交新思想、新理念、新理论中汲取营养、获取智慧。

一是提出实现中华民族伟大复兴的"中国梦"。2012年11月，习近平总书记率中央政治局常委参观《复兴之路》展览时首次提出"实现中华民族伟大复兴，就是中华民族近代以来最伟大的梦想"。[①] 中国梦的本质是国家富强、民族振兴、人民幸福，中国的梦想不仅关乎中国的命运和福祉，也关系世界的命运和福祉。中国梦提出后，习近平总书记在一系列国内、国际重要场合对中国梦的内涵及其世界意义进行了深入阐述，习近平总书记指出："中国梦是追求和平的梦"，

[①] 中共中央宣传部编：《习近平总书记系列重要讲话读本（2016年版）》，学习出版社、人民出版社2016年版，第5页。

"中国梦是追求幸福的梦","中国梦是奉献世界的梦"。① 中国梦同世界各国人民的美好梦想息息相通,既造福中国,也造福世界,中国人民圆梦必将为世界创造更多机遇,也必将推进世界和平发展的崇高事业。习近平主席多次向世界宣示,中国人民愿意同各国人民在实现各自梦想的过程中相互支持、相互帮助。中国将始终做全球发展的贡献者,将自身发展经验和机遇同世界各国分享,欢迎各国搭乘中国发展"快车""便车""顺风车"。② 而"一带一路"倡议则将实现中华民族伟大复兴的中国梦与世界发展进步联系在一起,成为中国联系世界的重要纽带。习近平主席指出,"在新的历史条件下,我们提出'一带一路'倡议,就是要继承和发扬丝绸之路精神,把我国发展同沿线国家发展结合起来,把中国梦同沿线各国人民的梦想结合起来。"③

二是提出"亲、诚、惠、容"的周边外交理念。党的十八大以来,中央高度重视周边外交工作,突出了周边在我国发展大局和外交全局中的重要作用,并于2013年10月召开了首次周边外交工作座谈会。习近平总书记在周边外交工作座谈会上指出,中国周边环境和与周边国家关系发生的重大变化在"客观上要求我们的周边外交战略和工作必须与时俱进、更加主动","我国周边外交的基本方针,就是坚持与邻为善、以邻为伴,坚持睦邻、安邻、富邻,突出体现亲、诚、惠、容的理念"。④ 同时,习近平总书记对"亲、诚、惠、容"理念做了具体阐述。所谓"亲"就是"要坚持睦邻友好,守望相助;讲平等、重感情;常见面,多走动;多做得人心、暖人心的事,使周边国家对我们更友善、更亲近、更认同、更支持";所谓"诚"就是"要诚心诚意对待周边国家,争取更多朋友和伙伴";所谓"惠"就是"要本着互惠互利的原则同周边国家开展合作,编织更加紧密的共同利益网络";所谓"容"就是"要倡导包容的思想,

---

① 习近平:《在中法建交五十周年纪念大会上的讲话》,《人民日报》2014年3月29日第2版。

② 中共中央宣传部编:《习近平总书记系列重要讲话读本(2016年版)》,学习出版社、人民出版社2016年版,第16页。

③ 《借鉴历史经验创新合作理念 让"一带一路"建设推动各国共同发展》,《人民日报》2016年5月1日第1版。

④ 《为我国发展争取良好周边环境 推动我国发展更多惠及周边国家》,《人民日报》2013年10月26日第1版。

以更加开放的胸襟和更加积极的态度促进地区合作"。①"亲、诚、惠、容"周边外交理念涉及中国与周边国家关系的政治、经济、安全各方面,是对"与邻为善、以邻为伴""睦邻、安邻、富邻"周边外交方针的发展和提升,表明了中国巩固睦邻友好、深化与周边国家互利合作的态度和决心,受到了周边国家和人民的广泛欢迎和称赞,为新形势新条件下全面发展同周边国家的关系、全面推进"一带一路"建设指明了方向、赢得了人心。

三是提出坚持正确义利观。发展中国家是中国外交的政策基石和战略依托,加强与发展中国家的团结合作具有重要意义。2013年,习近平主席访问坦桑尼亚、刚果、南非非洲三国期间首次提出了正确义利观,强调对发展中国家一定要坚持正确义利观。关于"义"与"利"的内涵,习近平主席指出,"义"反映的是共产党人、社会主义国家的理念,即中国希望全世界共同发展,特别是希望广大发展中国家加快发展,"利"就是要恪守互利共赢原则,不搞我赢你输,要实现双赢。② 习近平主席在不同场合多次强调,在外交工作尤其是对发展中国家的外交工作中坚持正确义利观,就是要在政治上秉持公道正义、坚持平等相待,在经济上坚持互利共赢、共同发展,反对霸权主义和强权政治,反对损人利己、以邻为壑,③ 要讲信义、重情义、扬正义、树道义,做到义利兼顾、弘义融利。④ 正确义利观主张在与发展中国家合作过程中多予少取、早予晚取,给予发展中国家力所能及的帮助,更多地考虑到对方利益,是对中国传统文化坚持以义为先的继承,是对中国外交秉承国际主义精神的发扬,丰富了中国外交的核心价值观,体现了中国特色社会主义的外交理念和世界关怀,为新时期做好外交工作提供了重要理论指导,同时也为加强与发展中国家的团结合作、共同建设"一带一路"提供了价值遵循。对此,习近平主席指出,"推进'一带一路'建设,要处理好我国利益和沿

---

① 《为我国发展争取良好周边环境 推动我国发展更多惠及周边国家》,《人民日报》2013年10月26日第1版。
② 王毅:《坚持正确义利观 积极发挥负责任大国作用——深刻领会习近平同志关于外交工作的重要讲话精神》,《人民日报》2013年9月10日第7版。
③ 王毅:《坚持正确义利观 积极发挥负责任大国作用——深刻领会习近平同志关于外交工作的重要讲话精神》,《人民日报》2013年9月10日第7版。
④ 《中央外事工作会议在京举行》,《人民日报》2014年11月30日第1版。

线国家利益的关系"。"'一带一路'建设不应仅仅着眼于我国自身发展,而是要以我国发展为契机,让更多国家搭上我国发展快车,帮助他们实现发展目标。我们要在发展自身利益的同时,更多考虑和照顾其他国家利益。要坚持正确义利观,以义为先、义利并举,不急功近利,不搞短期行为。要统筹我国同沿线国家的共同利益和具有差异性的利益关切,寻找更多利益交汇点,调动沿线国家积极性。"①

四是提出构建人类命运共同体等全球性新型国际关系理念。当今世界,新机遇新挑战不断涌现、世界格局和国际秩序深度调整,和平、发展、合作、共赢成为时代潮流。基于此,中国在国际关系和国际事务中大力倡导合作共赢理念,并将合作共赢作为处理国与国关系的目标。为摆脱"国强必霸"的历史逻辑、避免"崛起国与守成国必然冲突"的"修昔底德陷阱"②,中国提出与美国共同构建"不冲突、不对抗、相互尊重、合作共赢"的新型大国关系。2013年6月,中美两国元首在美国安纳伯格庄园会晤时正式确认共同努力构建中美新型大国关系,习近平主席在会晤中就中美新型大国关系的核心内涵进行了阐释:"不冲突、不对抗"就是要坚持做伙伴、不做对手,通过对话合作、而非对抗冲突的方式妥善处理矛盾和分歧;"相互尊重"就是要尊重各自选择的社会制度和发展道路,尊重彼此核心利益和重大关切;"合作共赢"就是要摒弃零和思维,在追求自身利益时兼顾对方利益,在寻求自身发展时促进共同发展。③中美构建新型大国关系开创了大国关系的新模式,新型大国关系的理念和原则随后也逐步推广和运用于中俄关系、中欧关系、中印关系等相关大国关系之中。在大力推动构建新型大国关系的同时,中国还积极倡导和构建以合作共赢为核心的新型国际关系,打造人类命运共同体。

---

① 《借鉴历史经验创新合作理念 让"一带一路"建设推动各国共同发展》,《人民日报》2016年5月1日第1版。

② "修昔底德陷阱"(Thucydides's trap)是指新崛起的大国必然要挑战现存守成大国,而现存守成大国也必然会回应这种威胁,这样战争变得不可避免。"修昔底德陷阱"这一概念来源于古希腊历史学家修昔底德(Thucydides,公元前471年—公元前400年)在其著作《伯罗奔尼撒战争史》中提出的著名论断,即"使战争不可避免的真正原因是雅典势力的增长和因而引起斯巴达的恐惧"。参见[古希腊]修昔底德《伯罗奔尼撒战争史》,谢德风译,商务印书馆1960年版,第一章。

③ 王毅:《继往开来,努力构建中美新型大国关系——纪念中美建交35周年》,《人民日报》2014年1月1日第4版。

2013年习近平主席在莫斯科国际关系学院发表演讲时指出,人类生活在同一个地球村里,"各国应共同推动建立以合作共赢为核心的新型国际关系,各国人民应该一起来维护世界和平、促进共同发展"。① 2014年习近平总书记在中央外事工作会议上再次提出,"我们要坚持合作共赢,推动建立以合作共赢为核心的新型国际关系,坚持互利共赢的开放战略,把合作共赢理念体现到政治、经济、安全、文化等对外合作的方方面面"。② 与此同时,习近平主席在第七十届联合国大会一般性辩论上还强调,国际社会应该继承和弘扬联合国宪章的宗旨和原则,牢固树立人类命运共同体意识,携手构建以合作共赢为核心的新型国际关系,同心打造人类命运共同体,并提出了从政治、安全、经济、文化、生态上打造人类命运共同体"五位一体"的新主张和新路径,即"建立平等相待、互商互谅的伙伴关系","营造公道正义、共建共享的安全格局","谋求开放创新、包容互惠的发展前景","促进和而不同、兼收并蓄的文明交流","构筑尊崇自然、绿色发展的生态体系"。③ 新型大国关系、新型国际关系和人类命运共同体等全球性新型国际关系理念是中国当代国际秩序观的发展,是中国对传统西方国际关系理论的超越和对当代国际关系理论的创新,既为国际关系发展和国际秩序建设开辟了新愿景,也为国际合作深化和"一带一路"建设提供了新依据。

二 实践基础:中国公共外交工作的拓展与深化

经过多年不懈努力,中国公共外交取得重大发展,逐渐从国家总体外交布局中的边缘走向了中心。尤其是党的十八大以来,公共外交在国家总体外交布局中的重要性进一步凸显,对外介绍好我国的内外方针政策、讲好中国故事、传播好中国声音、巩固和扩大我国同世界各国关系长远发展的社会和民意基础、为国家发展营造良好的外部环境成为中国外交工作的重要任务。对此,中国加大了对公共外交领域的战略关注和政策投入,中国公共外交由此进入了蓬勃发展、全面推进的历史新时期,

---

① 习近平:《顺应时代前进潮流 促进世界和平发展——在莫斯科国际关系学院的演讲》,《人民日报》2013年3月24日第2版。
② 《中央外事工作会议在京举行》,《人民日报》2014年11月30日第1版。
③ 习近平:《携手构建合作共赢新伙伴 同心打造人类命运共同体——在第七十届联合国大会一般性辩论时的讲话》,《人民日报》2015年9月29日第2版。

这为中国"一带一路"公共外交的开展奠定了良好的实践基础。

首先，国家对公共外交的重视程度进一步提升。党的十八大以后，中国提出了实现"两个一百年"和中华民族伟大复兴中国梦的宏伟奋斗目标，为实现"两个一百年"奋斗目标和中华民族伟大复兴的中国梦，中国需要和平稳定的国际环境和世界各国及人民的理解、支持与帮助，因而营造良好的外部环境对于中国在新的历史起点上实现新的奋斗目标具有至关重要的作用。对此，党的十八大报告明确提出，要扎实推进公共外交和人文交流，开展同各国政党和政治组织的友好往来，加强人大、政协、地方、民间团体的对外交流，夯实国际关系发展社会基础。① 2013年10月，习近平总书记在周边外交工作座谈会上也指出，"要着力加强对周边国家的宣传工作、公共外交、民间外交、人文交流，巩固和扩大我国同周边国家关系长远发展的社会和民意基础"。"要全方位推进人文交流，深入开展旅游、科教、地方合作等友好交往，广交朋友，广结善缘。要对外介绍好我国的内外方针政策，讲好中国故事，传播好中国声音。"② 2014年11月，习近平总书记在中央外事工作会议上再次强调，"要在坚持不结盟原则的前提下广交朋友，形成遍布全球的伙伴关系网络。要提升我国软实力，讲好中国故事，做好对外宣传"。③ 2016年2月，习近平总书记在中央电视台调研时指出，"要客观、真实、生动报道中国经济社会发展情况，传播中国文化，讲好中国故事，促进外国观众更多更好了解中国"，并在党的新闻舆论工作座谈会上进一步指出，"要加强国际传播能力建设，增强国际话语权，集中讲好中国故事"。④ 2017年10月，习近平总书记在党的十九大报告中提出，要"加强同各国政党和政治组织的交流合作，推进人大、政协、军队、地方、人民团体等的对外交往"。⑤ 2022年10月，习近平总书记在党的二十大报告中再次提出要

---

① 《胡锦涛文选》第3卷，人民出版社2016年版，第652—653页。
② 《为我国发展争取良好周边环境 推动我国发展更多惠及周边国家》，《人民日报》2013年10月26日第1版。
③ 《中央外事工作会议在京举行》，《人民日报》2014年11月30日第1版。
④ 《坚持正确方向创新方法手段 提高新闻舆论传播力引导力》，《人民日报》2016年2月20日第1版。
⑤ 习近平：《决胜全面建成小康社会 夺取新时代中国特色社会主义伟大胜利——在中国共产党第十九次全国代表大会上的报告》，人民出版社2017年版，第60页。

"积极推进人大、政协、军队、地方、民间等各方面对外交往。"[①] 习近平总书记等党和国家领导人的讲话充分表明了国家对公共外交工作的高度重视和支持，进一步明确了中国公共外交在新时期新条件下的主题和目标，为"一带一路"公共外交的开展提供了重要的政策保障和行动指南。

其次，中国对外传播和对外宣传工作进一步发展。对外宣传工作是党和国家一项关乎社会主义现代化建设的全局性、战略性工作，以习近平同志为核心的党中央从党和国家事业全局的高度就对外宣传工作提出了一系列新思想、新观点、新论断，强调要加强国际传播能力建设，创新对外宣传方式，切实提高党的新闻舆论传播力、引导力、影响力和公信力。在新观念、新思路的指引下，中国对外传播和对外宣传工作取得积极进展，国际传播能力迅速提升，形成了全球化的新闻采编传播网络和立体多样、融合发展的对外传播格局。一是对外传播的规模和领域不断扩大。截至目前，新华社已设置了102个海外分社，新华网实现了全天24小时通过多媒体形式以7种文字不间断地向全球发布新闻信息；人民日报社则设有32个海外记者站、39个海外分社，编辑出版包括《人民日报》、《人民日报》海外版、《人民日报》藏文版在内的29种报刊，发行世界100多个国家和地区；人民网实现了全天24小时以15种语言16种版本发布新闻和信息；中央电视台拥有43个电视频道，建立70个海外记者站点，节目在171个国家和地区落地播出；中国国际广播电台使用65种语言向全世界广播，在境外共有51个整频率调频或中波台，180多家合作电台，编辑出版30个文种的外文报刊。二是对外传播的新技术、新手段得到广泛运用。充分运用新的传播技术和手段是信息化时代下占领信息传播制高点的重要途径。为适应媒体变革形势，新华社先后开办了手机电视台、网络电视台，并于2014年正式开通新华社客户端，2015年发布客户端2.0版，2016年发布运用了大数据、无人机航拍、动画等先进技术的客户端3.0版，人民日报社、中国国际广播电台也先后推出电视、博客、微博、手机网站、手机电视、手机客户端、PC客户端等新媒体服务。与此同时，中央电视台也积极推进台网融合一体化发展，加快了"一云多屏"传播体系建设和全球报道能力建设，并于2016年筹建了

[①] 习近平：《高举中国特色社会主义伟大旗帜　为全面建设社会主义现代化国家而团结奋斗——在中国共产党第二十次全国代表大会上的报告》，人民出版社2022年版，第61页。

由6个电视频道、3个海外分台、1个视频发稿通讯社和新媒体集群等组成的多语种、多平台国际传播机构——中国国际电视台（中国环球电视网，CGTN），着力打造移动新媒体平台、构建全球舆论。三是中外媒体对话、交流与合作得到不断增强。媒体间的对话、交流与合作对于增进媒体和国家间相互了解、认识与理解具有重要意义。党的十八大以来，中国大力推动中外媒体间的对话、交流与合作，围绕"一带一路"建设、亚洲基础设施投资银行、欧亚非拉互联互通等主题先后主办或与相关国家合办了一系列媒体对话、联合采访、培训互访等交流活动，并将相关对话交流活动制度化、机制化。例如，2013年举办的中德媒体对话、中印媒体高峰论坛、中韩媒体高层对话，2014年举办的中英媒体论坛、中蒙新闻论坛、中国—亚欧博览会新闻媒体论坛，2015年举办的中俄媒体论坛、中英媒体圆桌会议、北京—东京论坛，2016年举办的亚欧互联互通媒体对话会，2017年举办的"一带一路"纪录片全媒体国际传播研讨会，等等。四是"一带一路"倡议宣传报道力度不断加大。"一带一路"倡议提出后，国内各大新闻机构和媒体纷纷聚焦"一带一路"建设，国务院新闻办公室、新华网、人民网、中国新闻网、国际在线等新闻机构和媒体围绕"一带一路"建设开辟专栏和专题、组织系列言论和评论，对"一带一路"展开了持续、全面、深度的宣传、报道和解读。其中，国务院新闻办公室网站由最新动态、丝路专访、高层言论、合同文书、经济合作、文化交流、人文历史、美丽丝路、理论研究、国际关注、丝路纪行等栏目组成的"一带一路"专栏截至2017年年底共发布"一带一路"相关稿件4000多篇。

再次，中国对外人文交流合作进一步深化。党的十八大以来，人文交流与合作在中国对外交往中的重要性进一步提升，中国对外人文交流与合作也取得了一系列新进展与新成果，这进一步增进了国际社会和世界各国对中国的了解和认识、密切了中国与世界各国间关系和公众间友谊、提升了中华文化的影响力与中国的国际形象。在周边国家中，中国更加注重增进与周边国家相互间的了解和理解，努力减小中国发展所带来的结构性压力，积极为中国的改革和发展营造和平稳定的周边环境。中俄人文合作一直是巩固两国友好、促进战略协作的基础性工程。2014年3月启动的中俄"青年友好交流年"，双方开展活动300多项，交流规模达数万人次，掀起了中俄人文合作的新高潮。与此同时，中国与中亚、东南亚国家的文化交流合作也日益增多。2013年5月至9月,中国先后与塔吉克斯坦、土库曼斯坦、乌兹别克斯坦、哈萨克斯坦和吉尔吉斯斯坦五国签署了《关于建立中塔战略伙伴的联合宣言》《关于建立中土战略伙伴的联合宣言》《关于进一步发展和深化中乌战略伙伴关系的联合宣言》《关于进一步深化中哈全面战略伙伴关系的联合宣言》《关于建立中吉战略伙伴关系的联合宣言》。在这些文件中,中国与中亚国家都强调要加强双方文化、教育、旅游、卫生和体育的交流与合作以及扩大新闻媒体、学术机构、文艺团体和青年组织的友好交往。2013年10月,习近平主席在对印度尼西亚进行国事访问期间两国进一步明确了人文交流在两国未来交往中的重要地位,并将2014年定为中国—东盟文化交流年。在文化年期间,中印双方举办了近120项活动,覆盖十余个领域。在发展中国家中,中国更加注重巩固与发展中国家的传统友谊,积极展现负责任的大国形象。2013年3月,习近平主席在访问坦桑尼亚期间提出中国要在非洲地区积极实施"非洲人才计划",并在未来3年将为非洲国家培训3万名各类人才、提供1.8万个奖学金名额,加强对非洲的技术转让和经验共享。2015年,中拉在《中国—拉共体论坛首届部长级会议北京宣言》和《中国与拉美和加勒比国家合作规划(2015—2019)》中正式将人文交流作为未来发展中拉全面合作关系的重要支柱,并宣布启动"未来之桥"中拉青年领导人千人培训计划,从而使"人文上互学互鉴"与"政治上真诚互信""经贸上合作共赢""国际事务中密切协作和整体合作""双边关系相互促进"共同成为构建中拉关系五位一体新格局的关键支撑。同时,在2014年中阿合作论坛第六届部长级会议上中阿双方决定把2014年和2015年定为"中阿友好年",并在这一框架内举办一系列友好交流活动。在发达国家中,中国结合新的历史发展阶段,以构建新型大国关系、新型国际关系为导向,积极与发达国家开展人文合作与友好交流,增进相互理解和信任。自2014年以来,在中美人文交流高层磋商机制框架下,中美两国共同推动了"三个一万"项目、"知行中国"项目、"千校携手"项目、"十万强"计划、富布莱特项目等一系列人文交流项目的实施,中美人文合作领域也从最初的教育、科技、文化、体育四大领域发展到目前的教育、科技、文化、体育、妇女、青年、卫生七大领域。在与欧洲的文化交流中,中国依托于中欧高级别人文交流对话机制也取得了一系列成果。2013年以来,中欧双方建立了中欧高等教育交流与合作平台，开展了欧盟官员来华研修项目，举办了欧盟学校学生夏令营活动，启动了中欧联合调优项目（Tuning Project）以及中国涉欧盟小语种教师赴母语国培训项目等。尤其是自2016年开始，中欧人文交流互动更加频繁。从中英两国共同庆祝莎士比亚和汤显祖逝世400周年到中国书展团频现欧洲书展，从北京国际电影节上欧洲导演、演员掀起的高潮到德国总统高克的中国人文之旅，这些无不凸显中欧人文交流的丰富多彩。与此同时，中韩两国元首在2014年会晤时商定共同努力将中韩人文交流共同委员会机制打造成为加强两国人文纽带的重要平台、同意对外发布《2014年中韩人文交流共同委员会交流合作项目名录》，并积极推动落实。而在2015年中日韩领导人会议发表的《关于东北亚和平与合作的联合宣言》中，中日韩三国也强调人民之间的交流与合作对于增进三国相互了解的重要作用，因而共同决定要扩大和发展各类人文交流，通过举办"中日韩青年领导者论坛""中日韩三国青年峰会""中日韩青年大使计划""中日韩文化产业论坛""中日韩艺术节""东亚文化之都项目""中日韩三国外交官培训项目"等人文交流项目来加强三国相互理解和信任。

最后，中国公共外交实施平台进一步多样。随着综合国力和国家重视程度的提高，中国开展公共外交的途径和手段更加丰富和多样，这使得中国公共外交的舞台变得更加广阔。一是重大赛事、盛会展示中国良好形象。重大赛事和盛会是世界近距离接触、认识中国的重要窗口和平台，继北京奥运会和上海世博会之后，中国开始越来越注重在重大赛事和盛会中向世界展示中国文化的博大精深，中国社会主义现代化建设的重大成就，中国政府的强大建设、动员、组织能力以及中国人民的良好风貌。二是孔子学院增进中外友谊。孔子学院（Confucius Institute）是中国在世界各地设立的推广汉语和传播中国文化与国学教育的文化交流机构。自2004年全球首家孔子学院设立以来，孔子学院就秉承孔子"和为贵""和而不同"的理念，致力于推动汉语走向世界、促进中外文化交流、人民友好和世界和平。作为中外教育文化交流与合作的新模式，孔子学院已成为中国开展公共外交的重要平台，有力地促进了中国文化与世界各国文化的交流与融合、增进了世界人民对中国文化的理解、发展了世界各国与中国的友好关系。三是人大、政协拓展公共外交实施渠道。党的十八大以来，全国人大、全国政协加大了对外交流力度，积极开展与世界各国政党、政治组织和社会团体的友好往来，巩固和夯实了中国对外关系发展的社会基础。2013年至2017年，全国人大充分发挥人大对外交往的特点和优势，积极开展与世界各国议会高层交往，稳妥推进议会机制交流，广泛参与各国议会联盟、亚太议会论坛、亚洲议会大会等多边组织活动，深化与周边国家、发展中国家和新兴市场国家的友好关系，加强政策协调和法律保障，不断完善"一带一路"建设等国际合作的政策和法律环境，并利用不同场合、采取多种形式讲好中国故事，增进国际社会对中国的了解、信任和支持。与此同时，全国政协也紧密围绕国家外交大局，有序开展公共外交和人文交流，加强同外国政治组织、经济社会团体、主流媒体、智库和民众的友好往来，积极宣传"中国梦"和"一带一路"倡议，努力拓展对话渠道、密切机构联系、增进友好互信，为国家发展营造良好外部环境。四是利用国际场合传递中国声音。国际场合是"告诉世界一个真实的中国"的重要平台。党的十八大以来，中国逐步意识到在国际场合发声的重要性，国家领导人和政府官员都非常重视在多边场合和公众场合来展开对外接触、表明观点立场、宣示内外政策。习近平主席等国家领导人一方面注重利用联合国大会、G20峰会、APEC会议、气候峰会、安全峰会、博鳌亚洲论坛、中国—中东欧领导人会晤、中国—东盟（10＋1）领导人会议、东盟与中日韩（10＋3）领导人会议等一系列多边场合来向国际社会阐释中国的内外政策和战略走向、表明中国对国际和地区事务的态度和看法、提出中国对全球性问题和地区热点问题的主张和方案；另一方面也注重在出国访问时通过出席新闻发布会、接受媒体采访、发表演讲和署名文章、参加人文交流活动等多种方式来与国外公众进行交流与互动，以增进国外公众和国际社会对中国的了解和认知。

三 资源基础：硬实力与软实力资源的潜能与优势

任何公共外交活动的有序、有效开展都离不开一定数量和质量的公共外交资源作为保障，公共外交资源缺失或不足都无法保障公共外交活动的正常进行和公共外交目标的实现。一般来说，公共外交资源是指保障公共外交活动正常有序开展和公共外交目标顺利实现的各种物质性、非物质性的条件和资源的总和。① 公共外交的物质资源主要包括开展公共外交活动所需的资金、人员、设施等硬力量，非物质资源主要包括开展公共外交活动所需的制度、文化、政策等软力量。在公共外交中，物质资源处于基础性位置，非物质资源处于主体性位置。对于"一带一路"公共外交而言，中国硬实力和软实力的潜能与优势将为其提供丰富的、优质的各类公共外交资源。

一是经济资源。政治是经济的集中体现，没有强大的物质力量支撑就难以在国际交往中得到认可和尊重。近代中国积贫积弱，饱受欺凌，虽有大国之名，却无与大国相匹配的经济和军事实力，在国际关系和对外交往中不仅没有受到公正、平等对待，反而成为西方大国的刀俎之肉，任人宰割。新中国成立后，中国建立了独立完整的工业体系，国民经济开始逐步得到恢复和发展，但国家实力仍相对薄弱，与世界主要大国的经济差距依然很大，在全球经济格局中的比重和份额依然很小，这在很大程度上限制了中国在国际事务中的影响和作用。1978 年，党的十一届三中全会拉开了中国改革开放和现代化建设的大幕，开启了中国经济四十多年的腾飞与追赶。改革开放四十多年来，中国经济实现了赶超式发展，国民生产总值得到了成倍增长。1980 年，中国 GDP 总量排在世界第十三位，1990 年，中国 GDP 总量排名上升至世界第十位；2000 年，中国 GDP 总量超过意大利位居世界第六；此后，中国 GDP 总量陆续超过法国、英国、德国，到 2010 年中国 GDP 总量超过日本，成为世界第二大经济体。数据显示，1979 年至 2012 年，中国经济年均增速达 9.8%，同期世界经济年均增速只有 2.8%，中国经济总量也扩张了约 70 倍，经济总量占世界的份额从 1.8% 提高到 11.5%，中美两国经济规模之比从约 1∶13 缩减至 1∶2。与此同时，中国外贸总额扩张了逾 175 倍，占全球比重从不足 1% 增加到近 10%。② 2013 年，中国 GDP 达到 9.4 万亿美元，达到美国 GDP 的 60%，超过日本 GDP 近一倍，到 2014 年中国 GDP 已超过 10 万亿美元，超过日本 GDP 一倍以上。2017 年，中国 GDP 为 13.17 万亿美

---

① 赵可金：《公共外交的理论与实践》，上海辞书出版社 2007 年版，第 182 页。
② 《升级中国经济硬实力》，《新华每日电讯》2013 年 11 月 8 日第 8 版。

元，超过日本GDP三倍，占世界经济的比重为15%左右。① 2020年，中国GDP首次突破100万亿元大关。目前，中国已稳居全球第二大经济体地位，在全球经济体系中有着举足轻重的影响。尤其是自2008年国际金融危机爆发以来，中国就成为拉动全球经济增长的"火车头"，在促进全球经济复苏发展和推动全球治理方面具有至关重要的作用。随着中国经济实力的增长，中国的国际地位和国际影响力也得到了显著的提升，中国在地区和全球事务上发挥着日益重要和广泛的作用，从20世纪八九十年代的"不结盟、不称霸""韬光养晦"到党的十八大以来的"积极有所作为""奋发有为""中国特色大国外交"，中国外交也变得更加主动和自信。党中央做出的全面深化改革的战略部署，不仅将促进中国经济从追求"量"向追求"质"的转变，也必将进一步夯实和全面升级中国经济的硬实力，为中国外交包括"一带一路"公共外交提供更加强有力的物质基础和更加广阔的行动空间。另外，中国与世界各国日益紧密的经济联系也成为开展和实施"一带一路"公共外交的重要依托。在跨国交流日益频繁、各国经济相互依赖日益紧密的今天，经贸合作和往来既是世界各国相互联系的重要纽带，也是公共外交的利益依托。这是因为，社会存在决定社会意识，思想和情感无法脱离客观利益结构而独立存在，经济交往中资本流动产生的经济利益和人员往来带来的社会交流往往影响着一国公众对他国认知和态度的形成和变化，即公众认知和态度的形成或改变有赖于客观利益结构的支持。当前，中国已成为世界大多数国家最主要的贸易伙伴，与相关国家建立了良好的经济联系，比如中国是俄罗斯、印度、韩国、澳大利亚、哈萨克斯坦、土库曼斯坦、东盟国家、非洲国家等全球130个国家和地区的最大贸易伙伴，是美国、欧盟、阿拉伯国家、拉丁美洲国家的第二大贸易伙伴，而在"一带一路"倡议的推动下，中国将与"一带一路"沿线各国编织更加紧密的利益网络，建立更加密切的经济联系，这也将为"一带一路"公共外交提供更加坚实的利益依托。

二是人力资源。公共外交归根到底需要由人去开展和实施，公共外交效果如何关键看是否拥有和动员了足够的人力资源，因此人力资源是

---

① 《2017年中国GDP稳居世界第二》，国家统计局，http://static.scms.sztv.com.cn/ysz/zx/tj/27618287.shtml。

开展公共外交的必要前提。从理论上讲，几乎一国的所有国民都担负着塑造和维护国家形象的公共外交任务，都是公共外交的实施主体。不过从具体实践上来讲，不可能所有国民都能参与公共外交活动。因此，公共外交的人力资源主要包括三种：外交官队伍、对外传播和宣传队伍以及社会民间力量。① 对"一带一路"公共外交而言，中国所拥有的丰富公共外交人力资源将为"一带一路"公共外交的开展提供坚实的人力保障。第一，从外交官队伍来看，中国拥有完备的现代外交系统。目前，中国外交部及其驻外使领馆、驻外团（处）外交工作人员总数约有 3 万多人。② 这些外交工作人员尤其是驻外外交官长期工作在外交第一线，具有强烈的公共外交意识、深厚的公共外交知识、丰富的公共外交经验和扎实的公共外交专业技能，有能力、有条件承担"一带一路"公共外交的各项任务。第二，从对外传播和宣传队伍来看，中国是媒体大国，记者数量和媒体综合实力都居于世界前列。据统计，截至 2017 年年底，全国共有 22.8 万多名记者持有有效的新闻记者证。从媒体类型上看，报纸记者 83884 人，期刊记者 6198 人，通讯社记者 2844 人，电台、电视台和新闻电影制片厂记者 134250 人，新闻网站记者 1151 人。从学历上看，具有大专以上学历的新闻采编持证人员占到总人数的 99%，从年龄结构看，中青年记者占到总人数的 86%。③ 此外，中国媒体的综合实力也逐步提高。2014 年，中国大陆有 52 家媒体公司入选 2014 年度"世界媒体 500 强"，中国超越日本成为亚洲第一媒体大国。2015 年，中国大陆有 65 家媒体公司入选 2015 年度"世界媒体 500 强"，数量超过日本和英国，仅次于美国，位居世界第二。2017 年，中国大陆有 77 家媒体公司入选 2017 年度"世界媒体 500 强"，排名稳居世界第二。第三，从社会民间力量来看，中国拥有数量众多的出国留学人员和华人华侨，且社会各界参与公共外交的意识和热情不断提升。出国留学人员和华人华侨都是开展公共外交活动的重要依靠力量，他（她）们与国外公众接触机会多且接触方式灵活多样，具有开展公共外交活动得天独厚的优势，是开展和实施

---

① 赵可金：《公共外交的理论与实践》，上海辞书出版社 2007 年版，第 183—184 页。
② 中华人民共和国外交部驻外机构统计，https://www.fmprc.gov.cn/web/zwjg_674741/zwsg_674743/yz_674745/。
③ 《第十八个中国记者节 我国持证记者已超过 22.8 万人》，央视网，2017 年 11 月 8 日，http://news.cctv.com/2017/11/08/ARTIhETsrQc0KfinApkSkqbr171108.shtml。

"一带一路"公共外交的重要人力资源。此外,随着全球化进程的不断加快和中国对外开放程度的不断提升,公共外交的理念也不断在中国深入普及,中国的民间机构、企业界和学术界等社会各界参与公共外交的意识和热情也进一步得到加强。例如,中国人民对外友好协会、中国国际交流协会、中国国际友好联络会等人民团体在全方位推进民间友好交往的同时还积极为政府间的对话与交流搭建平台、提供渠道,创立和发展了中美省州长论坛、金砖国家友好城市暨地方政府合作论坛、中日省长知事论坛、中非地方政府合作论坛等政府间对话交流机制;中国大部分大型涉外企业在"走出去"的过程中已经逐步具有了公共外交意识,日益注重在海外的生产经营活动中提升和维护企业声誉和国家形象;中国学术界加大了对公共外交的关注和研究,成立了一批专门的公共外交研究机构,涌现了大量优秀研究成果,为中国公共外交提供了重要的智力支持和人才保障。除此之外,在政府的带领下,一些地区尤其是一些经济发达地区的社会各界也表现出日益强烈的公共外交意识,纷纷利用国际活动、招商引资、跨国贸易、跨国旅游等契机开展和参与公共外交活动,并着力通过重大赛事、旅游推广、人文交流、文艺演出、文化遗产保护、志愿服务、形象宣传等形式开展和参与城市公共外交。例如,上海社会各界利用上海举办第四届亚洲相互协作与信任措施会议、"世界城市日"系列活动等各类国际活动的契机协助政府大力开展主场公共外交;南京社会各界通过南京亚青会和青奥会积极开展中外青年交流活动;扬州社会各界通过参与"中国大运河"的申遗活动和遗产保护来大力弘扬和传播"运河文化";温州社会各界则利用自身在海外拥有大量华人华侨的优势大力开展和参与侨务外交;杭州、武汉、南宁、哈尔滨、大连等城市的社会各界则协助政府在美国纽约时代广场投放城市形象宣传片,向世界展示自身良好的城市形象。而在政府的支持和鼓励下,一些地方公共外交协会相继成立并积极投身公共外交的实践与研究活动,目前已有多个省市成立了专门的公共外交协会,如上海公共外交协会、天津公共外交协会、广东公共外交协会、温州公共外交协会、杭州公共外交协会、扬州公共外交协会、佛山公共外交协会、河源公共外交协会等。总之,中国社会各界参与公共外交的意识和热情的不断提高必将有力推动"一带一路"公共外交的开展和实施。

三是政治资源。根据约瑟夫·奈的观点,软实力是一种引导他人喜好、塑造他人意愿的无形资产和力量，比如富有魅力的人格、文化、政治价值观和制度，以及在他人眼里具有合法性和道德权威的政策等。[①] 因此从政治上说，政府的领导力、政治制度的吸引力、发展道路的感召力、内外政策的公信力都是一国软实力的重要组成部分，而这些软实力也同时构成了开展公共外交的政治资源。在政治上，中国也蕴含着丰富的政治资源，这些丰富的政治资源将为"一带一路"公共外交提供强大的政治支撑。第一，中国共产党卓越的政治领导力和政策执行力。新加坡前总理李光耀认为，西方民主制度可以有效问责，但是无法保证选出优秀的政府或领导人。[②] 作为马克思主义执政党，中国共产党与西方政党有着本质的不同，它代表着社会的整体利益即"最广大人民的根本利益"，而非社会中某一部分或某一群体的利益。马克思主义政党的先锋队逻辑和中国共产党所承担着崇高的历史使命决定了中国共产党既要能洞悉历史发展的规律，不断地通过思想建设、组织建设、作风建设、制度建设、反腐倡廉建设、纯洁性建设和学习型政党建设等自我革新手段增强和保持自身的先进性和纯洁性，又要能回应人民的诉求，树立群众观点、坚持群众路线，与人民保持血肉联系、与社会保持良性互动。也正因为如此，中国共产党具有了卓越的政治领导力和高超的执政能力，得到了人民的广泛拥护和支持，能够通过制定正确的路线、方针、政策最大限度地将人民组织、动员和团结起来为实现中国民族的伟大复兴而奋斗，并以领导小组机制、党组领导机制等制度化的机制来保证这些路线、方针、政策的有效执行，进而实现对国家各项事业的全面领导。由美国著名学者熊玠（James C. Hsiung）主编的《习近平时代》一书就中国共产党的领导力和执行力评价道："（中国共产党）它一方面通过选拔产生一个优秀的领导集体、并使领导集体能制定出科学合理的公共政策，另一方面又通过相应的制度安排，使这些政策能得到有效实施。"[③] 第二，中国政治制度和发展道路的感召力。中国改革开放四十多年来所取得的巨大成就举世瞩目，充分、有力

[①] [美]约瑟夫·奈：《软实力》，马娟娟译，中信出版社2013年版，第9页。
[②] 《中共的领导力从哪里来——〈习近平时代〉选载》，《学习时报》2016年5月9日第A3版。
[③] 《中共的领导力从哪里来——〈习近平时代〉选载》，《学习时报》2016年5月9日第A3版。

地证明了中国政治制度的优越性和发展道路的正确性，中国制度、道路对世界其他国家尤其是发展中国家的吸引力和感召力也进一步提升。一方面，中国政治制度的优越性和政治民主化、法治化改革增进了国际社会的了解意愿和好感程度。与西方政治制度相比，中国政治制度具有稳定的政治核心、强烈的问题解决意识、允许多样化存在、较强的回应性等特点和优势，[①] 能够有效提升国家治理能力、解决国家治理问题，极大地提升了国际社会希望了解中国及其制度的意愿。此外，中国政府一直致力于发展社会主义民主政治、推进政治体制改革、建设社会主义政治文明和法治国家。党的十六大报告提出要"健全民主制度，丰富民主形式，扩大公民有序政治参与，尊重和保障人权"；[②] 党的十八大报告提出要"继续积极稳妥推进政治体制改革，扩大社会主义民主，加快建设社会主义法治国家"[③]，并明确指出民主、自由、平等、公正、法治是社会主义的核心价值观；[④] 党的十八届四中全会则对全面推进依法治国这一基本治国方略做出了战略部署；党的十九大报告提出"要长期坚持、不断发展我国社会主义民主政治，积极稳妥推进政治体制改革，推进社会主义民主政治制度化、规范化、程序化，保证人民依法通过各种途径和形式管理国家事务，管理经济文化事务，管理社会事务"；[⑤] 党的二十大报告进一步提出要"发展全过程人民民主，保障人民当家作主"。[⑥] 在民主、自由、法治观念深入人心的时代潮流下，中国政治的民主化、法治化改革与国际社会对民主、法治的呼声高度契合。另一方面，中国的发展道路和发展模式引发了国际社会的高度关注和认可。在新中国成立特别是改革开放以来长期探索和实践基础上，经过十八大以来在理论和实践上的创新突破，中国共产党成功推进和拓展了中国式现代化。中国式现代化为世界各国提供了一种全新的渐进式的不同于西方激进式的现代化发

[①] 王绍光：《中国的治国理念与政道思维传统》，载玛雅编：《道路自信：中国为什么能》，北京联合出版公司2013年版，第321—323页。

[②] 《江泽民文选》第3卷，人民出版社2006年版，第554页。

[③] 《胡锦涛文选》第3卷，人民出版社2016年版，第632—633页。

[④] 《胡锦涛文选》第3卷，人民出版社2016年版，第638页。

[⑤] 习近平：《决胜全面建成小康社会 夺取新时代中国特色社会主义伟大胜利——在中国共产党第十九次全国代表大会上的报告》，人民出版社2017年版，第36页。

[⑥] 习近平：《高举中国特色社会主义伟大旗帜 为全面建设社会主义现代化国家而团结奋斗——在中国共产党第二十次全国代表大会上的报告》，人民出版社2022年版，第37页。

展路径，得到了其他国家尤其是发展中国家的纷纷效仿和借鉴，在国际社会产生了强大的示范效应和感召力。第三，中国外交政策的公信力。奈认为，一国的对外政策如果被其他国家视为合法且具有道德权威时，那么对外政策就作为一种软实力而具有了受人认可的公信力。在外交政策方面，中国始终奉行独立自主的和平发展政策，积极参与国际事务和全球合作，努力做世界和平的建设者、全球发展的贡献者、国际秩序的维护者，赢得了国际社会的肯定和赞许，外交政策的公信力日趋提高。一方面，中国坚定不移走和平发展道路。中国的和平发展道路是新中国成立以来特别是改革开放以来不断实践和探索形成的，是中国根据时代发展潮流和国家根本利益作出的战略抉择，也是中国政府面向世界作出的庄严承诺。[①]《中国的和平发展》白皮书，党的十七大报告、十八大报告、十九大报告、二十大报告都向世界郑重宣告了中国走和平发展道路的坚定决心和意志。和平发展道路的时代进步性在于它打破了"国强必霸"的历史规律，在通过维护世界和平发展自身的同时，又以自身的发展促进世界和平，既符合中国根本利益，也符合世界各国利益，是国际关系史上一大创举。另一方面，中国积极负责地参与国际事务。从抗击1997年亚洲金融危机到抗击2008年全球金融危机，从护航亚丁湾到抗击埃博拉，从维和海外到援助非洲，从提出"一带一路"倡议到成立亚洲基础设施投资银行，中国作为地区和全球性公共物品的供给者力所能及地承担了一个大国的责任和义务，并在国际恐怖主义、核武器扩散、气候变化、环境污染、跨国犯罪、公共卫生等一系列全球性治理问题以及朝核危机、伊核危机、巴勒斯坦问题、乌克兰冲突、叙利亚危机、南苏丹冲突、阿富汗问题等一系列地区热点问题上发挥了重要的建设性作用。总的来说，中国共产党卓越的政治领导力和政策执行力、中国政治制度和发展道路的感召力、中国外交政策的公信力作为中国国家软实力的重要组成部分为"一带一路"公共外交提供了重要的政治资源，"一带一路"公共外交需要充分开发和运用好这些政治资源以促进和保障其顺利有效开展。

　　四是文化资源。文化是国家重要的软实力来源。奈认为，文化是为

---

① 中共中央宣传部编：《习近平总书记系列重要讲话读本（2016年版）》，学习出版社、人民出版社2016年版，第262—264页。

社会创造意义的一整套价值观和实践的总和。一国的文化中包含了被他国认同的价值观和利益，那么双方就会建立一种兼具吸引力和责任感的关系，软实力也由此产生。[①] 根据奈的观点，软实力主要产生于文学、艺术、教育等高雅文化，而侧重于大众娱乐的流行文化以及狭隘的文化和价值观则不可能产生软实力。[②] 中国是一个历史悠久、文化灿烂的文明古国和文化大国。在五千年的历史长河中，中华民族创造了源远流长、博大精深的中华文化，为世界文明发展进步做出了不可磨灭的贡献。关于中华文化，梁启超指出，"我中华有四百兆人公用之语言文字，世界莫能及。我中华有三十世纪前传来之古书，世界莫能及。西人称世界文明之祖国有五：曰中华，曰印度，曰安息，曰埃及，曰墨西哥。然彼四地者，其亡国，其文明与之俱亡。而我中华者，屹然独立，继继绳绳，增长光大，以迄今日，此后且将汇万流而剂之，合一炉而冶之。"[③] 梁漱溟认为，中华文化"以意欲自为调和、持中为其根本精神"，具有强大、持久的生命力和远大的前途，"能行于今，能行于未来"。[④] 中华文化既是中华民族的宝贵精神财富，也是中国国家软实力的重要来源。习近平总书记反复强调，中华优秀传统文化是中华民族的突出优势，中华民族伟大复兴需要以中华文化发展繁荣为条件。[⑤] 开展和实施"一带一路"公共外交需要大力汲取中华文化的思想精华和道德精髓，发掘和开发其外交价值，将中国丰富的文化资源转化为强大的文化软实力进而运用于"一带一路"公共外交实践。具体来说，这些宝贵的文化资源的公共外交价值主要体现在两方面：一是悠久历史和灿烂文明的吸引力和影响力。中华民族是具有非凡创造力的伟大民族，创造了五千多年绵延至今而从未中断的文明历史，拥有悠久的历史、灿烂的文明和壮丽的山河，对世界产生了强大的吸引力和影响力，这为"一带一路"公共外交的开展奠定了坚实的文化软实力基础。一方面，由中国丰富灿烂的人文遗产、优美壮丽的自然风光以及汉字、书法、棋艺、戏曲、音乐、绘画、建筑、茶道、武术、

---

① [美] 约瑟夫·奈：《软实力》，马娟娟译，中信出版社2013年版，第16页。
② [美] 约瑟夫·奈：《软实力》，马娟娟译，中信出版社2013年版，第16页。
③ 梁启超：《梁启超论中国文化史》，商务印书馆2012年版，第197—198页。
④ 梁漱溟：《东西文化及其哲学》，商务印书馆2005年版，第63、233页。
⑤ 中共中央宣传部编：《习近平总书记系列重要讲话读本（2016年版）》，学习出版社、人民出版社2016年版，第201页。

医药、传统服饰等中国特有文化要素共同组成的宏大文化图景对世界产生了强大的吸引力，在世界文明中具有无与伦比的优势，长期受到世界各国各民族的学习、模仿和追捧。正如一名英国学者所指出，"几千年来，中国的耀眼光芒吸引着商人、使节、学者和教徒纷纷前来寻求财富、权力、教诲和灵感。"[①] 另一方面，中华文化还逐步通过古代陆上丝绸之路和海上丝绸之路传播和扩散到世界其他国家和地区，并在相当长的时间里形成了一个以中国为核心，朝鲜、日本、越南等周围众多国家围绕的"中华文明圈"，对世界各国尤其是周边国家产生了广泛深远的影响力，并成为这些国家深层次的文化基底，持久而深刻地影响着这些国家文明发展的走向和路径。直到今天，在中国一些周边国家的文化形态中仍然能看到中华文明的存在。开展和实施"一带一路"公共外交就要充分发挥中国悠久历史和灿烂文明的吸引力和影响力，多种方式展示中华文化的魅力、丝路文化的魅力，让丰富多样的人文与自然遗产说话，树立中国良好的有形形象。二是中华文化理念和价值追求的亲和力和感召力。中华文化积淀着中华民族最深沉的精神追求，代表着中华民族独特的精神，中华民族注"天道"、讲"仁礼"、重"民本"、守"诚信"、崇"正义"、尚"和合"的文化理念和价值追求具有形象上的亲和力和道义上的感召力，是开展和实施"一带一路"公共外交的重要文化软实力资源。关于"天道"，在中国传统文化中，"天"是指世间万物的本原性、统摄性概念，近似于"宇宙""自然""理性"的总和；"道"是指世界万物的关系性和过程性概念，"道"来源于"天"，是"天"的"下降"，即"道之大原出于天"，"天道"表示世界万物的秩序、规则和运行规律。在中国的政治哲学中，"天道"是可知的，它集中地体现为"民意""民情"，即"天畏棐忱，民情大可见"。中国政治哲学强调"敬天保民"，认为只有遵循"天道"、顺从"民意"，主政者的统治才具有合法性，国家也才能长治久安。关于"仁礼"，"仁"是指人们的最高道德品质，其核心内容主要包括关爱他人（即"仁者，爱人"）、诚实宽容待人（即尽己之"忠"与推己之"恕"）以及严格约束自己的行为（即"克己复礼为仁"）等。"礼"是指社会规范，包括社会生活中的道德原则和社会各个方面的文化规范。"礼"既是做人的准则，即"礼，人之干也，无礼，

---

① 檀有志：《美国对华公共外交战略》，时事出版社2011年版，第254页。

无以立",又是治国的手段,即"礼以体政""为政先礼"。中国政治哲学强调统治者需有仁爱之心,并根据"礼"的规范,施行"仁政"和"礼治",这样才能有效治理国家,获得民众的尊敬和服从,即"上好礼,则民莫敢不敬","以不忍人之心,行不忍人之政,治天下可运之掌上"。关于"民本",中华文化中有着深厚的"民本""民贵"思想,认为民心向背是社会政治的决定性力量,肯定民众在社会生活和国家政治中的基础性作用。例如,周公提出要"怀保小民""知小民之依",主张"人无于水监,当与民监"。孟子提出"民贵君轻"的观点,认为"得其民,斯得天下矣"。荀子则明确指出"君者,舟也;庶人者,水也;水则载舟,水则覆舟"。关于"诚信",中华文化将"诚信"视为人的基本道德准则和行为规范,教导人们要诚实无欺、信守承诺。例如,"信"是儒家提倡的"五德"(恭、宽、信、敏、惠)之一,孔子指出诚信是人之根本,认为"人而无信,不知其可也","信则人任焉"。孟子则将"诚信"上升至"道"的高度,认为"诚者,天之道也;诚之者,人之道也"。关于"正义",中华文化将"正义"作为人与社会的价值追求,提倡培养人的正义人格,树立公正的社会秩序,强调重"义"而轻"利"。例如,孔子所讲的"君子义以为质","君子喻于义,小人喻于利"。孟子在面对"瞽瞍(舜的父亲)杀人,则如之何?"的提问所采取的"执之而已矣"的态度以及面对"生""义"抉择所持有的"舍生而取义者也"的立场。关于"和合","和"指和谐、和平、祥和,"合"指结合、融合、调和,"和合"是一种具有普遍意义的哲学概念,也是中华文化的首要价值,它包含着矛盾的对立与统一,强调世界万物相互调和、和谐共生、和谐共处。在中华文化中"和合"思想主要包含着"以和为贵""和而不同""天人合一"三层含义:"以和为贵",指和睦、和平是人类的崇高价值追求,是处事、行礼的最高境界。如孔子所讲的"礼之用,和为贵",墨子所讲的"兼爱""非攻"。"和而不同",指世界万物具有多样性和差异性,要以"中庸""中和"的和谐意识化解矛盾、协调关系,实现人与人、人与社会关系的和谐。如孟子所讲的"物之不齐,物之情也",孔子讲的"中庸之为德也,其至矣乎""君子和而不同,小人同而不和",《礼记·中庸》所讲的"致中和,天地位焉,万物育焉"。"天人合一",指人与自然存在某种同构关系,要尊重自然、顺应自然,实现人与自然关系的和谐。如庄子所说的"天地与我并生,万物与我为一",老子所说的"人法地,地法天,天法道,道法自然",董仲舒所说的"天人感应"。总而言之,中国的文化理念和价值追求对中国外交产生了重要影响,使得中国的对外交往呈现出顺应潮流、以人为本、热情真诚、信守承诺、重义轻利、求同存异、反对暴力、维护和平的特点,从而极大地提升了国家形象、扩大了对外影响。开展和实施"一带一路"公共外交需要从中国丰厚的文化积淀中汲取营养,要深入发掘中华文化理念和价值追求的公共外交价值,充分发挥其形象上的亲和力和道义上的感召力。

四 经验借鉴:国外公共外交发展的经验与启示

美国、英国、法国、德国、加拿大等西方国家是公共外交起步较早的国家。早在资本主义殖民扩张时期,这些国家就开始注重通过教育文化交流活动来维护海外殖民统治、提升国际影响力和国家形象;第二次世界大战结束以后,这些国家根据国内外环境不断调整和发展了公共外交战略;进入21世纪尤其是在全球化时代下,为营造良好的国际环境以服务国家战略、谋求国家利益,这些国家又加大了对公共外交的战略投入,在全球范围内大力开展公共外交活动并取得良好效果,成为世界上公共外交最为活跃的国家。新中国成立以来,中国公共外交经过多年的探索与实践已取得了重大发展,但是与西方国家相比仍存在差距。"他山之石,可以攻玉。"西方国家的公共外交都有其独到之处,梳理和归纳西方国家开展公共外交的成功经验和有效举措对于"一带一路"公共外交具有重要现实意义,其将为"一带一路"公共外交的开展和推进提供重要的经验借鉴和政策参考。概括来说,西方国家开展公共外交的成功经验和有效举措主要包括以下五个方面。

第一,强化文化交流与信息传播的统筹。在公共外交实践中,文化活动和信息活动是密不可分的,对外文化交流活动和信息传播活动都是其传递本国社会文化和价值观念、宣传本国内外政策的有效手段,二者相互配合、相互促进。因此,西方国家十分注重推动对外文化交流和信息传播的协调发展、统筹发展。美国积极推进文化交流项目并加大对外传播力度向世界各国公众传递美国的社会文化、价值观念,增进其对美国内外政策的理解和认同。美国的对外文化交流活动和项目主要包括富布赖特项目、汉弗莱项目、国际访问学者项目、市民交换项目、对外英语教学和美国研究项目、文化和青年交流项目、美国驻世界各地新闻文化处的图书馆项目、夏威夷东西方中心交流项目、文化艺术展览、英语教学等。此外，美联社、合众社、美国有线电视新闻网、美国之音、自由欧洲电台、自由电台、自由亚洲电台、《纽约时报》、《华盛顿邮报》、《华尔街日报》、《洛杉矶时报》、《时代》周刊等新闻媒体既从事宣传美国政策的信息活动，也从事传播美国社会文化和价值观念的活动，[①] 这些庞大的新闻传播机器一方面对美国的对外文化交流活动和项目进行公关、宣传和报道，另一方面直接向他国公众介绍和传播美国的社会文化、宣传美国的内外政策。法国的对外文化交流活动主要以推广法语教学和传播法国的文化与价值为基础。为加强法语和法国文化在国际社会的影响力，法国采取了一系列强化和保障法语教学和法国文化与价值传播的措施，比如加强对法语联盟的支持和投入、向国外派遣大量法语教师、在国外举办法国文化年、邀请国外法语院校访问法国等。与此同时，法国还积极借助新闻媒体对法语和法国文化与价值进行推广和传播，如创办法语卫星电视、在国外广播电台和电视台开播法语课程、对本国广播电台和电视台播放法语节目做出强制性规定，以及利用法国国际广播电台、法国国际频道等多种视听手段来传播法语、法国文化和法国价值观等。与法国相类似，德国为将其精神气质、思维方式、价值观念推广到世界各地，塑造德国"思想之国""文化大国"的国际形象，也将传播德语和德国的文化与科技作为对外文化交流的重点。一方面，德国积极推动海外德语的传播，通过歌德学院和德意志学术交流中心等机构在国外设立歌德分院和办事机构、定期向国外高校派遣德语教师、开设德语课程和德语进修班来推广德语，并不遗余力地推动德语成为欧盟外交语言和工作语言。另一方面，德国大力开展科教领域的交流与合作，利用网络和科技展览积极向世界介绍德国的先进科技成果，并与世界其他国家的高校、科研机构开展学术交流和科技合作。在对外文化交流过程中，德国也十分注重发挥新闻媒体的作用，德意志新闻社、德国之声、《明镜周刊》、《法兰克福汇报》等新闻媒体都是德国文化、价值、科技的主要宣传和传播阵地。

第二，发挥高校、智库等"第三部门"的作用。"第三部门"是指独

[①] 北京外国语大学公共外交研究中心编：《中国公共外交研究报告（2011/2012）》，时事出版社2012年版，第237页。

立于政府（第一部门）和私人部门（第二部门）之外的非营利性、志愿性的社会组织。高校、智库、非政府组织等"第三部门"在增进他国公众对本国了解和认知、传播本国文化和价值、宣传本国内外政策、提升本国国家形象方面具有独特作用。西方国家在开展公共外交时都非常注重发挥"第三部门"的作用。美国是在公共外交中发挥"第三部门"作用最为突出的国家。在发挥高校和科研机构的公共外交作用方面，美国设立了一系列国际教育文化项目，鼓励和吸引国外留学生、学者、官员赴美国知名高校和科研机构进行学习、研究和培训。例如，1946年，美国政府为促进国际学术交流、增进美国与世界其他国家的相互了解设立了富布赖特项目，资助美国学生和学者出国学习研究以及外国学生和学者赴美国的高校和研究机构学习研究。目前，富布赖特项目已成为全球最大、最具影响力的国际教育文化项目之一，全世界有140多个国家和地区参与该项目，中美两国也于1985年将该项目纳入教育交流范畴。1978年，美国政府为增进发展中国家对美国的了解和认知而设立了汉弗莱奖学金项目，资助发展中国家学习学术成绩优异的学生学者和领导才能突出的中级官员赴美国的高校和研究机构从事相关的学习、研究和考察。此外，美国还通过国际访问学者项目每年邀请5000名在世界各国政界、商界、学界中具有广泛影响力的政府官员、学者、企业家到美国的高校和科研机构进行访问、学习和培训以了解美国和美国文化。除了国际教育文化项目，美国的高校和科研机构还频繁举办高层次、高规格的国际论坛和研讨会，邀请世界各国各领域的社会精英和杰出人物来参与交流和互动，借此来增进外界对美国的了解、传播美国的价值观和政策理念。例如，哈佛大学举办的各类国际论坛和研讨会每年超过1000场，平均每天3场以上。[①] 在发挥智库的公共外交作用方面，美国智库通过举办国际会议、组织对话与交流活动、与国外学者开展合作研究、在外设立分支机构、接受世界各国传媒访问、在国外媒体发布文章等方式来传播美国的政策理念、阐述美国的政策主张，并且围绕美国在与其他国家交往中所产生的某些冲突问题和敏感问题同当事国的社会各界开展对话和沟通，表明美国政府的态度和立场，了解当事国的态度和立场，为政府决策提供依据和参考。例如，布鲁金斯学会就曾围绕中美能源问题和西藏

[①] 马勇田：《高校应成为公共外交的引擎》，《光明日报》2014年4月8日第2版。

问题组织专家学者与中国的专家学者进行对话和沟通，为中美政府间正式会谈做了准备。除了美国之外，英国、法国、德国、加拿大等国也都非常注重发挥"第三部门"在公共外交中的作用，高校、智库等"第三部门"也经常活跃在这些国家公共外交的第一线。为培养他国公众对本国的亲近感和认同感，法国、德国、加拿大等国鼓励外国留学生和司法、行政人员赴本国的高校和研究机构学习和培训，并通过加大奖学金的资助范围和额度、与国外高校合作办学和联合培养的方式来吸引外国留学生，影响他国未来的社会精英。英国在设立志奋领奖学金、苏格兰国际奖学金、海外研究学生奖学金、英联邦奖学金、皇家学会奖学金等各类奖学金吸引世界各国精英赴英深造的同时也注重发挥智库在公共外交中的作用，其中伦敦国际战略研究所最具代表性。伦敦国际战略研究所是以研究国防安全和防务政策为主的智库，其每年都举办高级别的国际安全会议，通过世界各国政要、国际知名学者、军方高级人士的交流与对话起到了增进了解、缓和矛盾、避免冲突的重要作用。例如，伦敦国际战略研究所在20世纪70年代促成了美国与苏联两国高级军备管制谈判代表的会面，安排了巴勒斯坦解放组织与以色列的接触，[①] 在2002年发起了亚太地区规模最大、影响力最广、各国出席代表级别最高的多边安全合作对话机制——香格里拉对话会（Shangri-La Dialogue，SLD）。

第三，注重互联网技术与新媒体的运用。20世纪90年代，互联网技术得到了突飞猛进的发展，互联网传播的便利性、快捷性、广泛性、多样性为公共外交工具的创新提供了条件，西方国家纷纷将互联网技术引入公共外交领域。在互联网技术的冲击下，传统媒体逐渐失去其在国际传播领域的垄断性地位，依托互联网技术的"在线外交""虚拟外交""社会外交"等网络新媒体公共外交开始成为西方国家开展公共外交的有力支撑。美国是互联网技术最发达的国家。进入21世纪以来，美国政府认识到互联网技术对于传播美国文化和价值观、服务美国外交政策、塑造美国国家形象的重要作用，开始最大限度地利用互联网信息技术大力地推动网络新媒体公共外交。2003年，美国国务院成立"网络外交办公室"，旨在通过互联网信息技术来加强美国外交人员的沟通能力、信息共享能力和外交政策的执行能力。同时，美国国务院还针对2006年至2010

---

① 赵启正主编：《公共外交战略》，学习出版社2014年版，第86页。

年美国网络外交的目标和任务做出了明确规定,其主要包括五项内容:提供正确信息、协调外部合作伙伴、有效及安全的风险管理、不受时间地点限制联系美国外交官、打造高度专业化的信息技术人员。[①] 2007年,美国国务院网站开设"外交笔记"博客,以更加平民化的方式向外界传递美国政府外交政策。奥巴马执政后,在"巧实力"外交和"转型外交"理念的指导下美国网络新媒体公共外交的作用得到了进一步提升,白宫、国务院、国防部都成为美国开展网络新媒体公共外交的主要力量,白宫的"Web 2.0时代"、国务院的"E外交"和国防部的"网络司令部"成为美国开展网络新媒体公共外交的重要途径和渠道。鉴于社交网站在影响个体行为能力、重塑政治议程、社会舆论方面的重要作用,2009年,白宫宣布在脸谱(Facebook)、推特(Twitter)等社交网站开设主页向世界各国公众传递有关美国内外政策的信息,奥巴马本人也开设了Twitter个人主页并每天发布信息与世界各国公众直接交流与互动,而世界各国公众也可在白宫网站注册与奥巴马和其他高级官员进行交流,白宫由此进入了所谓的"Web2.0时代"。同时,美国国务院还大力开展以网络、手机等新媒体作为运作平台的"E外交"(E-Diplomacy)。美国前国务卿希拉里(Hillary Clinton)就是"E外交"的积极践行者。在美国国务院网站的"给国务卿发短消息"栏目里希拉里经常回答世界各国公众的提问,并通过国务院网站和各类社交网站公布每次出访行程、发表评论进行舆论引导。[②] 为了打击恐怖主义、消解伊斯兰世界对美国的仇恨,美国国务院2011年成立"战略反恐传播中心"(CSCC),利用Youtube、Facebook、Twitter、MySpace等视频网站和社交网站揭露恐怖主义的罪行,而且还积极与美国的主要新媒体公司和高校合作,集中各类人才在互联网络和社交媒体中与世界穆斯林公众进行对话和讨论,传播反对暴力与压迫的理念,抵制恐怖主义意识形态的蔓延。美国的驻外使馆也陆续开通了博客和微博平台向所在国公众介绍美国的社会文化与内外政策,并与所在国公众进行互动和实时交流。例如,2010年,美国驻华大使馆开通新浪微博账号,截至目前已发布各类微博1万多条,拥有粉丝100多万人,而且美国驻沪总

---

① 温宪:《组建网络司令部 外交倚重新媒体——美国拓展网络空间霸权》,《人民日报》2009年7月9日第14版。
② 《网络外交崭露头角》,《人民日报》(海外版)2009年7月23日第1版。

领馆、驻武汉总领馆、驻沈阳领事馆等在华领事馆也开通了微博账号。此外，美国国防部为抢占网络制高点，在网络空间领域增强协调作战、反恐能力和外交支援能力，于2009年正式组建网络作战部队并成立了"网络司令部"。除美国之外，加拿大、瑞典等国也非常注重通过互联网信息技术和新媒体来加强公共外交能力，在网络新媒体公共外交上进行了种种努力并取得了良好效果，极大地提升了国家的形象和软实力。2003年，加拿大通过互联网与公众开展了"外交政策对话"，在线回答公众关于加拿大外交政策的提问，成为最早通过在线平台使公众参与外交事务的国家，并于2004年设立了永久性的政策讨论网站将该对话形式确定下来。而瑞典则是第一个利用"在线社区"与公众进行交流和互动的国家，2007年，瑞典在美国著名虚拟社区"第二人生"网站（Second Life）设立了虚拟大使馆，通过该"大使馆"以数字化的形式向世界各国青年传播瑞典的社会文化、提供赴瑞典学习旅游等事宜的政策咨询和相关信息。

第四，保障公共外交领域的战略投入。公共外交的实施效果在很大程度上有赖于人、财、物、政策等各种资源的投入，保障公共外交领域的战略投入是西方国家开展公共外交的主要做法和重要经验。公共外交在美国的对外战略中长期占据着重要地位。自立国以来，美国政府就积极开展公共外交活动。冷战爆发后，公共外交在美国对外战略中的地位得到了空前提升，美国政府对公共外交领域投入了大量的人力、物力和财力以保障在美苏全面对抗中获得舆论、人心等外交优势。在冷战期间，美国新闻署是美国开展公共外交的主要政府机构，其集中了美国对外文化交流和宣传的主要手段，并获得了大量政府的财政拨款和政策支持。在这些投入的强大保障下，截止到20世纪80年代，美国新闻署已在128个国家设立了211个新闻处和2000个宣传活动点，并在83个国家建立了图书馆。[1] 无可否认，美国冷战期间开展的公共外交活动在对抗苏联意识形态、传播美国"自由""民主"价值、宣传和解释美国的对外政策和社会文化等方面发挥了无可替代的作用，并在很大程度上推动和加速了美国在冷战中的胜利。冷战结束后，美国朝野上下沉浸在意识形态战争胜利的喜悦之中，美国政府多数官员认为随着苏联和共产主义体系的解体，

---

[1] 胡正荣等主编：《世界主要媒体的国际传播战略》，中国传媒大学出版社2011年版，第64页。

公共外交在美国对外战略中重要性已不再突出，建议减少在公共外交领域的投入。在这样的政治环境下，美国用于公共外交事务的财政拨款开始锐减，公共外交相关项目和活动也大幅度减少，最终克林顿政府将美国新闻署并入国务院。据统计，从1993年到2001年，美国用于公共外交事务的经费从3.49亿美元下降到了2.32亿美元，下降了34%。[1]
"9·11"事件之后，美国国内关于加强公共外交的呼声不断增多，许多美国学者和政府官员认为美国冷战后在公共外交领域的投入不足导致美国没能有效抵御世界反美情绪和恐怖主义的蔓延，使得美国在世界尤其是在伊斯兰世界失去了"人心"，因此主张增加对公共外交领域的战略投入、重新将公共外交置于美国对外战略的核心地位。更有学者明确提出，美国的公共外交经费应该与国防经费按照1∶100的比例投入，即政府每年应该在公共外交领域投入30亿—40亿美元。[2] 面对国际环境的变化和国内的呼声，美国政府开始重新审视公共外交，并大幅度增加了对公共外交领域的政策关注和经费投入。2003年，美国在公共外交方面投入了5.94亿美元，同时美国国会通过法案，将公共外交领域的经费预算每年增加4.97亿美元。到2004年，美国公共外交领域的经费预算已达到10亿美元。尽管美国的公共外交经费预算每年已达到10亿美元的规模，但美国公共外交咨询委员会认为这一额度仍然偏低，并建议国会进一步提高对公共外交领域的拨款。[3] 除了加大对公共外交领域的经费投入，美国政府还十分注重对公共外交人才的培养，其中最具代表性的举措就是在美国青少年中增强外语学习并向外国派遣大量留学生、培养了解世界各国的公共外交精英。以中美关系为例，2009年奥巴马政府提出到2014年派10万美国学生到中国学习的"十万强"计划。"十万强"计划目标在2014年实现后，奥巴马政府又于2015年提出了到2020年实现100万名美国学生学习中文的"百万强"计划。"十万强"基金会首席运营官特拉维斯·坦纳（Travis Tanner）指出，通过"十万强"计划和"百万强"

---

[1] Peter G. Peterson, "Public Diplomacy: A Strategy for Reform", Council on Foreign Relations, July 30, 2002, http://www.cfr.org/diplomacy-and-statecraft/public-diplomacy-strategy-reform/p4697.

[2] Peter G. Peterson, "Public Diplomacy and the War on Terrorism", *Foreign Affairs*, Vol. 81, No. 5, September/October, 2002, pp. 74-94.

[3] "2004 Report of the United States Advisory Commission on Public Diplomacy", U. S. Department of State, September 28, 2004, http://www.state.gov/pdcommission/reports/36275.htm.

计划美国"将在各行各业培养一批中国通",这也将"确保美国未来一代的企业家、记者、工程师、科学家、医生以及政府官员了解中国"。① 除了美国之外,法国、英国、加拿大等国也注重对公共外交领域的战略投入。早在冷战时期,法国为维护其大国地位以及在欧共体和法属非洲国家中的威望,每年向公共外交领域投入多达 10 亿美元,其公共外交领域的经费预算曾一度占到法国外交部总预算的一半以上,成为当时世界上公共外交经费投入最多的国家之一。冷战结束后,法国仍然注重对公共外交领域的投入,目前法国每年用于公共外交的支出已达到 10 亿美元且拥有庞大的公共外交队伍,在全球拥有 7000 多名公共外交人员,并在 152 个国家设立了文化处,在 91 个国家建立了文化中心。② 此外,英国、德国目前每年用于公共外交领域的支出也都超过了 10 亿美元,其中仅英国广播公司(BBC)在 2004 年至 2005 年期间就获得了政府共计 3 亿多美元的财政拨款。

第五,强调制度化、规范化的管理和运作。为促进公共外交的有序发展,西方国家通常对公共外交进行制度化、规范化的管理和运作。概括来说,公共外交的制度化和规范化发展主要包括两方面内容:一是设置开展公共外交的专门机构,二是制定法律法规规范公共外交活动。从设置开展公共外交的专门机构来看,美国于 1953 年成立美国新闻署(USIA)负责冷战时期美国的公共外交事务,这使得美国的对外文化和宣传活动在政府中赢得了独立地位;1999 年,美国新闻署被裁撤并入国务院,同时国务院增设负责公共外交和公共事务的副国务卿来领导和统筹国务院教育与文化事务局(Bureau of Educational and Cultural Affairs)、国际信息局(Bureau of International Information Program)和公共事务局(Bureau of Public Affairs)开展公共外交事务;2002 年白宫设立战略交流政策协调委员会(PCC)来协调各部门共同推动公共外交;2003 年,在原新闻办公室、新闻发言人制度的基础上白宫又成立"全球传播办公室"(OGC),从整个国家层面来协调和组织公共外交活动尤其是对外信息传播活动。英国于 1940 年成立"英国文化委员会"(British Council)来负

---

① 《奥巴马推"百万强"计划:培养懂中文的新领导人》,新华网,2015 年 9 月 27 日,http://news.xinhuanet.com/world/2015-09/27/c_128272402.htm。

② 李智:《文化外交:一种传播学的解读》,北京大学出版社 2005 年版,第 116 页。

责英国的公共外交事务，并随后为其成立了对外文化关系司来负责开展对外文化交流活动；2002年，英国在外交部中设置了"公共外交总司"来全面负责实施英国公共外交活动，并成立了"公共外交战略委员会"（Public Diplomacy Strategy Board）来负责英国公共外交战略的制定、审议和评估。法国于1945年在外交部中成立"对外文化关系和法语事务总司"来负责法国公共外交的实施；2006年，法国整合外交部和文化部资源成立了独立的"法国文化署"来全面负责法国对外文化交流。从制定法律法规规范公共外交活动来看，美国国会于1946年通过了旨在加强对外教育文化交流的《富布赖特法案》（Fulbright Act of 1946），又于1948年通过了旨在加强对外宣传与信息传播的《史密斯—蒙特法案》（Smith-Mundt Act），明确了美国对外教育文化交流和对外宣传活动的运作流程、目标任务和资源投入；1994年，美国国会通过《美国国际广播条例》《对古巴进行电台广播条例》《对古巴进行电视广播条例》为美国冷战后的对外传播提供了法律保障；2000年，美国制定了《危机广播计划》，对在突发危机事件中广播的相关事宜进行了规定；2002年，美国国会通过《自由促进法》（Freedom Promotion Act of 2002），规定了美国国务院和国务卿所承担的公共外交职责，以加强美国在全球传播美国价值、宣传美国政策的公共外交活动；2004年，美国国会通过《情报改革与防止恐怖主义法》（Intelligence Reform and Terrorism Prevention Act of 2004），规定将公共外交活动纳入美国的反恐战略。[①] 此外，欧盟的《欧盟对外行动之沟通和可见性手册》明确了欧盟外交人员在开展公共外交活动中的注意事项和操作规范；法国的《法语使用法》对法国在开展公共外交活动和对外教育文化交流活动中的法语使用问题做出了严格规定；加拿大的《加拿大对外文化政策》《加拿大外交部公共外交项目评估》等政策法规对加拿大开展公共外交的宗旨任务、规章制度、项目运作等内容也都进行了明确规定。

总的来说，强化文化交流与信息传播的统筹，发挥高校和智库等"第三部门"的作用，注重互联网技术与新媒体的运用，保障公共外交领域的战略投入，强调制度化、规范化的管理和运作是西方国家在长期的

[①] 臧具林、陈卫星主编：《国家传播战略》，中国传媒大学出版社2011年版，第172—178页。

公共外交实践中采取的有效措施和积累的成功经验，这些措施和经验对于"一带一路"公共外交的开展具有重要现实意义，"一带一路"公共外交在开展和实践过程中可以参考和借鉴西方国家公共外交的有益经验和举措。

第二节　实施"一带一路"公共外交的影响因素

中国开展和实施"一带一路"公共外交拥有良好的现实基础，但其预期目标和成效还将受到一系列内外部因素的影响和制约。为提升"一带一路"公共外交的有效性，需要准确认识、把握影响和制约"一带一路"公共外交预期目标和成效的各项内外部因素。具体来说，这些影响和制约"一带一路"公共外交预期目标和成效的内外部因素主要包括国内支撑体系的有效性、文化与文明间的融合度、域内外国家的政治社会环境以及国家间关系与地区地缘形势等。

一　国内支撑体系的有效性

任何公共外交项目的顺利实施都需要通过一定制度安排将各实施主体（政府行为体与非政府行为体）以及可利用的公共外交资源（物质资源与非物质资源）有效整合起来以形成政治支撑体系为公共外交活动提供物质、信息、人员等方面的支持和保证。[1] 强有力的公共外交政治支撑体系能够最大限度地调动各实施主体的积极性、发挥各实施主体的作用并整合各种公共外交资源用于公共外交活动，因而构成了公共外交活动开展的可靠依托。反之，公共外交政治支撑体系的乏力甚至缺失将难以充分调动各实施主体的积极性、发挥各实施主体的作用以及整合国内各种公共外交资源用于公共外交活动，造成公共外交实施主体的缺位、错位或作用受限以及公共外交资源的闲置、浪费或不合理配置，进而限制和约束公共外交活动的开展。当前，中国公共外交的政治支撑体系相对乏力，这将深刻影响和制约"一带一路"公共外交的开展和实施。国内公共外交政治支撑体系的乏力主要体现在以下五个方面。

---

[1] 赵可金：《公共外交的理论与实践》，上海辞书出版社2007年版，第501页。

一是从制度安排上看，各参与主体间协调无力、系统性不足。公共外交与自上而下执行国家意志的传统政府外交不同，它是一种自下而上的探索过程，因而公共外交强调体制机制的独立性和实施主体间的组织协调性。[①] 关于这一点，美英等西方国家有着更为深刻的理解和认识。20世纪50年代，美国成立新闻署来专门负责冷战时期美国的公共外交事务，这标志着公共外交在美国对外战略中获得相对独立的地位，21世纪初白宫成立"战略交流政策协调委员会"和"全球传播办公室"，从总统和整个国家层面来组织和协调公共外交活动。英国也于1940年成立"英国文化委员会"来负责英国的公共外交事务，并于2002年成立了"公共外交战略委员会"来负责英国公共外交战略的制定、审议和评估。现阶段，中国公共外交的开展主要还是沿用传统的外交体制和机制，并未形成相对独立的公共外交体制机制。此外，中国行使公共外交职责的机构众多且分散，除了全国人大、全国政协、中宣部、中联部、外交部、教育部、商务部、文化和旅游部、国务院新闻办公室、国务院侨务办公室、国家体育总局、国家广播电视总局以及各级党政军涉外部门之外，还有包括中国人民对外友好协会、中国国际友好联络委员会、中国对外文化交流协会、中国人民外交学会在内的各类人民团体。这些机构职能隶属不同、运行方式各异、开展公共外交途径方式多样，相互之间协调难度较大以致难以形成合力。也就是说，中国公共外交事业尚未真正形成"中央牵头、统一规划、多方合作、高效运转、良性互动"局面。[②]

二是从参与主体上看，非政府行为体在公共外交中作用有限。公共外交是针对国际公众的外交活动，因而公众、社会组织等广大非政府行为体成为一国开展公共外交的主要依靠力量。在具体的公共外交实践中，非政府行为体往往比政府行为体更能获得国际公众的接受和好感，对国际公众的影响也更为持久和深远。不过，从现实情况来看，由于社会自组织体系的缺乏，中国并未有效地将庞大的人口转化为开展公共外交所需要的具有公共精神和集体行动能力的公众资源，并未将广大社会公众有效组织和整合起来参与公共外交事务。尽管社会组织、民间团体、高等学校和涉外企业等非政府行为体参与公共外交的意识和意愿不断提高，

---

① 韩方明：《中国公共外交：趋势、问题与建议》，《公共外交季刊》2012年春季号。
② 黄星原：《积极探索中国公共外交新思路》，《现代传播》2011年第8期。

但非政府行为体参与公共外交事务的主动性和创造性却在一定程度上受到限制，加之非政府行为体外交素养偏低等原因，中国公共外交的实施主体仍以官方或半官方机构为主，非政府行为体在公共外交事务中的参与程度和发挥的作用仍然十分有限。

三是从对外传播上看，媒体国际传播能力、世界影响力和公信力不强。语言丰富、受众广泛、信息量大、影响力强、覆盖全球是当今世界一流媒体的基本特征。[①] 经过多年的发展，中国媒体的国际传播能力、世界影响力和公信力都得到了进一步的提升，但与世界一流媒体相比仍存在较大差距。一方面，中国媒体的国际传播能力仍待加强。以广播电视为例，中国中央电视台在媒体覆盖范围、驻外记者数量等方面均低于英国 BBC 和美国 CNN。另一方面，中国媒体的世界影响力和公信力依然不足。当前国际传播主要由西方国家主导，由于意识形态、社会制度、文化价值的差异，西方媒体过度关注中国的负面问题，对中国设置负面议题，加之中国国际传播方式对国际传播自身规律需要的不适应以及中国国际传播话语体系和话语方式的相对陈旧和单一，使得中国媒体在争夺国际话语方面长期处于劣势和被动地位，这极大地限制了中国媒体的世界影响力和公信力。

四是从人才供给上看，未建立起一支完整、专业的公共外交队伍。公共外交的目标和任务最终要依靠"懂世界、知国情、能倾听、会交流、精沟通"的公共外交人才队伍来实现。目前，虽然公共外交在中国已上升至国家战略层面，中国公共外交事业正在蓬勃兴起和发展，但由于长期对公共外交的忽视，造成了中国公共外交人才尤其是具有国际视野和丰富外交经验、能够贯通东西文化的高端公共外交人才的匮乏。也就是说，当前中国并未建立起一支完整、专业的公共外交队伍。在理论研究人员方面，国内大部分公共外交研究机构和研究人员分散在其他职能部门和科研机构之中，专门的公共外交研究机构和研究人员仍然较少，公共外交理论研究未形成合力；在实践人员方面，现有开展公共外交的人才队伍也主要集中在传统外交部门、外宣系统及其相关领域，集中在公共外交领域的人才严重不足；在人才培养方面，国内现阶段既缺乏对公共外交人才专业化、系统化的培养机构和实践场所，也没有相关的培养

---

① 王庚年主编：《国际传播发展战略》，中国传媒大学出版社 2011 年版，第 151 页。

制度和机制，虽然国内一些高校设置了公共外交专业或方向、开设了公共外交相关课程，但由于教师、教材、投入等各种问题的限制仍然难以满足公共外交人才的长期需求。

五是从经费保障上看，公共外交领域经费不足、投入有限。公共外交活动的开展需要充裕的经费保障，经费投入的多少关乎着公共外交活动的行动空间、实施范围和预期效果。相比较美英等西方国家在公共外交领域的经费投入和开支，中国在公共外交领域的经费投入和开支长期不足，这在很大程度上限制了中国公共外交活动的行动空间、实施范围和预期效果。以媒体对外投资和节目投入为例，2008—2009年度，中央电视台对外投资16亿元、节目投入48亿元，而同一时期，美国时代华纳公司（Time Warner）对外投资443亿元、节目投入556亿元，美国哥伦比亚广播公司（CBS）对外投资100多亿元、节目投入225亿元，英国BBC对外投资27亿元、节目投入448亿元。[①] 由此也可以看出，国际舆论传播"西强我弱"局面的形成与中国经费投入不足有着密切关系。综上，公共外交参与主体协调无力，非政府行为体在公共外交中作用有限，媒体国际传播能力、世界影响力和公信力不强，国内公共外交人才队伍匮乏，公共外交领域经费投入不足导致了中国公共外交政治支撑体系的相对乏力，而这将对"一带一路"公共外交的开展产生消极影响，制约着"一带一路"公共外交预期目标和成效的取得。

二 文化与文明间的融合度

公共外交以国际公众为实施对象，不同国际公众及其所属民族和国家由于历史传统、自然条件、经济社会环境的差别必然导致在情感、思想、信仰、价值观等文化上的不同，进而在历史发展的长河中逐渐形成各自的文明和文化类型。也就是说，文化和文明的多样性和差异性是普遍存在的，每一种文化和文明都有着各自独特的特点，因而所有的公共外交活动都具有跨文化交流的属性。

冷战结束后，随着全球化进程的不断推进，文化或者文明因素在国家间相互交往中的作用和影响日益突出。文化或者文明的作用和影响不仅体现在国家间的文化交往之中，更蕴含在国家间的政治、经济、社会

---

① 王庚年主编：《国际传播发展战略》，中国传媒大学出版社2011年版，第175—181页。

等各个领域的交流和交往之中。不同文化和文明在相互交往和碰撞过程中往往会导致两种截然不同的结果。一方面，文化和文明间的交流可能增进相互间的了解和融合，促进公众间的理解以及民族和国家间关系的发展；另一方面，文化和文明间的碰撞可能产生激发效应，引发公众间的矛盾以及民族和国家间的冲突。对此，哈佛大学教授塞缪尔·亨廷顿（Samuel P. Huntington）提出了著名的"文明冲突论"，明确指出决定未来冲突的是文化和文明。亨廷顿认为，在后冷战世界中，人们开始习惯于用祖先、语言、宗教、历史、习俗、价值观等文化因素来界定自己，这种文化上的自我认同在更广泛意义上讲就是对自身文明的认同，人们的文化属性代替了政治、经济属性占据了主导地位。"人们之间最重要的区别不是意识形态的、政治的或是经济的，而是文化的区别。"[①] 在此背景下，全球政治在历史上第一次成为多极的和多文明的，世界成为包含了七个或八个主要文明的世界，即中华（儒家）文明、西方文明、日本文明、印度文明、伊斯兰文明、斯拉夫—东正教文明（俄罗斯）、拉丁美洲文明和非洲文明（可能存在的）。[②] 而在这个新的世界里，"最普遍的、重要的和危险的冲突不再是社会阶级之间、富人和穷人之间或其他以经济来划分的集团之间的冲突，而是属于不同文化实体的人民之间的冲突。部落战争和种族冲突将发生在文明之内"。[③] 在亨廷顿看来，文化的共性和差异影响着国家的利益、对抗和联合，具有不同文化的国家间的关系是相互疏远和冷淡的，当然也可能是高度敌对的关系，文明之间更可能是竞争性共处；相反，文化的相似（相同）之处将人们带到了一起，并促进了相互间的信任和合作，使相互间的隔阂和误会消除。亨廷顿还指出了导致文明间产生冲突的六大因素：根深蒂固的宗教差别、不断增加的文明间互动产生相互矛盾的但不断增长的差别、民族国家作为群体认同源泉的作用不断削弱而宗教经常填补由此产生的空缺、非西方社会中社会经济的非西方化和本土化、文化特征的相对不可改变性、经济区

[①] [美] 塞缪尔·亨廷顿：《文明的冲突与世界秩序的重建》，周琪等译，新华出版社2012年版，第5页。

[②] [美] 塞缪尔·亨廷顿：《文明的冲突与世界秩序的重建》，周琪等译，新华出版社2012年版，第23—26页。

[③] [美] 塞缪尔·亨廷顿：《文明的冲突与世界秩序的重建》，周琪等译，新华出版社2012年版，第6页。

域主义增长强化了文明的意识。① 亨廷顿的"文明冲突论"承认了文明间的差异性,但过分夸大了因文明间的差异而产生的矛盾和冲突,因而招来了诸多批评和反对声音。例如,保加利亚学者亚历山大·利洛夫提出了"文明的对话"的论点。利洛夫认为,文明的对话是世界地缘政治的大趋势,人类的未来不取决于冲突,而取决于各种文明间的对话与互利合作。② 从近期和中期看,世界各地的文明既有对话也有冲突,但从长期来看,不是冲突而是互动,不是碰撞而是对话,不是地缘文化中的敌意和排斥而是兼容和相互影响。③ 德国学者哈拉尔德·米勒则提出了"文明的共处"的论点。米勒认为,全球的发展使得不同文化背景的国家之间的共同点会更加广泛地扩大而不是缩小,文化的差异既可能成为划分界限的原因,也可能演化为促进合作的原动力,"21世纪人类将会走向何方,这一切都取决于我们对待文化的态度"。④ 概论来说,一方面,民族和国家间的不同决定了文化和文明的多样性和差异性,由文化和文明间差异引发的矛盾冲突张力是客观存在的;另一方面,文化和文明是在人类发展的历史长河中共同形成和发展起来的,它具有共同性和共通性,文化和文明间的交流、对话与融合也可以有效化解矛盾和冲突。

公共外交的开展是以文化为基础的,其具有跨文化交流的属性,因而文化和文明间的相互融合程度也直接影响着公共外交的成效。"一带一路"倡议既横跨了儒释文化圈、伊斯兰文化圈、基督文化圈三大世界文化圈,同时也涉及了亨廷顿所说的中华(儒家)文明、西方文明、印度文明、伊斯兰文明、斯拉夫—东正教文明(俄罗斯)以及非洲文明等世界文明,其中涵盖的很多地区自古就是多民族、多文化、多文明的交流、汇聚、碰撞、并存之地。也就是说,"一带一路"域内民族众多、宗教林立、文化多样,其涵盖区域几乎全部包含了世界各主要文化形态和文明,

---

① [美] 詹姆斯·多尔蒂、小罗伯特·普法尔茨格拉夫:《争论中的国际关系理论》(第五版),阎学通、陈寒溪等译,世界知识出版社2013年版,第184页。
② [保] 亚历山大·利洛夫:《文明的对话:世界地缘政治大趋势》,马细谱等译,社会科学文献出版社2007年版,第86—87页。
③ [保] 亚历山大·利洛夫:《文明的对话:世界地缘政治大趋势》,马细谱等译,社会科学文献出版社2007年版,译者前言第5页。
④ [德] 哈拉尔德·米勒:《文明的共存:对塞缪尔·亨廷顿"文明冲突论"的批判》,郦红、那滨译,新华出版社2002年版,第298—299页。

仅中亚地区就长期受到突厥文化、佛教文化、波斯文化、伊斯兰文化、斯拉夫文化以及西方文化的影响，同时并存着哈萨克、土库曼、乌兹别克、吉尔吉斯、塔吉克、普什图、塔塔尔、俄罗斯、乌克兰、德意志、朝鲜等民族以及伊斯兰教、佛教、东正教、天主教、新教、犹太教等宗教。不同民族、不同文化和文明在思想、哲学、宗教、价值观念等方面都存在巨大的差异。梁漱溟先生就曾对中国、西方和印度所代表的三种不同文化或文明在宗教、哲学方面的异同进行了比较，进而揭示了不同文化和文明与其各自宗教、哲学之间复杂而深刻的关系（如表3—1所示）。毋庸置疑，文化和文明间的差异是客观、普遍存在的，这种差异往往容易引发公众间的隔阂和矛盾，而文化和文明间的相互理解和融合可以缓解矛盾、弥合公众裂痕。因此，"一带一路"公共外交的预期目标和成效也将在很大程度上受到"一带一路"域内各民族、各文化、各文明间相互理解和融合程度的影响。

表3—1　　　　　　　西洋、中国与印度三方思想情势简表

目别		西洋方面	中国方面	印度方面
宗教		初于思想甚有势力，后遭批评失土，自身逐渐变化以应时需	素淡于此，后模仿它方，关系亦泛	占思想之全部，势力且始终不坠，亦无变化
哲学	形而之上部	初盛后遭批评，几至路绝，今犹在失势觅路中	自成一种，与西洋印度者全非一物，势力甚普，且一成不变	与西洋为同物，但研究之动机不同，随着宗教甚盛，且不变动
	知识之部	当其盛时，掩盖一切，为哲学之中心问题	绝少注意，几可以说没有	有研究，且颇细，但不盛
	人生之部	不及前二部之盛，又粗浅	最盛且微妙，与其形而上学相连，占中国哲学之全部	归入宗教，几舍宗教别无人生思想，因此伦理念薄

资料来源：梁漱溟：《东西文化及其哲学》，商务印书馆2005年版，第76页。

三　域内外国家的政治社会环境

对象国的政治和社会环境是影响公共外交活动成效的一个重要外部因素，同样的公共外交活动，由于时间阶段的不同、对象国家的不同，

将可能导致其成效上出现较大的差异。这是因为在不同历史时期内，对象国国内政治社会局势稳定与否、对象国内部国家与社会的关系和谐与否、对象国国内社会公众对待公共外交实施国的态度和看法友好与否都将直接影响到公共外交的成效，对象国稳定有序的政治社会形势、和谐良好的国家与社会关系、社会公众对待公共外交实施国友好积极的态度和看法将有利于公共外交实施国取得良好的公共外交效果，反之，则不利于公共外交的开展、限制公共外交的效果。因此，任何国家在开展公共外交活动时都不可忽视对象国的政治社会环境。对于"一带一路"公共外交来说，"一带一路"公共外交的预期目标和成效也将深受"一带一路"域内外国家国内政治社会环境的影响，"一带一路"域内外国家的国内政治局势、政府与社会的关系、社会公众对中国的态度和看法都将深刻影响到"一带一路"公共外交的预期目标和成效。

首先，从"一带一路"域内外国家的国内政治局势来看，一些东南亚、中亚、南亚以及西亚、北非国家由于内部利益冲突、民族宗教矛盾、民主制度转型等问题导致国家政局不稳、社会震荡，这既威胁到"一带一路"建设，也将难以为"一带一路"公共外交的开展提供有利的政治社会环境。例如，泰国、缅甸等国在民主转型过程中面临着极大的政治风险。脆弱的民主制导致泰国自1932年实施君主立宪制以来先后已发生了近20次军事政变，资产阶级文官政府屡次被军队推翻，政变、军事管制、控制信息发布渠道、控制或传唤政要和麻烦制造者、建立政变当局、废除宪法和立法机构、觐见国王、组建过渡政府已经成为泰国军事政变的基本模式和行动逻辑。[①] 泰国政坛恐难实现真正的统一和稳定。而缅甸的民主化历程也并非一帆风顺，其民主转型尚在初期，民主制度尚不健全，诸多关系仍待协调。在缅甸政坛呈现出民盟党、军方、少数民族武装"多权力中心"并存的新权力格局下，多方博弈使得缅甸政局波澜迭起。此外，巴基斯坦、吉尔吉斯斯坦、伊朗、伊拉克、阿富汗、叙利亚等国也长期受到国内政治争斗、民族冲突、宗教矛盾等问题的困扰，加之外部势力的介入和干涉导致国家出现政局不稳、社会动荡的情况。

其次，从"一带一路"域内外国家的政府与社会关系来看，一些国

---

① 《泰国12次政变领导人出自同一军校》，新华网，2014年5月26日，http://news.xinhuanet.com/mil/2014-05/26/c_126550159_2.htm。

家国内社会反政府的声音和势力长期存在,"街头政治"、反政府示威活动不断发生,政府与社会的矛盾日益激化、政府与社会的关系日趋紧张,国家政权频频遭到社会民众的挑战甚至直接被民众所推翻。在一个社会与政府关系紧张、民众积极干预政治的泛政治化的"普力夺社会"(Praetorian)[①]中,"一带一路"倡议可能沦为社会与政府相互博弈和较量的牺牲品,"一带一路"公共外交也将难以得到相关国家公众(民众)的关注和参与。例如,席卷北非和阿拉伯世界的西亚北非政治社会大动荡就充分说明了政府与社会关系紧张所造成的严重后果。由于国家的专制统治、政治体制僵化、政府贪污腐败、国民经济衰退、失业率居高不下、贫富差距扩大、人民生活水平下降等原因,2010年至2011年,北非和阿拉伯世界一些国家民众纷纷走上街头,举行了大规模反政府抗议示威活动,要求本国政府作出让步或推翻本国专政体制。2010年12月,突尼斯民众由于长期以来对高失业率、高物价以及政府腐败的不满与国民卫队发生冲突,冲突随后迅速演变为全国范围内的大规模社会骚乱,在国内骚乱愈演愈烈的情况下,突尼斯总统本·阿里被迫逃往沙特,从而结束了其对突尼斯23年的独裁统治。突尼斯这场被称之为"茉莉花革命"的动乱迅速蔓延到其他阿拉伯国家,埃及、也门、利比亚、叙利亚等国家也纷纷爆发反政府抗议运动。2011年1月,埃及爆发了一系列街头示威、游行、骚乱、罢工等反政府活动,总统穆巴拉克被迫辞去总统职务;2011年1月,也门爆发反政府抗议活动,总统萨利赫被迫辞去总统职务;2011年2月,利比亚爆发反政府抗议活动,并最终导致利比亚战争的爆发和卡扎菲政权的灭亡;2011年3月,叙利亚多地爆发反政府抗议活动,并最终导致叙利亚内战的爆发。除上述国家之外,阿尔及利亚、黎巴嫩、约旦、巴林、沙特、阿曼、苏丹等其他北非和阿拉伯国家也都受到了不

[①] "普力夺社会"是亨廷顿所提出的一个政治学概念,用于特指政治制度化程度低而政治参与程度高的社会。在"普力夺社会"中,社会各阶级都积极参与政治,各阶级对原有的政治秩序纷纷表示不满,又无法就新的政治秩序形成共识,无法在民主的基础上建立一种有效的制度。亨廷顿指出:"在普力夺社会,各种社会势力相互赤裸裸地对抗,缺乏有效的政治制度去调停、升华、缓解各团体的政治活动。在这些团体中,对于什么才是解决它们之间冲突的合法而权威的途径,亦不存在共同的认识……在普力夺社会里,不仅政治活动家是各路好汉,用以分配官职和决定政策的方法也同样是五花八门。各个团体是八仙过海,各显神通。富人行贿,学生造反,工人罢工,民众暴动,军人就搞政变。"参见[美]塞缪尔·亨廷顿《变化社会中的政治秩序》,王冠华等译,上海人民出版社2008年版,第163页。

同程度的影响，爆发了一定规模的示威游行，最终以多国政府的让步而逐渐平息。这场动荡并未给北非和阿拉伯国家带来稳定、繁荣和自由，反而是更长时间的动荡、冲突和贫困。此外，随着经济的发展，一些东南亚国家社会各阶层的政治意识开始逐渐苏醒，并纷纷走上政治舞台表达自身利益诉求。从2006年到2014年，泰国富人与穷人之间、城市与乡村之间、精英与平民之间矛盾的日益激化使得街头抗争、街头政治几乎成为了泰国政治生活的主旋律，"彩衫运动""绿色政治组织""改革泰国学生及民众联盟""推翻他信政权人民军"等各类反政府组织活动频繁，泰国撕裂社会的裂口一直难以在矛盾对立愈演愈烈的情况下愈合。而缅甸也因修改"国民教育法"引发学生抗议、因通货膨胀和房价飙升引发工人罢工。

最后，从"一带一路"域内外国家社会公众对中国的态度和看法来看，域内外国家社会公众对中国国家形象的认知也将影响其对待"一带一路"倡议的态度，进而影响到"一带一路"公共外交的成效。近年来，由于中国在南海、东海等领土主权与海洋权益问题上与周边国家的摩擦以及中国在世界经济整体低迷的情况下仍保持经济较快发展导致欧美国家对"中国在分西方蛋糕"看法的强化，国际社会和"一带一路"域内外国家公众对中国国家形象的负面看法开始增多。国际社会和"一带一路"域内外国家公众对中国国家形象负面看法的增多将降低其对"一带一路"倡议的好感度和认可度，这也将对"一带一路"公共外交的开展产生消极影响。

四 国家间关系与地区地缘形势

公共外交在一定程度上是对传统政府间外交的补充和完善，国家间关系将会对公共外交的成效产生重要影响。这是因为，国家间的关系在很大程度上影响了公众的态度和看法，即国家间关系的好坏程度也影响着公众对他国的好感程度。当两国关系良好时，一国公众就倾向于认为本国政府和他国政府都采取了正确的行为和政策，因而对他国持正面、积极的态度和看法，对他国的好感度就高，相反，当两国关系紧张或者恶化时，一国公众就倾向于认为本国政府的行为和政策是正确的而他国政府的行为和政策是错误的，因而对他国持负面、消极态度和看法，对他国的好感度就低。荷兰学者高英丽（Ingrid d'Hooghe）在研究中国对英、法、德三国公共外交的效果时就发现,欧洲三国公众对中国态度的变化与三国与中国双边关系的变化具有一致性,并举例指出2006年后法国和德国公众对中国好感度的降低正值中法、中德关系的恶化期。[①] 也就是说,在两国关系良好的情况下,实施国开展的公共外交活动通常能够获得对象国公众的支持和参与以及良好的社会氛围,公共外交活动也通常能够取得良好的成效;而在两国关系紧张或者恶化的情况下,实施国开展的公共外交活动将会被视为是有不良企图或不具合法性而遭到对象国公众的排斥和反对,公共外交活动将难以取得良好的成效。

对于"一带一路"公共外交而言,由于利益、诉求相近,目前中国与俄罗斯、蒙古、巴基斯坦、中亚国家、中东欧国家、非洲国家等国家双边关系发展良好,这些国家的公众更倾向于将中国视为"朋友"和"伙伴",因此在这些国家开展和实施"一带一路"公共外交将更容易获得公众的支持和参与,也将更容易取得良好的成效。另外,由于利益、诉求的矛盾和冲突,中国与美国、日本、印度、菲律宾、越南等国双边关系的发展面临较大的现实挑战,美国、日本、印度等全球性和区域性大国与中国之间的"战略性竞争"和"战略性抗衡"状态使得这些国家的公众对中国怀有天然的不信任感,更倾向于将中国视为"对手"而非"朋友",菲律宾、越南等周边国家与中国之间的领土主权和海洋权益争端也使得这些国家的民族主义和民粹主义迅速兴起和蔓延,公众产生强烈的排华、反华情绪,因此在这些国家开展和实施"一带一路"公共外交将面临更大、更多的问题和阻力。

除双边因素以外,地区地缘政治和安全形势也将深刻影响着国家间关系的发展和公众态度的变化,进而影响到公共外交的成效,"一带一路"公共外交也同样如此。具体来说,在东南亚地区,地区地缘政治和安全形势的变化对东南亚国家的对外关系产生了复杂的影响。出于对崛起后中国对外意图的担忧和恐惧,加之西方社会对"中国威胁论"的大肆宣扬,东南亚国家与中国并未建立起牢固的战略互信,相反,由于历史上东南亚众多国家曾长期沦为西方国家的殖民地,受西方国家影响深

---

① Ingrid d'Hooghe, "The Limits of China's Soft Power in Europe: Beijing's Public Diplomacy Puzzle", Netherlands Institute of International Relations, January 2010, http://www.clingendael.nl/sites/default/files/20100100_cdsp_paper_dhooghe_china.pdf.

远，导致东南亚国家更容易在政治上依赖西方。在中国日益崛起和美国印太战略持续推进的大背景下，东南亚国家在中美之间摇摆不定，呈现出经济上依靠中国、政治和安全上依靠美国的复杂局面。而随着南海局势的持续升温，越南、菲律宾、泰国、马来西亚、印度尼西亚等国纷纷加强了与美国、日本、印度等大国的联系与互动，力图借助美国、日本和印度的力量来保护自身的安全、增强自身影响力以应对中国崛起后对其产生的影响。其中，越南、菲律宾则更是试图通过强化与美国和日本的关系来平衡和抵御中国在南海地区的"扩张"。在这种情况下，东南亚国家可能在美国和日本的影响下对"一带一路"倡议施加更多压力，"一带一路"公共外交也将在该地区面临更大挑战。在中东地区，日益严峻的地区安全形势和反恐局势也使得中东国家与中国、美国等西方国家的关系进入新的调整时期。"9·11"事件之后，美国高举"反恐"大旗发动了伊拉克战争和阿富汗战争，重创了"基地"组织，但同时也导致中东地区权力真空的出现、地区局势的动荡以及极端思潮的泛滥。美国单边遏制对抗的反恐战略并未清除恐怖主义毒瘤，各类极端组织迅速发展蔓延。其中，2014年前后迅速崛起的"伊斯兰国"极端组织（ISIS）成为国际恐怖极端势力的主干。"伊斯兰国"极端组织是近年来中东地区最危险的极端恐怖组织，分支遍布中东、中亚、东南亚、南亚各国，其利用叙利亚内战和伊拉克教派冲突迅速壮大，占领了两国重要地区并获得了大量战略物资和先进武器。"伊斯兰国"极端组织采取暴力、叛乱与常规军事手段相结合的方式，制造恐怖袭击、屠杀异教徒和平民、暗杀政治对手以及训练外国恐怖分子，对地区和全球安全构成严重威胁。在强大的国内国际压力之下，美国对国家反恐战略进行了重新调整，强化了反恐在国家安全布局中的地位，组建了由其欧洲盟友、阿拉伯国家和其他亲美国家等60多个国家组成的国际反恐联盟来对"伊斯兰国"极端组织实施系统的军事打击。随着地区安全形势和反恐局势的恶化，中东地区"亲美"和"反美"的二元地缘结构将得到进一步强化，由埃及、沙特、伊拉克及其他海湾国家组成的亲美阵营将进一步在政治和安全方面倒向美国，美国对其控制程度也将进一步加深；而由伊朗、叙利亚等国组成的反美阵营则进一步疏远与美国及其盟友的关系，进一步向俄罗斯、中国等国靠拢。在这种情况下，中东亲美国家对待中国及"一带一路"倡议的态度将更多地受到美国的影响，"一带一路"公共外交在这些国家将面临更加复杂的局面。在欧洲地区，地区地缘政治和安全形势的变化将推动俄罗斯进一步强化与中国、蒙古及中亚国家的关系。目前，俄罗斯在欧洲地区面临一系列地缘政治和安全挑战。乌克兰危机以来，俄罗斯与美欧的关系日趋紧张，美欧对俄罗斯的制裁一度达到巅峰。在这种情况下，俄罗斯将战略重心转向亚太，希望通过全面加强与中国、蒙古及中亚各国的关系来抵御美欧和北约的战略挤压。2014年，中俄双方发表联合声明，将中俄关系提升至"全面战略协作伙伴关系"，进一步巩固了中俄两国的良好关系。2016年，面对来自美欧和北约日益增大的战略压力，俄罗斯与中国发表了《中俄关于加强全球战略稳定的联合声明》，中俄两国间的安全战略合作得到进一步加强。2019年，中俄双方再次发表联合声明，将中俄关系提升为"新时代全面战略协作伙伴关系"。中俄关系的不断强化还将有助于推动中俄与蒙古及中亚各国间的合作，这既有利于"一带一路"倡议与俄罗斯"欧亚经济联盟"、哈萨克斯坦"光明之路"经济发展战略和蒙古"草原之路"计划相对接，也为"一带一路"公共外交在这些国家的开展和实施创造了有利条件。总的来说，国家间关系与地区地缘形势是影响"一带一路"公共外交成效的重要因素，在开展和实施"一带一路"公共外交的过程中需要充分考虑到国家间关系与地区地缘形势的影响。

第四章

"一带一路"公共外交的策略规划

公共外交是一项由众多项目组成的系统性工程。面对复杂的国际公众，需要结合公共外交的预期目标、根据公共外交的实施环境拟定一套行之有效的策略规划，对公共外交的体制架构、策略安排、开展形式、效果评估等事务和工作进行明确、妥善的筹划和安排，以确保公共外交各项活动有序、有效开展。可以说，公共外交规划就是公共外交活动的行动路线图。[①] 通常情况下，在拟定公共外交规划之前，一国需要明确开展公共外交活动所要追求的目标，分析和评估开展公共外交的自身条件和所面临的内外部环境，然后再结合公共外交的预期目标和实施环境来拟定公共外交规划，明确公共外交的体制架构、确定公共外交的策略安排、选择公共外交的开展形式、制定公共外交的评估体系等。因此，本章主要从体制架构、策略安排、形式选择、效果评估等方面对"一带一路"公共外交的策略规划进行研究和探讨。

第一节 "一带一路"公共外交的体制架构

公共外交体制是涉及公共外交实施主体规定性的问题，公共外交体制决定着公共外交实施主体活动和行为的方式、模式、规范及准则，公共外交活动的开展和实施需要建立与公共外交实践相适应的体制，明确公共外交实施主体的领导隶属关系和管理权限划分。与严肃、正式的政府外交不同，公共外交以国际公众为实施对象，与国际公众通常以宽松、生动、灵活、非正式的方式进行交流和互动，处理问题的弹性较大。因

[①] 韩方明主编：《公共外交概论》（第二版），北京大学出版社2012年版，第150—151页。

此，公共外交的独特性就要求公共外交体制要区别于传统外交体制，在体制架构上保持其相对独立性。① 那么，到底何为"体制"？《辞海》将"体制"解释为"国际机关、企业和事业单位机构设置和管理权限划分的制度。如国家体制、企业体制"。② 《简明社会科学辞典》也将"体制"解释为"关于国家机关、企事业单位的机构设置、隶属关系和权限划分等方面的体系和制度的总称"。③ 根据各类关于"体制"的界定，可以认为公共外交体制也主要包括机构设置、隶属关系、权限划分等部分。"一带一路"公共外交作为一种具体的公共外交形态，也需要从机构设置、隶属关系、权责分配、组织运行等方面来对其体制架构进行探讨和明确。

一 机构设置与定位

公共外交是现实的外交行为和外交实践，需要建立相应的组织机构来保障其开展和实施。一般来说，在公共外交实践中，根据所承担公共外交工作性质和职能的不同可以将负责实施公共外交的部门和机构分为四类：领导部门、业务部门、基层部门、民间部门。④ 具体来说，"一带一路"公共外交在机构设置方面也大致可以分为这四类。

首先，从领导部门来说，"一带一路"公共外交的领导部门为中央推进"一带一路"建设工作领导小组下属公共外交机构。公共外交领导部门的设置需要考虑两方面问题：一是公共外交领导部门的定位；二是公共外交领导部门的设置方式。在定位上，公共外交涉及对外传播、经济、教育、科技、文化、艺术、体育、军事等诸多领域，外交部门、外宣部门、文化部门、教育部门等其他涉外部门都在不同层面涉及公共外交事务，这些部门行政级别相同或等同、工作相互独立、有着各自的运行方式。因此，公共外交的领导部门在性质上应该是一个组织协调机构，而非具有行政权力的行政机构。原因在于，如果公共外交领导机构是具有行政权力的行政机构，那么要将各个政府部门整合起来合力开展公共外交活动就要求公共外交的领导机构在行政级别上要高于这些部门，也就

---

① 赵可金：《公共外交的理论与实践》，上海辞书出版社2007年版，第165—166页。
② 上海辞书出版社编：《辞海》（政治法律分册），上海辞书出版社1978年版，第142页。
③ 《简明社会科学辞典》编委会：《简明社会科学辞典》，上海辞书出版社1982年版，第499页。
④ 赵可金：《公共外交的理论与实践》，上海辞书出版社2007年版，第167—171页。

是说，需要在国家和中央层面来设置公共外交的领导机构，而这在现实中通常是难以实现的。在设置方式上，公共外交领导部门的设置通常有两种方式：一是利用既有的政府外交体制，将公共外交领导部门设置在政府外交体制内部；二是在既有政府外交体制之外，单独设置公共外交的领导部门，将公共外交的组织机构从政府外交体制中独立出来。这里需要说明的是，由于公共外交与政府外交在追求目标、实施对象、实施手段、运行方式等方面存在客观差别，所以即使利用既有政府外交体制，也需要在政府外交体制中单独设立公共外交领导部门，将两种不同性质的外交形式相对区分开来。结合中国外交体制和"一带一路"建设实际，就"一带一路"公共外交领导部门而言，可在中央推进"一带一路"建设工作领导小组下成立公共外交领导机构，统一领导和协调各类涉外机构和部门开展"一带一路"公共外交。进一步来说，鉴于公共外交的特殊性，公共外交领导部门在具体的组织形式上最适合采取委员会制度。[①]这是因为委员制具有"能够集思广益，博采众长，分工明确，相互监督，可以减少失误，较有利于行政系统的开放性"等优点。[②] 因此，可在中央推进"一带一路"建设工作领导小组下成立由党和国家领导人以及外交部门、外宣部门、外联部门、文化部门、教育部门、商务部门、国防部门等涉外部门负责人组成的"公共外交委员会"来作为"一带一路"公共外交的领导部门。

其次，从业务部门来说，"一带一路"公共外交的业务部门为领导部门下属机构及各领域职能机构。业务部门是公共外交事务的筹划者、管理者和执行者，在公共外交的组织机构中处于承上启下的重要地位。"一带一路"公共外交的业务部门主要包括两类：一是"一带一路"公共外交领导部门的下属机构，如在"公共外交委员会"下设的负责对外宣传与传播事务、教育文化事务、国际公关事务、组织协调事务等不同公共外交事务的司局或分委员会。各司局或分委员会需要在对外传播领域、教育文化领域、公共关系领域、民间交流领域等选拔优秀人才加入。二是涉及"一带一路"公共外交事务的政府各职能部门，包括外宣部门、外交部门、教育部门、文化部门、商务部门、旅游部门、体育部门、侨

---

① 赵可金：《公共外交的理论与实践》，上海辞书出版社2007年版，第168页。
② 王沪宁：《行政生态分析》，复旦大学出版社1989年版，第186页。

务部门、国防部门、新闻出版部门等。

再次，从基层部门来说，"一带一路"公共外交的基层部门为驻外使领馆。驻外使领馆作为进行对外联系和沟通的主要渠道和基础单位直接面对国外公众，处于开展和实施"一带一路"公共外交的第一线，承担着对外宣传与联络、文化教育交流、人员往来互访等许多具体的"一带一路"公共外交事务。同时，在驻外使领馆内部，也可以成立公共外交协调机构，将驻外使领馆政治处、新闻处、领事部、商务处、文化处、教育处、科技处、武官处等部门的相关对外联络与交流职能整合起来，统一组织实施"一带一路"公共外交的各项活动和任务。例如，中国驻美国大使馆就设立了"新闻和公共外交处"来专门负责使馆对外新闻、与社会各界关系和公共外交工作。[①]

最后，从民间部门来说，"一带一路"公共外交的民间部门为受政府支持、授权和委托的高校、企业、社会组织、人民团体和民间交流机构等各类非政府行为体。鉴于公共外交对象的特殊性，民间和社会性力量往往比政府及其机构更容易获得国际公众的好感和接受，对国际公众的影响也更为持久和深远，因而公共外交活动需要尽可能淡化官方色彩、保持"民间面孔"以降低国外公众的抵触和排斥。对此，"一带一路"公共外交在发挥各类政府行为体作用的同时，更需要依靠和借助广大的民间和社会力量，通过支持、授权、委托、资助高校、企业、媒体、社会组织、人民团体和民间交流机构等各类非政府行为体来有针对性地组织开展"一带一路"公共外交活动。具体来说，除了高校、企业、媒体以及中国全国归国华侨联合会、中国人民外交学会、中国人民对外友好协会、中国国际友好联络会、中国对外文化交流协会等从事对外民间友好交流事业的人民团体和社会组织，国内外其他涉及政治、经济、文化、教育、科技、传播、体育、宗教等各领域、各行业的社会机构、社会组织和协会组织也将是"一带一路"公共外交的重要依靠力量。

二 隶属关系与层级

领导隶属关系是公共外交体制中的重要一环，其涉及公共外交体制

[①] 参见中华人民共和国驻美利坚合众国大使馆网站，http://www.china-embassy.org/chn/sgxx/jgsz/。

的层级结构。从行政学角度来看，任何行政系统要能有效行动，就必须明确系统中行政个体或机构相互之间的领导与被领导、指导与被指导的关系，只有这样才能在统一协调下共同完成行政系统确定的目标。[①] 对公共外交而言，也只有明确了不同层级公共外交部门和机构的领导隶属关系才能实现公共外交的各项目标和任务。因此，"一带一路"公共外交的有效开展和实施需要明确各部门领导隶属关系，将各部门纳入特定的领导管理体系以统一各部门工作步调，统筹全局、整体运作。

首先需要明确的是"一带一路"公共外交领导部门的隶属关系。中央推进"一带一路"建设工作领导小组下属的公共外交领导机构（如"公共外交委员会"）是"一带一路"公共外交的领导部门，其应该受中央推进"一带一路"建设工作领导小组的领导，直接对中央推进"一带一路"建设工作领导小组报告工作。之所以将"一带一路"公共外交领导机构作为中央推进"一带一路"建设工作领导小组的直属独立机构是为了保证公共外交部门的独立性和自主性，避免由于对政府外交的过分强调而造成对公共外交事务的忽视。在全球化时代下，现代外交越来越呈现出由政府外交和公共外交协调发展的局面，政府外交和公共外交共在一国整体外交中如同鸟之两翼、车之双轮，二者相互促进、相互补充，共同推动着国家外交事业的发展。如果将公共外交领导机构置于外交部的领导之下、借助政府外交部门处理公共外交事务将可能限制公共外交的灵活性和自主性甚至导致公共外交的偏废，因而公共外交的有效实施就需要在组织架构中确保公共外交部门的独立性和自主性，不可"借船出海""借树开花"。

除了明确"一带一路"公共外交领导部门的隶属关系，"一带一路"公共外交业务部门、基层部门和民间部门的隶属关系也需要进一步明确。具体来说，"一带一路"公共外交领导部门（"公共外交委员会"）的下属机构（如分别负责对外宣传与传播事务、教育文化事务、国际公关事务、组织协调事务等不同公共外交事务的各司局或分委员会）作为"一带一路"公共外交的业务部门直接受"一带一路"公共外交领导部门的领导、直接对"一带一路"公共外交领导部门负责，而涉及"一带一路"公共外交事务的政府各职能部门（如外宣部门、外交部门、教育部门、

[①] 王沪宁：《行政生态分析》，复旦大学出版社1989年版，第184页。

文化部门、商务部门、旅游部门、体育部门、侨务部门、国防部门、新闻出版部门等）作为"一带一路"公共外交的业务部门虽然在行政隶属上归中央政府及其政府外交体制管理，但涉及"一带一路"公共外交等公共外交事务，则需要接受"一带一路"公共外交领导部门的领导和指导；与政府各职能部门一样，驻外使领馆作为"一带一路"公共外交的基层部门在行政隶属上归政府外交体制管理，在"一带一路"公共外交等公共外交事务上接受"一带一路"公共外交领导部门和业务部门的领导和指导；而受政府支持、授权和委托的高校、企业、媒体、社会组织、人民团体和民间交流机构等各类非政府行为体作为"一带一路"公共外交的民间部门虽然大部分与"一带一路"公共外交领导部门、业务部门和基层部门不存在直接的行政隶属关系，但在涉及"一带一路"公共外交事务上则需要接受"一带一路"公共外交领导部门、业务部门、基层部门等支持、授权和委托部门的指导和引导。

此外，这里需要说明的是，"一带一路"公共外交领导部门在本质上是一个组织协调机构而非行政机构，因此"一带一路"公共外交领导部门对其业务部门、基层部门、民间部门的领导或指导并不是通过行政权力以行政命令的方式进行，而是"依靠独立的预算计划、采用项目运作与信息咨询的方式、引入市场化的运作机制、注重民主平等的对话交流"[1] 等方式来领导和引导其他部门的"一带一路"公共外交事务和工作、推动"一带一路"公共外交的开展和实施。

三　权责分配与分工

权责分配或权限划分涉及公共外交体制的职位结构。根据行政学系统理论的观点，在明确了行政系统中各个行政个体或机构的领导隶属关系之后，还应进一步确认每个行政个体或机构在系统中的活动范围，也就是每个行政个体或机构的权限、任务、责任和义务。通过对每个行政个体或机构权限的确认来将整个行政系统的功能分解为更小的功能，并由各个行政个体或机构加以完成，即在保证行政个体或机构得以自主和灵活地行动的同时确保行政系统的有效运转。[2] 因此，"一带一路"公共

---

[1]　赵可金：《公共外交的理论与实践》，上海辞书出版社 2007 年版，第 173、176 页。
[2]　王沪宁：《行政生态分析》，复旦大学出版社 1989 年版，第 184—185 页。

外交各部门的权力和职责也需要进行确认和明确。

　　首先，就"一带一路"公共外交领导部门而言，"一带一路"公共外交领导部门的权责应主要包括以下方面：一是统一领导和协调"一带一路"公共外交业务部门、基层部门、民间部门开展和实施"一带一路"公共外交；二是制定和策划"一带一路"公共外交战略、方针和政策，负责规划和指导"一带一路"公共外交各项宏观性、全局性、方向性议题；三是定期召开例会沟通了解"一带一路"公共外交开展实施情况，定期向中央推进"一带一路"建设工作领导小组报告工作并提供政策建议和咨询；四是负责处理人事任免、项目立项和财务预算等各类涉及"一带一路"公共外交的重大事项，处置涉及"一带一路"公共外交的各类紧急状况和突发事件；五是开发、整合和调动国内包括人力、物力、财力、设施等物质资源和制度、体制、历史、文化、智力等非物质资源在内的各类"一带一路"公共外交资源，做好"一带一路"公共外交资源的使用和投放规划以实现资源的优化配置和效用最大化；六是对国内非政府行为体的"一带一路"公共外交活动进行有计划的引导与规范，并加大对国内非政府行为体的培训力度、提升其公共外交素养以及参与公共外交事务的能力。

　　其次，就"一带一路"公共外交业务部门而言，"一带一路"公共外交业务部门的权责应主要包括以下方面：一是贯彻执行"一带一路"公共外交领导部门制定的"一带一路"公共外交策略、方针和政策，开展"一带一路"公共外交活动，处理"一带一路"公共外交具体事务，起草"一带一路"公共外交工作领域相关法律法规草案和政策规划；二是负责"一带一路"公共外交各领域调查，尤其是"一带一路"域内外国家的社会民意调查，全面认识、把握和区分"一带一路"域内外国家普通公众、社会精英、意见领袖等不同公众群体对待"一带一路"倡议的态度、期待和诉求；三是研究和分析国际形势、国际关系和"一带一路"公共外交中全局性、战略性问题，研究"一带一路"公共外交工作的思路和议题，为"一带一路"公共外交领导部门制定"一带一路"公共外交策略、方针和政策提出建议；四是定期向"一带一路"公共外交领导部门报告"一带一路"公共外交开展实施情况，定期对外发布"一带一路"公共外交重要活动信息；五是定期对"一带一路"公共外交运行情况进行调查评估，及时发现"一带一路"公共外交实施过程中出现的问题和偏差并进行解决和纠正；六是负责就"一带一路"公共外交各领域的工作进行协调，指导基层部门和民间部门的"一带一路"公共外交业务工作。

再次，就"一带一路"公共外交基层部门而言，"一带一路"公共外交基层部门的权责应主要包括以下方面：一是贯彻执行"一带一路"公共外交领导部门制定的"一带一路"公共外交策略、方针和政策，完成"一带一路"公共外交领导部门、业务部门安排的"一带一路"公共外交各项具体工作任务；二是负责与所在国各级地方政府、民间组织等联络，围绕"一带一路"建设加强与各级政府友好交往、开展民间交流活动；三是联系安排"一带一路"公共外交新闻事务，促进中国与所在国新闻界的沟通与交流，处理双方媒体记者就"一带一路"倡议采访等事务；四是加强中国与所在国工商界的沟通与交流，宣传、介绍中国对外开放政策和"一带一路"倡议，推动更多所在国企业加入"一带一路"合作项目；五是围绕"一带一路"建设促进中国与所在国双边教育交流合作以及文化交流合作，促进汉语推广、吸引更多所在国学者和学生赴华研究和学习，筹办和协助面向所在国公众的大型文化活动及多边国际文化活动，协调中国针对所在国在文化、广播、电视、电影、体育、出版、青年、妇女、民政、旅游等方面的交流项目；六是就"一带一路"公共外交的开展实施情况以及在此过程中发现的问题及时向"一带一路"公共外交领导部门、业务部门报告，并提出相关改进建议和策略。

最后，就"一带一路"公共外交民间部门而言，"一带一路"公共外交民间部门的权责应主要包括以下方面：一是完成"一带一路"公共外交领导部门、业务部门、基层部门等支持、授权和委托部门委托和交付的各项"一带一路"公共外交任务；二是通过媒体传播、教育交流、文化交流、经贸交流、体育赛事、国际研讨会、座谈会、联谊会、社交酒会等多种形式向"一带一路"域内外国家公众全面、准确、鲜活地展示、宣介和传播"一带一路"倡议，增进"一带一路"域内外国家公众对"一带一路"倡议的了解与认知，并深化其对"一带一路"倡议的认同与支持；三是收集整理"一带一路"域内外国家政治、经济、文化、社会等领域的相关资料，调查研究"一带一路"域内外国家公众对本国和中国外交政策、外交战略以及"一带一路"倡议的态度和看法，对"一带一路"公共外交的开展和实施提出符合实际且具有建设性、创造性的思路、建议和可行性报告，为"一带一路"公共外交提供决策依据和智力支持;四是在"一带一路"公共外交活动开展过程中与支持、授权和委托部门保持密切沟通,并就"一带一路"公共外交活动的开展情况向支持、授权和委托部门及时反馈。

四 组织运行与管理

组织运行与管理涉及公共外交体制的程序结构。行政学系统理论认为,行政系统由众多的行政个体或机构构成,每个行政个体或机构都履行着自己分配来的功能,一个行政系统能否达到高度的一体化与行政系统的程序结构密切相关。程序结构即各个行政个体或机构相互之间的结合、功能之间的配合,也就是指各个行政个体或机构在活动中如何接应与配合、如何衔接与运作。[①] 因此,需要对"一带一路"公共外交的程序结构,即"一带一路"公共外交的组织运行和组织管理进行确认和明确。

与政府外交不同,公共外交是一种以国际公众为实施对象和工作重心,以改变国际公众心目中国家形象定位、获得人心和思想认同的外交努力,因而其在整个体制安排和组织运行上表现出鲜明的"服务外交"的特色,即公共外交实施国通过向国际公众提供信息、交流项目、文化产品等服务来帮助国际公众了解公共外交实施国的真实想法和实际做法,消除国际公众由于各类主客观原因导致的对公共外交实施国的误解和消极认知。[②] 基于以上对公共外交特征的考量,"一带一路"公共外交在组织运行方面需要遵循以下原则和要求。一是在活动方式上要注重采取项目驱动的方式。"一带一路"公共外交的实施对象是"一带一路"域内外国家公众,各国公众在情感态度、思想观念、价值取向、利益诉求方面都存在巨大差异。因此,为提高"一带一路"公共外交的有效性就需要针对不同国家公众、不同对象群体的特点和需要来开展公共外交活动。鉴于项目运作具有"目标更明确、资源更集中、责任更具体"等优势,通过采取项目驱动机制,向"一带一路"域内外不同国家公众、不同对象群体实施有针对性的公共外交项目(如文化交流项目、留学访学项目、社会援助项目、市民交换项目、民众互访项目),可以极大地提高"一带一路"公共外交的有效性。二是在参与方式上要注重吸纳民间和社会力

---

① 王沪宁:《行政生态分析》,复旦大学出版社1989年版,第184页。
② 赵可金:《公共外交的理论与实践》,上海辞书出版社2007年版,第175页。

量的参与。由于政府行为体自身所具有的官方性质和政治色彩,以政府的身份直接出面推动和实施的公共外交项目往往较难获得国际公众的接受和认可。因此,"一带一路"公共外交项目更多地需要依靠各类民间机构和社会力量来具体实施,政府在大多数时候只负责在幕后进行指导和引导并为其提供项目实施所需的各类支持,这样就可以保持"一带一路"公共外交项目呈现出鲜明的"民间面孔",使"一带一路"域内外国家公众产生一种平等感、亲近感和信任感,进而确保对"一带一路"域内外国家公众产生更加持久而深远的影响。三是在工作方法上要采取灵活多样、富有弹性的工作方法。公共外交与政府外交在工作方法上也存在很大的差别,政府外交是主权国家委派的代表之间正式的、官方的、政府对政府的互动,① 因而其工作方法也是严谨的、明确的以及程式化的,而公共外交则较少受到政府外交所需考虑的各种限制性因素和条件的影响,因而其工作方法是灵活的、多样的以及富有弹性的。② "一带一路"公共外交作为中国公共外交的一种具体形态,虽然具有官方背景,但不必过多受到政府外交所需考虑和注意的限制性因素和条件的影响,因而在工作方法上要不局限于常规的政府外交工作方法,要采取灵活多样、富有弹性的工作方法,调动一切可以调动的积极因素、凝聚一切可以凝聚的积极力量来推动"一带一路"公共外交的开展和实施。四是在议题设置和处置上要立足于长远、坚持以发展的眼光看待问题。公共外交以塑造良好国家形象、赢得国际公众的好感和思想认同为追求目标,而良好的形象、公众的好感和思想认同需要在国家软实力的作用下通过长时间经营和培育才能获得,这不同于在强大综合国力尤其是硬实力的支撑下短时间内就可确保国家利益得以维护和实现的传统政府外交。公共外交目标实现的渐进性决定了开展公共外交需要立足于长远、坚持以长远和发展的眼光看待和处理问题。③ 对"一带一路"公共外交而言,获取"一带一路"域内外国家公众对"一带一路"倡议的认同与支持是其重要目标,而"一带一路"域内外国家公众对"一带一路"倡议的认同与支持

---

① [美]路易斯·戴蒙德、约翰·麦克唐纳:《多轨外交:通向和平的多体系途径》,李永辉等译,北京大学出版社 2006 年版,第 2 页。
② 赵可金:《公共外交的理论与实践》,上海辞书出版社 2007 年版,第 177 页。
③ 赵可金:《公共外交的理论与实践》,上海辞书出版社 2007 年版,第 178 页。

也需要经过长期的经营和培育才能获得。因此，开展和实施"一带一路"公共外交也应该有长远考虑，在议题设置和处置上能够以长远和发展的眼光看待、思考和处理问题，避免因过分强调眼前一时得失或短期利益而忽视或损害了长远利益，循序渐进地培育"一带一路"域内外国家公众对"一带一路"倡议的好感、理解和认同。

在行政学系统理论看来，除了明确组织运行的原则和要求之外，行政系统还需设立一些组织管理原则才能保障行政系统更加合理、有效、灵活地运转。[①] 对此，"一带一路"公共外交在组织管理方面需要遵循以下原则和要求：一是完整统一的原则。所谓完整统一，就是"一带一路"公共外交各层级各部门是一个完整的统一体。各个部门发挥不同的功能，相互之间密切配合、互为条件，构成一个有机的、完整的、统一的整体，减少相互间的冲突和矛盾。"一带一路"公共外交要贯彻完整统一的原则，首先要坚持职能目标的统一，即"一带一路"公共外交各部门都要在"一带一路"公共外交总体目标下开展工作和活动，各部门的工作要服从总体目标，不可与总体目标发生冲突；其次要坚持机构设置的统一，即"一带一路"公共外交机构设置要配套、功能要完备齐全、领导隶属关系要明确；最后要坚持领导指挥的统一，即"一带一路"公共外交业务部门、基层部门和民间部门要遵循领导部门的统一领导和统一安排，协调一致地开展和实施"一带一路"公共外交。二是分权管理的原则。"一带一路"公共外交的组织管理既要完整统一，又要分权管理。所谓分权管理，就是要将"一带一路"公共外交不同的职能和权限归于不同的部门，将整个"一带一路"公共外交的总任务分解为不同的分任务由不同的部门来加以完成，进而提升"一带一路"公共外交的工作效率。三是职、权、责一致的原则。在行政管理活动中，职务、权力、责任三者是互为条件的，必须是相称和均衡的，要有职、有权、有责。[②] "一带一路"公共外交要贯彻职、权、责一致的原则，首先要明确各个部门的职能范围，其次要赋予各部门相应的权力，最后要明确各部门所承担的责任，做到各部门各司其职、各行其权、各负其责。四是民主参与决策和管理的原则。"一带一路"公共外交的领导部门并不是具有行政权力的行

---

① 王沪宁：《行政生态分析》，复旦大学出版社1989年版，第185页。
② 黄达强、刘怡昌主编：《行政学》，中国人民大学出版社1988年版，第118页。

政机构而是组织协调机构,因此需要坚持民主参与的原则,通过各种渠道和方式吸纳"一带一路"公共外交其他部门及其工作人员以及社会各界人士共同参与"一带一路"公共外交的民主决策和民主管理,为"一带一路"公共外交策略、方针、政策制定和实施以及其他相关议题的设置和处置建言献策、贡献自己的智慧。五是调动人的积极性的原则。"一带一路"公共外交是一项系统性工程,涉及经济、教育、人文、传媒、科技、体育等诸多领域,社会组织、民间机构、社会精英、公众个人等各类非政府行为体是开展和实施"一带一路"公共外交的重要依靠力量,"一带一路"公共外交的开展和实施有赖于各领域、各行业人才的共同推动。因此,"一带一路"公共外交需要坚持调动人的积极性的原则,努力调动和激发各领域、各行业人才参与"一带一路"公共外交事务的积极性和主动性,将各领域、各行业人才吸引到"一带一路"公共外交实践中来,不断充实和壮大"一带一路"公共外交队伍。

第二节 "一带一路"公共外交的策略安排

在公共外交策略规划中,根据公共外交的预期目标和实施环境来制定符合自身实际的、适当具体的实施策略或策略方案是其重要一环。一般来说,公共外交的实施策略或策略方案需要就公共外交的主题形象定位、媒体信息传播、公关营销促进、教育文化交流、危机风险应对等问题做出明确、适当的安排以为公共外交实践指明方向。因此,在明确了"一带一路"公共外交的体制架构之后,就需要确定"一带一路"公共外交的实施策略以指导"一带一路"公共外交实践。具体来说,"一带一路"公共外交的实施策略主要包括主题形象策略、信息传播策略、公关营销策略、人文交流策略以及危机管控策略。

一 主题形象策略

通常情况下,一国开展公共外交活动时需要设计出具有自身特色的、辨识度较高的主题信息和形象标识以给国际公众留下深刻的印象、获得国际公众的接纳和认可。在国际社会中,很多国家在开展公共外交时都设计了特定的主题来提升其公共外交的辨识度和知名度,如俄罗斯将公共外交主题确定为"拥抱世界的俄罗斯"[①]、英国将公共外交主题确定为"创意英国"、加拿大将公共外交主题确定为"人类安全"、挪威将公共外交主题确定为"和平家园"、以色列将对美国公共外交主题确定为"插入美国心脏",日本将对美国公共外交主题确定为"购买华盛顿"[②]。除了设计特定的主题,很多国家为了让国际公众更好地了解、认识和接纳自己,还更多地运用标志、符号、图案、人物、动物等来作为对外展示、推销本国形象的标识。如法国的埃菲尔铁塔和高卢雄鸡、英国的伦敦塔桥和金狮、美国的自由女神像和白头鹰、印度的泰姬陵和大象等。因此,开展和实施"一带一路"公共外交也需要设计出定位准确、特色鲜明的主题信息和形象标识。

具体来说,可将"一带一路"公共外交的主题确定为"携手共建'一带一路'"。"一带一路"是一项地理跨度大、涉及人口多、覆盖领域广的宏大战略性、系统性工程,其有赖于欧亚非拉各国的共同参与,因此"一带一路"倡议所秉持的原则是共商、共建与共享。所谓"共商",是指"一带一路"倡议坚持平等协商、共同决策,不搞"一言堂""一刀切",欧亚非拉各国无论大小、强弱、贫富都是"一带一路"倡议的平等参与者,都可以为"一带一路"建设建言献策。所谓"共建",是指"一带一路"倡议不是中国一国主导的国际合作倡议,也不是中国的对外援助计划,更不是中国版的"马歇尔计划",而是欧亚非拉各国共同参与的、共同行动的、开放的国际合作倡议,任何有意愿的国家和经济体均可参与进来共同建设。所谓"共享",是指"一带一路"倡议不搞零和博弈,不搞利益攫取,不搞对外扩张,"一带一路"建设所取得的成果和带来的利益由全体参与建设国家或经济体共同享有。中国政府也明确指出"一带一路"是欧亚非拉各国共同协商、共同建设、共同享有的事业,并多次向世界表明中国将继续秉承古丝绸之路精神,通过与欧亚非拉各国共商、共建、共享来实现"一带一路"愿景,共同打造欧亚非拉利益共同体、命运共同体、责任共同体。基于此,将"一带一路"公共外交的

[①] 北京外国语大学公共外交研究中心编:《中国公共外交研究报告(2011/2012)》,时事出版社2012年版,第257页。

[②] 赵可金:《公共外交的理论与实践》,上海辞书出版社2007年版,第320、357、401、431页。

主题确定为"携手共建'一带一路'"既可以对"一带一路"公共外交进行明确的标识，使"一带一路"域内外公众和国际社会对"一带一路"公共外交有一个清晰准确的认识，又可以突出体现"一带一路"倡议共商、共建、共享的原则，促进"一带一路"域内外公众和国际社会对"一带一路"倡议担忧、疑虑与误解的消除。而在具体的"一带一路"公共外交实践中，则可以将"携手共建'一带一路'"这一主题贯穿和体现于"一带一路"公共外交的各类项目和活动。

除了确定"一带一路"公共外交主题，要想让"一带一路"域内外公众更好地了解、认识和接纳"一带一路"公共外交还需要设计出具有鲜明特色的形象标识，使"一带一路"域内外公众对"一带一路"公共外交有一个更加直观、真切的感受。具体来说，"一带一路"公共外交的形象标识主要包括以下内容。一是"一带一路"公共外交的图案标志。正如前文所述，很多国家都选取了本国最具代表性的建筑或者动物来作为开展公共外交的图案标志以给国际公众留下深刻印象，增加国际公众对其公共外交的辨识度和接纳度。就"一带一路"公共外交而言，可以设计以商旅驼队为内容的图案标志，用商旅驼队来作为东西方之间和平友好、商贸繁盛、文明繁荣的象征，树立和展现"一带一路"倡议"和平合作、开放包容、复兴发展"的形象。二是"一带一路"公共外交的形象宣传片。形象宣传片是增进国际公众对一国了解和认知的有效手段，很多国家都曾投入大量人力物力来制作国家形象宣传片以增进国际公众对本国的了解、提升本国国家形象。中国也曾于2011年在美国纽约时代广场投放了《中国国家形象宣传片》，引发了国际公众的强烈反响，取得了良好效果。就"一带一路"公共外交而言，可以以"一带一路"建设所涉及的各个国家、各个领域、各大项目为素材来制作"一带一路"公共外交宣传片，介绍"一带一路"沿线风土人情、展现"一带一路"建设风貌、展示"一带一路"建设成就。三是"一带一路"公共外交的形象大使。一国具有国际影响力的"公众人物""知名人士"或者"部门和行业明星"通常容易受到国际公众的关注，是国际公众了解该国的一扇重要窗口，在国际舞台上发挥着向国际公众传递友好信息、促进不同社会公众间的彼此交流与相互理解、改善和提升本国国家形象的独特作用。选拔具有国际影响力的"公众人物""知名人士"或者"部门和行业明星"作为"国家形象大使"或"行业形象大使"是一些西方国家开展公共外交活动的常见做法。就"一带一路"公共外交而言,由于"一带一路"建设的主体是企业,因而"一带一路"公共外交的形象大使应该以"企业形象大使"为主,尤其要以在国际上享有广泛盛誉和影响力的跨国企业家为选取重点,这样可以在突出"中国制造""中国创造"品牌优势的同时体现"一带一路"倡议对"世界合作""世界共享"的追求。

二 信息传播策略

信息传播是公共外交的一个重要内容,公共外交通过向国际公众传递信息来影响国际舆论、塑造国际公众的态度和认知,因而在一定程度上可以将公共外交视为一种向国际公众传播信息的活动。当然,公共外交中的信息传播并不是随心所欲、漫无目的的传播,而是借助不同形态的媒介手段进行有组织、有计划、有目标的传播。只有当公共外交中所传播的信息被国际公众获取、接受和认可,公共外交才能够获得成效。因此,制定较为适当、完备的信息传播策略对于开展和实施"一带一路"公共外交至关重要。具体来说,"一带一路"公共外交的信息传播策略主要包括以下四个方面。

一是传播内容与传播技术相并重。"内容"始终是信息传播的核心,在当前传播媒介日益多元、信息获取渠道日益多样的背景下,权威、原创、新颖、有吸引力的内容才能获得公众的青睐和认可,创新传播内容、增强传播内容上的主导权越来越成为信息传播活动成功的关键。与此同时,信息传播的成效与传播技术密切相连,传播技术是推动信息传播的主要力量。事实证明,数字化技术、网络技术、移动通信技术等新技术在信息传播领域的运用都极大地提高了信息传播的深度和广度。[1] 因此,在"一带一路"公共外交的信息传播中要坚持传播内容与传播技术相并重。一方面,要不断创新"一带一路"传播内容,增强"一带一路"公共外交信息传播的吸引力和感染力。在"一带一路"公共外交的信息传播中,要尽量淡化政治性的、宣传教化性的色彩,要不断挖掘"一带一路"域内外国家公众可参照、听得懂、感兴趣的"一带一路"信息传播内容,通过丰富、真实的事例、情节、数据来全面地、准确地、生动地、

---

[1] 王庚年:《国际传播:探索与构建》,中国国际广播出版社2009年版,第191—193页。

有情感地传递"一带一路"相关信息，让"一带一路"域内外国家公众感觉身临其境，使所传播的"一带一路"信息能够入脑入心。另一方面，要充分借助技术进步来扩大"一带一路"公共外交信息传播的影响力。在信息技术突飞猛进的今天，"一带一路"公共外交的信息传播也需要主动运用数字化技术、网络技术等先进信息传播技术，抓住数字化技术、网络技术等技术给信息传播带来的良好机遇，拓展"一带一路"公共外交信息传播途径，在发挥电视、广播、报纸等传统媒体作用的同时，利用网站、手机、微博、网络社交平台、网络论坛等网络新兴媒体更加快速和广泛地向"一带一路"域内外国家公众传播"一带一路"相关信息。

二是传播理念与传播形式相统一。不断推进的全球化进程使世界越来越变为一个相互依赖和相互联系的统一整体。在全球化浪潮的推动下，信息传播也不可避免地打上了全球化的烙印。全球化不仅使超时空、跨国界的全球信息传播成为可能，而且使得对外信息传播超越政府之间和国际政治领域，广泛扩展到社会、经济、文化等各领域，涉及企业、智库、非政府组织乃至每个公民。与此同时，信息传播全球化的深入发展也催生出了信息传播的本土化趋势，即在信息传播过程中要做出积极的适应性改变和本土化改造，开展有针对性的、富于个性的传播。信息传播的全球化与本土化是信息传播中相辅相成、相互影响、相互作用的一对矛盾，二者互为前提、互为条件、互为结果。[1] 在实际的信息传播过程中，全球化传播理念与本土化传播理念所要求的传播形式和方式各不相同、各有侧重，全球化传播要求以全球普遍遵循的规则、在全球范围内向任何潜在公众进行信息传播，本土化传播则要求以地方性语言和地方公众乐于接受的方式来进行信息传播。因此，在"一带一路"公共外交的信息传播中要统筹兼顾全球化信息传播与本土化信息传播，坚持传播理念与传播形式相统一。一方面，要扩展"一带一路"信息传播渠道，在重视媒体传播的同时，综合运用大众传播、组织传播、人际传播等多种方式，依托国家主办、企业投资兴办、社会组织及个人自主参与等多种形式来向"一带一路"域内外国家公众传播"一带一路"相关信息；另一方面，要注重"一带一路"信息的本土化传播，针对"一带一路"域内外不同国家和地区的语言习惯和文化传统来选择传播题材、设计传

---

[1] 王庚年主编：《国际传播发展战略》，中国传媒大学出版社2011年版，第73页。

播方案、制作传播内容，通过突出本地因素来避免不同语言和语境可能造成的歧义、消除"一带一路"域内外国家公众的逆反心理、增强"一带一路"公共外交信息传播的效果。

三是主动性传播与贴近性传播相结合。成功的信息传播要以传播对象为本位，以主动、灵活、贴近的信息传播来树立权威、争取人心。当前，一些西方媒体利用其在国际传播领域的话语优势和议题设置优势人为地赋予"一带一路"倡议浓厚的意识形态色彩，将"一带一路"倡议视为中国版的"马歇尔计划"、中国的"经济自我救赎"、中国的"周边怀柔政策"以及中国的"地缘扩张战略"，大肆渲染、鼓吹"中国威胁论"。面对西方媒体对"一带一路"倡议的肆意歪曲、污蔑与抹黑，要做好"一带一路"公共外交信息传播工作，就要敢于亮剑、善于讲理，主动地、理直气壮地与不良国际舆论开展对话与交锋。此外，"一带一路"域内外国家公众在思维习惯、文化背景、宗教信仰、价值观念等方面都存在较大差异，要做好"一带一路"公共外交信息传播工作，就要针对"一带一路"域内外不同国家公众的特点和需求做好贴近性传播，做到因地制宜、因人制宜。因此，在"一带一路"公共外交的信息传播中要坚持主动性传播与贴近性传播相结合。一方面，要主动出击，提高"一带一路"信息传播的议程设置能力。要尊重国际传播规律，掌握国际通用话语和通行说法，主导设计通俗易懂的"'一带一路'故事"和"中国话语"，积极对外介绍传播"一带一路"倡议的时代内涵和世界意义，引导国际社会和"一带一路"域内外公众更加客观、全面地认识和理解"一带一路"倡议。另一方面，要了解和尊重"一带一路"域内外国家公众习惯，增强"一带一路"信息传播的认同受纳度和渗透力。要针对"一带一路"域内外不同国家公众实施贴近化传播策略，在信息传播过程中做到贴近"一带一路"建设实际、贴近"一带一路"域内外国家公众对"一带一路"倡议的信息需求、贴近"一带一路"域内外国家公众的语言习惯和思维习惯。

四是国际传播与国内传播相统筹。一般而言，公共外交中的信息传播是一种国际传播，其主要是面向国际社会和国际公众，有别于对国内公众的国内传播。虽然国际传播和国内传播在传播范围和对象上存在差别，但从根本上说二者密切相关、不可分割。这是因为，国际传播不是孤立存在的，其依托于国内传播而存在，是国内传播的向外延伸部分，国内传播的相关因素都会对国际传播产生直接影响。[①] 加之全球化、信息化时代的到来已使得传统意义上国际传播和国内传播的界限变得越来越模糊，通信技术和手段的快速发展、人员往来和互动的日益频繁使得信息在全球范围内广泛传播，国内信息和国内舆论可能在短时期内就会演变为国际信息和国际舆论，国际信息和国际舆论也同样可能在短时期内就成为国内信息和国内舆论。因此，在"一带一路"公共外交的信息传播中要坚持国际传播与国内传播相统筹。一方面，要在加大对"一带一路"域内外国家公众信息传播的同时，加强对国内公众的舆论引导和宣传动员，争取国内公众对"一带一路"倡议以及"一带一路"公共外交的理解和支持，营造良好的国内舆论环境，为"一带一路"倡议的国际传播奠定坚实的国内基础。另一方面，要牢固树立国际传播与国内传播相统筹的观念，从事"一带一路"公共外交国际传播工作和国内传播工作的部门和人员要密切合作、沟通协调、相互支持、相互促进，实现信息共享、资源共用，既要满足好"一带一路"域内外国家公众对"一带一路"倡议的信息需求，也要同时满足好国内公众对"一带一路"倡议的信息需求。

三 公关营销策略

按照公共外交的传统界定，公共外交主要包括信息传播活动和教育文化交流活动两大方面。例如，埃德蒙·古利恩认为，"公共外交的核心是信息和思想的跨国流动"。[②] 美国国务院在1987年编撰的《国际关系术语词典》也认为，"公共外交的主要手段是广播、电视、电影、出版物和文化交流"。[③] 但随着认识的深化和实践的深入，公共外交所包含的内容不再仅仅局限于信息传播和教育文化交流，一切由政府推动，以赢得人心、影响国际舆论、提升国家形象和国际声誉为目的而对国际公众开展的外交活动都属于公共外交的范畴，这其中就包括针对国际公众开展的公关活动。按照国际公共关系协会（IPRA）对"公共关系"的定义，"公共关系实践是一种关注名誉的行为，目的是获取理解及支持并影响观

[①] 程曼丽：《国际传播学教程》，北京大学出版社2006年版，第5页。
[②] 参见美国公共外交联谊会网站，http：//pdaa.publicdiplomacy.org/?page_id=6。
[③] 参见美国公共外交联谊会网站，http：//pdaa.publicdiplomacy.org/?page_id=6。

点及行为。公共外交将影响到名誉——言行的结果和他人的评价"。① 因此,公关活动构成了公共外交的另一个主要组成部分。针对"一带一路"域内外国家公众的公关活动同样是"一带一路"公共外交的主要组成部分,开展和实施"一带一路"公共外交也需要制定出相应的公关营销策略。具体来说,"一带一路"公共外交的公关营销策略主要包括以下四个方面。

一是构建"官民一体、官民并举"的"一带一路"公关营销模式。公共关系实践的活动包括宣传、推广、调研、展示、广告、公共事务、市场营销、整合营销传播等,其目的在于获取公众对组织(政府)项目和政策的理解和支持。② 因而,"一带一路"公共外交中的公关营销活动也主要涉及对"一带一路"倡议的宣传、推广、展示和营销等内容,其目的也主要在于获取"一带一路"域内外国家公众对"一带一路"倡议的理解和支持。为了更多地获取"一带一路"域内外国家公众对"一带一路"倡议的理解和支持,需要充分调动一切可以调动的力量参与到"一带一路"公共外交公关活动中来,构建"官民一体、官民并举"公关营销模式。一方面,政府及政府外交人员要树立现代政府公关理念,通过采取发表演讲、接受媒体采访、组织或出席相关联谊和参观活动等多种形式向"一带一路"域内外国家公众宣传和推介"一带一路"倡议,影响"一带一路"域内外国家公众尤其是对象国政府官员、意见领袖、各领域社会精英等关键性人物对"一带一路"倡议的态度和看法并获得其对"一带一路"倡议的理解和支持。另外,高等学校、思想库、非政府组织、人民团体等各类社会民间组织和机构也需积极发挥自身力量,利用自身开展对外交流的优势和特点与"一带一路"域内外国家的政要、知名人士及社会各界建立广泛联系,通过研讨会、座谈会、联谊会、媒体见面会、参观访问活动等各种方式向其开展"一带一路"公共外交公关活动。

二是借助国外公关力量开展"一带一路"公关营销。除了本国政府

---

① [美]道·纽森、朱迪·范斯克里·杜克、迪恩·库克勃格:《公共关系本质》(第九版),于朝晖等译,复旦大学出版社2011年版,第5页。
② [美]道·纽森、朱迪·范斯克里·杜克、迪恩·库克勃格:《公共关系本质》(第九版),于朝晖等译,复旦大学出版社2011年版,第6—7页。

及社会民间力量之外，开展"一带一路"公共外交公关活动还可借助"一带一路"域内外国家国内的公关力量。对于一些"一带一路"域内外国家公众而言，他（她）们并不希望他国政府或者组织来左右和影响自己国家内外政策的决策。在这种情况下，借助"一带一路"域内外国家国内的公关力量开展"一带一路"公关活动往往能够事半功倍，取得令人较为满意的效果。具体来说，这些公关力量主要包括："一带一路"域内外国家国内的公关公司、利益集团、华人华侨、与中国建立友好关系的政府官员和社会人士、致力于对华友好的各类社会民间组织和机构等。"一带一路"域内外国家国内的公关力量由于具有熟悉自己国家的政治运作规则和公众价值偏好、拥有大量政治资源和人脉资源的优势，通常能够较为顺畅地与自己国家的政要、知名人士及社会各界建立关系并与其展开积极的交流和对话。因此，在开展"一带一路"公共外交公关活动时，可以通过聘请、委托"一带一路"域内外国家国内的公关力量来就一些具体的公关议题和问题进行公关策划并负责组织实施，或者还可采取与"一带一路"域内外国家国内的公关力量合作的方式来共同开展"一带一路"公共外交公关活动。

三是利用互联网络推动"一带一路"公关营销。毫无疑问，我们正处在网络时代，互联网络正在以前所未有的速度改变着人们的工作方式和生活方式，同时也给公共关系领域带来了一场革命。随着网络技术的深入发展，越来越多的人开始通过网络来表达自己的观点和看法，网络已成为思想文化信息的"集散地"和社会舆论的"放大器"。[1] 通过网站、微博、BBS、网络聊天室、手机客户端、互动电视、实时通信工具、社交网络平台等网络传播渠道来加强与公众的沟通和交流，以此争取公众的信任、理解和支持已成为公共关系的一个新领域——网络公关。对于网络公关而言，其主要有四个组成部分：内容，主要指网络受众喜欢丰富的内容；到达，主要指信息是如何变得即时可用；客户，主要是指互联网络的使用者；移情，主要指组织与用户之间由双方的需要、兴趣和信任建立起来的关系。[2] "一带一路"公共外交也要借助网络的力量对

---

[1] 陈一收主编：《网络公关》，北京大学出版社2013年版，第199页。
[2] ［英］大卫·菲尔普斯：《网络公关》，陈刚、袁泉译，北京大学出版社2005年版，第7—12页。

"一带一路"域内外国家公众开展网络公关。具体来说，在"内容"方面，要为"一带一路"域内外国家公众提供丰富多样的"一带一路"相关信息；在"到达"方面，要通过多种网络传播渠道和手段来确保所提供的内容在网上被"一带一路"域内外国家公众所接收；在"客户"方面，要针对"一带一路"域内外国家不同公众的特点和需求设定不同的传播内容和传播形式；在"移情"方面，要理解和尊重"一带一路"域内外国家公众的观点和兴趣，与"一带一路"域内外国家公众进行情感沟通，最终建立起值得信赖、心有灵犀、保持互动的友好关系。

四是塑造和传播"一带一路"品牌工程和品牌项目。"品牌"是一个市场营销学概念。整合营销传播理论开创者、美国西北大学教授唐·舒尔茨（Don E. Schultz）认为，"品牌是为买卖双方所识别并能够为双方都带来价值的东西"。① 现代营销学之父菲利普·科特勒（Philip Kotler）认为，"品牌就是一个名字、称谓、符号、设计，或上述的总和，其目的是使自己的产品或服务有别于竞争者"。② 在公共外交中引入"品牌"的概念是因为品牌与国家形象之间存在一种相互作用的关系，即一个国家在国际上的品牌声誉反映了该国的国家形象，而国家形象反过来又将扶持和强化品牌的国际地位。③ 为提升国家形象和国际声誉、获得更多国际公众的支持和信赖，越来越多的国家通过公共外交树立并传播鲜明的国家品牌来参与国家营销，向国际公众推销自己。一般来说，国家品牌大致分为两类，即把国家整体作为一个品牌来进行塑造和传播（如爱沙尼亚将自己塑造成"绿色国家"、新加坡将自己塑造成"花园城市"）以及把具有本国特色的产品、服务、价值、理念、制度等作为一个品牌来进行塑造和传播（如德国的汽车、日本的电子产品、美国的尖端科技产品）。在"一带一路"公共外交中，为获取"一带一路"域内外国家公众对"一带一路"倡议的理解和支持，可着重塑造一批涉及"一带一路"建设各领域的品牌工程和品牌项目。例如，将喀喇昆仑公路、瓜达尔港项目、电气化埃塞吉布提铁路工程、马新高铁项目、中白"巨石"工业园项目、阿尔及利亚奥兰SHOPPING MALL购物中心项目、丝绸之路（敦煌）国

---

① [美]唐·舒尔茨：《论品牌》，高增安、赵红译，人民邮电出版社2005年版，第8页。
② 吴友富：《中国国际形象的塑造和传播》，复旦大学出版社2009年版，第179页。
③ 赵可金：《软战时代的中美公共外交》，时事出版社2011年版，第213页。

际文化博览会、丝绸之路国际电影节和图书展等工程和项目打造成"一带一路"品牌工程和品牌项目，通过对这些品牌工程和品牌项目的包装、宣传和传播来提升"一带一路"倡议在"一带一路"域内外国家公众中的知名度、美誉度和认同度。

四 人文交流策略

人文交流是有效开展公共外交不可缺少的组成部分。随着市民社会的不断壮大和全球化进程的不断推进，不同社会间的人文交流在国际关系中的作用和影响日益突出。公共外交实施国通过开展人文交流活动与国际公众建立并发展某种稳定联系和友好关系来赢得国际公众对其观念的理解、价值的认同及政策的支持。通常来说，这种与国际公众稳定友好联系和关系的建立并非在短时间内可以实现，而是需要较长时间的经营和培育，并且维护和发展这种联系和关系也需要长时间的投入。虽然与国际公众稳定友好关系的建立和发展需要花费较长时间和精力，且回报和成效的产生也需要数年甚至数十年，但人文交流仍然是公共外交最为有效的手段。[1] 人文交流同样是"一带一路"公共外交不可缺少的组成部分，开展和实施"一带一路"公共外交也需要制定出相应的人文交流策略。具体来说，"一带一路"公共外交的人文交流策略主要包括以下三个方面。

一是由政府直接实施"一带一路"人文交流项目。由于拥有无可比拟的巨大能力和资源优势，通常由政府直接实施的人文交流项目在层次、级别、规模、范围、投入和影响上都是其他各类非政府行为体难以企及的，这些人文交流项目往往也能够取得较为突出和明显的成效。举例来说，第二次世界大战后数十年间，美国政府所设立的文化和学术交流项目尤其是"富布赖特项目"就曾帮助、教育和影响了一大批杰出的政治家和世界领导人，如埃及前总统穆罕默德·安瓦尔·萨达特（Mohamed Anwarel-Sadat）、联邦德国（西德）前总理赫尔穆特·施密特（Helmut Schmidt）以及英国前首相玛格丽特·撒切尔（Margaret Thatcher）等。美国前主管公共外交事务的副国务卿夏洛特·比尔斯（Charlotte Beers）曾

---

[1] 韩方明主编：《公共外交概论》（第二版），北京大学出版社2012年版，第173—174页。

就此指出"这是政府做的最合算的交易"。① 因此，由各类政府行为体直接实施的人文交流项目将构成"一带一路"公共外交人文交流的主体。政府可通过设立"一带一路"政府层面的教育学术交流项目、文化艺术交流项目、公众参观互访项目等各类"一带一路"人文项目来加强与"一带一路"域内外国家公众的交流和互动，影响"一带一路"域内外国家公众对"一带一路"倡议的认识和态度，增进"一带一路"域内外国家公众对"一带一路"倡议及中国的理解、信任和支持。

二是借助社会民间力量开展"一带一路"人文交流活动。虽然由政府直接实施的人文交流项目构成了"一带一路"公共外交人文交流的主体，但由于政府时间和精力的有限以及其所具有的浓厚政治色彩，"一带一路"公共外交的人文交流项目和活动不能仅仅依靠政府来实施和开展，还需要充分调动社会民间力量的积极性，借助高等学校、思想库、非政府组织、公众个人等社会民间力量来开展和实施。在国际社会中，借助社会民间力量开展人文交流活动也是很多国家的常用做法。例如，日本每年都会从40个国家邀请6000名青年人来自己的学校学习日语，并通过校友会来维系和发展与这些外国青年人建立起来的友谊，② 而且日本许多财团还通过在世界各国高校设立奖学金的方式来奖励和影响未来可能在各领域成为领导者的青年学生。对于"一带一路"人文交流活动来说，国内高等学校可通过与"一带一路"域内外相关国家高校设立校际留学和访学项目、学术交流和研究项目、人员互访和培训项目来影响"一带一路"域内外国家青年学生和学者；国内思想库和研究机构可通过联合"一带一路"域内外相关国家智库和研究机构共同围绕"一带一路"建设召开国际会议和研讨会、展开政策研讨来引导公众认知、影响国际舆论；各类非政府组织、人民团体和公众个人也可发挥各自优势、在各自领域加强与"一带一路"域内外国家公众的人文交流。

三是依托国际组织开展"一带一路"人文交流活动。除了通过政府和社会民间力量来实施"一带一路"人文交流项目、开展"一带一路"

---

① ［美］约瑟夫·奈：《软力量——世界政坛成功之道》，吴晓辉、钱程译，东方出版社2005年版，第120页。

② ［美］约瑟夫·奈：《软力量——世界政坛成功之道》，吴晓辉、钱程译，东方出版社2005年版，第120页。

人文交流活动之外，还可依托国际组织来推动"一带一路"人文交流。在全球化时代，各类活跃在国际舞台上的国际组织已经成为国际关系中的重要行为体，其日益深刻地影响着国际舆论和国际事务。进入21世纪，越来越多的国际组织开始将国际间的人文交流作为其重要工作内容，更加注重通过教育、文化、科技等人文领域的交流与合作来促进国际间合作。联合国教科文组织（UNESCO）、联合国世界旅游组织（UNWTO）、国际图书馆协会联合会（IFLA）、国际大学协会（IAU）、国际新闻工作者联合会（IFJ）、世界基督教会联合会（WCC）、世界佛教徒联谊会（WFB）、世界穆斯林大会（WMC）、世界民主青年联盟（WFDY）等各类国际组织都设立了众多国际文化交流项目并开展了大量国际人文交流活动。因此，可以通过参与、资助一些国际组织的相关国际文化交流项目或者联合一些国际组织共同设立相关国际文化交流项目等方式来开展和推动"一带一路"公共外交人文交流，借助国际组织自身的优势和影响力来引导"一带一路"域内外国家公众对"一带一路"倡议的态度和认知，与"一带一路"域内外国家公众建立持久稳定的友好关系。

五 危机管控策略

公共外交在开展和实施过程中随时都有发生危机和危机事件的可能，如何对危机和危机事件进行有效防范和控制是公共外交战略规划需要讨论和解决的重要问题。那么，何谓"危机"？危机（Crisis）一词最早出现在古希腊医学里，指病人的身体状况处于关系生死的转折点，后来古希腊历史学家修昔底德将其引入国际关系领域中，用来形容国与国关系发生变化的转折点或国与国从和平走向战争的转折点。[①] 现在，"危机"一词通常是指那些能够带来高度不确定性和高度危险的、特殊的、不可预测的、非常规的事件或一系列事件，[②] 它直接或潜在地威胁到组织的声

[①] ［美］詹姆斯·多尔蒂、小罗伯特·普法尔茨格拉夫：《争论中的国际关系理论》（第五版），阎学通、陈寒溪等译，世界知识出版社2013年版，第612页。

[②] 欧亚、王朋进：《媒体应对——公共外交的传播理论与实务》，时事出版社2011年版，第262页。

誉、环境、安全或公众的健康、安全、幸福。① 归纳起来，危机大致可以分为三种类型，即由自然现象导致的危机（如森林火灾、洪水、飓风、地震、干旱、流行病等），由人或人群、团体有意行为导致的危机（如恐怖行为、炸弹威胁、电脑病毒、流言蜚语、恶意收购、内部交易等）以及由人或人群、团体无意行为导致的危机（如爆炸、火灾、泄漏、工作失误和其他意外）。② 通常来说，公共外交面临的危机主要是由突发负面报道和评论导致的舆论危机。这些突发负面报道和评论主要源自三方面：一是政府部门及其工作人员在政策和管理中存在的隐患、漏洞或错误被媒体曝光；二是观点性的批评文章；三是倾向性或者攻击性的报道。③ 由于负面报道和评论往往更容易影响到社会公众的情绪和态度，因而舆论危机将直接威胁到公共外交实施国的声誉和形象，处理不好甚至会演化为严重的信任危机。对于"一带一路"公共外交而言，也面临着因"一带一路"建设和"一带一路"公共外交实施中发生的突发事件和工作失误、媒体及社会人士对"一带一路"倡议的观点性批评文章以及倾向性或攻击性的报道等引发的舆论危机。因此，开展和实施"一带一路"公共外交需要制定出相应的危机管控策略。关于危机管控，危机公关专家W. 佩奇（W. Page）曾提出了以下实践原则：（1）未雨绸缪，即预期公众反馈，消除可能造成不良影响的潜在问题；（2）学会倾听，即了解公众的需求以更好地为其服务；（3）优良品质与素质，即保持冷静、耐心以及不错的幽默感，当危机来临时能够有所准备、从容应对；（4）真实可信，即让公众真实地知道发生了什么，并向公众提供关于组织目标及实践的准确信息，创造良好信誉。④ 参考佩奇的危机管控原则，"一带一路"公共外交的危机管控策略主要包括舆论危机预警和舆论危机控制两方面。

---

① ［美］凯瑟琳·弗恩-班克斯：《危机传播——基于经典案例的观点》（第四版），陈虹等译，复旦大学出版社2013年版，第289页。
② ［美］道·纽森、朱迪·范斯克里·杜克、迪恩·库克勃格：《公共关系本质》（第九版），于朝晖等译，复旦大学出版社2011年版，第431—433页。
③ 欧亚、王朋进：《媒体应对——公共外交的传播理论与实务》，时事出版社2011年版，第264—265页。
④ ［美］道·纽森、朱迪·范斯克里·杜克、迪恩·库克勃格：《公共关系本质》（第九版），于朝晖等译，复旦大学出版社2011年版，第218页。

第四章 "一带一路"公共外交的策略规划

一方面,要建立"一带一路"公共外交舆论危机预警体系。对于危机管控而言,预防胜于救治,防患于未然是应对危机的最佳策略。因此,需要建立"一带一路"公共外交舆论危机预警体系来防范舆论危机的发生。具体来说,建立"一带一路"公共外交舆论危机预警体系需要从以下四个方面着手:首先,要建立"一带一路"舆论危机预警机构。在没有专门危机预警机构的情况下,政府将会较为迟滞地知道危机的发生而陷入舆论被动。[①] 因此,要建立专门的舆论危机预警机构来负责收集、调查和报告"一带一路"舆论危机信息,对可能发生的"一带一路"舆论危机进行预警和防范。"一带一路"舆论危机预警机构可以由"一带一路"公共外交的领导部门或业务部门设立,也可将舆论危机预警的相关事务委托于专业的咨询公司,由其来充当"一带一路"的舆论危机预警机构。其次,要建立"一带一路"舆论监测和分析机制。要想有效地对"一带一路"舆论危机进行预警和防范,就需要全面掌握关于"一带一路"舆论危机的相关信息,充分了解"一带一路"社会舆论的发展态势,弄清楚"一带一路"舆论危机信息涉及哪些内容、"一带一路"舆论危机信息如何在社会公众中传播、"一带一路"舆论危机信息如何发展演变、各方对"一带一路"舆论危机信息有什么样的反应等问题,并在此基础上对"一带一路"舆论危机信息和"一带一路"社会舆论态势进行分析,对可能出现舆论危机的领域和环节进行排查,发现舆论危机隐患。再次,要制定"一带一路"舆论危机防范措施。"一带一路"舆论危机可能由不同原因引起,其发生形式、表现特点、危害程度在很大程度上都存在差异。因此,要针对由不同原因导致的不同类型的舆论危机制定出相对应的防范措施,排除舆论危机隐患,尽可能避免舆论危机的发生。最后,要制定"一带一路"舆论危机预警方案。危机预警又是一项极其复杂细致的工作,涉及方方面面诸多环节,因此需要事先制定好危机预警方案,对各项预警事务做出明确的安排。"一带一路"舆论危机预警方案应该包括舆论危机预警的任务和目标、舆论危机预警的管理小组组成和职责范围、舆论危机预警的组织管理流程、舆论危机预警的设备和工具、潜在舆论危机事件的特点和关键信息、关键公众和重要媒体名单、具体的应

[①] 欧亚、王朋进:《媒体应对——公共外交的传播理论与实务》,时事出版社2011年版,第271页。

对措施及其可行性分析、舆论危机评估报告等内容。

另一方面，要制定"一带一路"公共外交舆论危机控制和处置措施。在危机管控中，仅有预警和防范是不够的，一旦危机不可避免地发生则需要通过一系列措施来对其进行有效的控制和处置。因此，需要制定"一带一路"公共外交舆论危机控制和处置措施来应对已发生的舆论危机。具体来说，"一带一路"公共外交舆论危机控制和处置措施主要包括以下四个方面：第一，要建立"一带一路"舆论危机管控和处置机构，在舆论危机发生后的第一时间收集和分析舆论危机的有关情况并做出决策和部署，组织、协调相关部门和力量来共同应对和处置。第二，要确定"一带一路"舆论危机新闻发言人，在舆论危机发生后对外发布信息、通报情况、引导舆论。第三，要提高"一带一路"舆论危机中的"舆论储备"，加强对"一带一路"舆论危机的政策研究和知识积累，在舆论危机发生后能够迅速发挥政府、媒体、学术界等对外传播力量的舆论动员和舆论引导能力，形成占据优势的舆论规模和"由我主导"的舆论态势，进而抵御和化解不良舆论对"一带一路"倡议造成的消极影响。第四，要积极、主动地和媒体展开沟通与合作，与媒体工作人员和记者建立和保持密切联系，对其关切的议题和问题做出积极的回应和解释，并向其提供正面的信息来阻止错误信息和不良舆论的传播和扩散，实现在"一带一路"域内外国家公众中保持正面舆论、限制负面舆论的目的。

第三节 "一带一路"公共外交的形式选择

公共外交是一项长期的系统工作，任何公共外交活动和项目在开展和实施之前都需要根据公共外交活动或项目预期目标的设定、实施对象的特点、实施环境的状况来选择具体的开展形式，以提升公共外交活动和项目的针对性和有效性，这也是公共外交规划中的一项重要内容。通常情况下，公共外交活动和项目的开展和实施并非只采取单一的形式，而是采取多种形式来全面推进公共外交进程。对于"一带一路"公共外交而言，根据其预期目标、实施对象、实施环境等因素的实际情况，可采取媒体网络公共外交、文化宗教公共外交、跨国企业公共外交、对外援助公共外交、华人华侨公共外交等公共外交形式。

一　媒体网络公共外交

媒体网络公共外交主要是指通过广播、电视、电影、报纸、新闻出版物等传统媒介手段和网站、手机、微博等网络社交平台、网络论坛等新兴媒介手段来向国际公众传递信息、塑造舆论、影响态度的传播活动。新闻媒体在现代社会中被视为是除行政权、立法权、司法权之外的"第四权力"组织，用以监督政府、制衡政府权力。在国际关系领域，国际新闻媒体作为国际关系的观察者和记录者逐渐以行为主体身份参与外交进程，成为国际关系的重要组成部分。而在公共外交中，新闻媒体则扮演着"传递信息、促进交流、增进了解"的角色。因此，媒体被认为天然地具有公共外交的功能，这也是传统公共外交被视为是一种信息传播活动的一个重要原因。此外，随着互联网技术的飞速发展，互联网络因自身所具有的交互性、开放性、多元性、平等性等特质已成为公众获取信息和表达意见的重要平台。[1] 例如，在2003年美国开启全面反恐战争入侵伊拉克的第一周内，美国公众对BBC新闻网站的阅读量增加了47%，对《卫报》（The Guardian）新闻网站的阅读量则飙升了87%。[2] 而一位名叫萨拉姆·帕克斯的伊拉克人在其博客中撰写的关于伊拉克战争的新闻报道在网络上广为流传，并在很大程度上影响了外界对伊拉克战争的认知。因此，互联网络拓展了公共外交的开展途径，也日益成为各国开展公共外交所重视的力量。总之，在全球化、信息化时代，媒体和互联网络已成为公众观察、了解、认识各国内外政策以及各类国际事务的主要途径，在引导公众认知、塑造公众舆论、影响公众态度等方面发挥着不可替代的作用，是一国开展公共外交的重要手段和途径。在"一带一路"公共外交的开展和实施过程中，同样需要注重发挥媒体和互联网络在引导"一带一路"域内外国家公众认知、塑造"一带一路"域内外国家公众舆论、影响"一带一路"域内外国家公众态度方面的作用，通过各类传统媒介手段和新兴媒介手段来传播好"一带一路"声音、讲好"一带一路"故事。具体来说，开展"一带一路"媒体网络公共外交

---

[1] 赵启正主编：《公共外交战略》，学习出版社2014年版，第30—32页。
[2] Owen Gibson, "US turns to British news", The Guardian, May 12, 2003, http://www.theguardian.com/media/2003/may/12/newmedia.Iraqandthemedia.

可以从以下三个方面入手。

第一,整合媒体资源,构建"一带一路"媒体网络公共外交共同体。"一带一路"倡议以"互联互通"为基本内涵,在实现与"一带一路"沿线国家在基础设施、经济、金融等项目上"互联互通"的同时,还应推进与"一带一路"沿线国家在文化上的传播与融合。因此,应该整合国内媒体资源,构建由主流媒体、省市及重要节点城市媒体共同参与的"一带一路"媒体网络公共外交共同体,相互学习、深化合作,共同提升报道"一带一路"倡议和中国的能力及国际化水平。"一带一路"媒体网络公共外交共同体应充分发挥媒体和网络的传播特色和优势、利用媒体合作网络及全媒体工具传播好"一带一路"声音、讲好"一带一路"故事,加强不同文明间对话和交流,消除知识和信息壁垒,消融"一带一路"域内外国家和公众间心理隔膜,以媒体网络公共外交塑造更多共识、凝聚更多力量,促进中外文化交流互鉴、增进国际互信与民心相通。

第二,拓展传播层次,丰富"一带一路"媒体网络公共外交实践维度。信息传播通常分为两个层次,即独白式(Monologue)的单向传输与对话式(Dialogue)的双向交流。独白式的单向信息传输主要适合于向国际公众传播一国的政策或声明,这种信息传播形式突出了告知功能和权威发布作用,但较难改变国际公众既有的成见和刻板印象;而对话式的双向信息和思想交流则可以通过对话与互动突破不同人群政治立场和背景差异、跨越不同社会界限,有助于消除国际公众既有的成见和刻板印象,增进国与国之间的友谊。[①] 因此,开展"一带一路"媒体网络公共外交,既要进行独白式的单向信息传输,又要进行对话式的双向信息和思想交流。一方面,要通过发布政府公告和声明、召开政府记者招待会、国家领导人在国内国际重要场合发表讲话或演讲、国家领导人或其他重要政府官员在外国媒体上发表文章或观点、本国权威媒体发表社论或评论、重大事件新闻报道等形式向"一带一路"域内外国家公众传递清晰、权威的"一带一路"信息,从而影响"一带一路"域内外国家公众认知和态度及其政府决策。另一方面,要通过媒体尤其是网络新媒体和网络

---

① Geoffrey Cowan and Amelia Arsenault, "Moving from Monologue to Dialogue to Collaboration: The Three Layers of Public Diplomacy", *The Annals of the American Academy of Political and Social Science*, Vol. 616, 2008, pp. 10 – 30.

社交平台来就"一带一路"相关议题与"一带一路"域内外国家公众展开对话、谈论和互动,在对话、谈论和互动中影响和引导其对"一带一路"倡议的看法和认知。

第三,加强国际合作,提升"一带一路"媒体网络公共外交实施空间。开展"一带一路"媒体网络公共外交不能仅仅依靠本国媒体的力量,还应该加强与外国媒体的交流与合作,搭建"一带一路"信息海外传播平台,借助外国媒体的力量来传播"一带一路"声音、讲述"一带一路"故事。一方面,要加强与国际主流媒体的合作。国际主流媒体通常具有强大的信息传播力和广泛的国际影响力,可以在国际主流媒体上刊登"一带一路"新闻报道和评论、播放"一带一路"广播电视节目,利用国际主流媒体的优势平台来为"一带一路"建设造势助力,实现"一带一路"国际传播从"搭台唱戏"到"借台唱戏"的转变。另一方面,加强与发展中国家媒体的合作。发展中国家媒体有着相近的传播理念和诉求,可以与发展中国家媒体尤其是"一带一路"域内发展中国家媒体就"一带一路"相关议题进行联合采访报道、共同设置媒体议程、共同组织国际性活动,重点用"互联网+"与"+互联网"等方式推进深度合作,探索"媒体+传统产业""媒体+政府合作""媒体+行业企业"等合作新模式,团结、引导和依靠广大发展中国家的媒体共同发声,改变当前国际舆论的力量对比,建设"一带一路"国际传播新格局,实现"一带一路"国际传播从"搭台唱戏""借台唱戏"到"让别人唱我的戏"的转变。

二 文化宗教公共外交

文化宗教公共外交主要是指以文化宗教传播、交流与沟通为内容向国际公众开展的公共外交活动,旨在通过各种文化手段和途径来改善和提升国家形象、获取国际公众的理解与支持。文化交流是联通民心的桥梁、维系友谊的纽带。随着文化交流在改善国家间关系、增进人民间友谊方面作用的凸显,越来越多的国家开始通过对外文化交流来改善和提升国家形象、获取国际公众的理解与支持。例如,美国的富布赖特项目、"和平队"项目,法国的法语联盟项目、国家文化年项目,德国的歌德学院项目、洪堡论坛项目,沙特阿拉伯的伊斯兰文化推广项目、世界伊斯兰联盟项目,等等。改革开放后,中国政府加大了对外文化交流的力度,开展和实施了一系列丰富多样的对外文化交流活动和项目。如 1990 年开始实施的汉语水平考试（HSK）项目、1999 年在法国巴黎举办的"99 巴黎·中国文化周"活动、2000 年在美国多个城市举办的"2000 中华文化美国行"系列活动、2004 年在非洲 11 国开展的"中国文化非洲行"系列活动、2004 年开始实施的孔子学院项目、2004 年启动的"中国图书对外推广计划"、2007 年在俄罗斯举办的"中国年""中国文化节"活动、2010 年在意大利举办的"中国文化年"活动、2012 年在德国举办的"中国文化年"活动、2015 年在非洲 20 余个国家开展的"2015 中国文化聚焦"和南非"中国年"系列文化活动等。这些对外文化交流活动增进了国际公众和国际社会对中国的了解和认识、增进了中国与世界各国人民间的友谊、树立了中国良好的国际形象。鉴于文化和宗教在影响人们思想和感情方面的独特作用，开展和实施"一带一路"公共外交需要依托中华悠久丰富的文化和宗教资源以及古丝绸之路深厚独特的文化和宗教积淀，通过文化与宗教的传播、交流与沟通来引发"一带一路"域内外国家公众对"一带一路"倡议的思想共识和情感共鸣，进而获得"一带一路"域内外国家公众对"一带一路"倡议的理解和支持。具体来说，"一带一路"文化宗教公共外交主要包括以下三个方面内容。

第一，保护和发掘优秀丝路文化。历史上，中国的文字、儒学、律法、科技相继由古代丝绸之路经周边国家传入欧洲，对西方文明和世界文明的发展进程起到了巨大促进作用。与此同时，欧亚非拉各国的文学、艺术、宗教、风俗也沿着古代丝绸之路传入中国，对中国的社会生活和文化都产生了重大影响。这些沿古代丝绸之路所传播、衍生和发展的文化逐步形成了特有的"丝路文化"。开展"一带一路"文化宗教公共外交，一方面要传承好、保护好、利用好古丝路文化，发掘古丝路文化的公共外交价值。正如习近平总书记所指出，"要系统梳理传统文化资源，让收藏在禁宫里的文物、陈列在广阔大地上的遗产、书写在古籍里的文字都活起来"。[①] 通过保护、开发和传播古丝路文化来唤起"一带一路"域内外国家公众对古丝绸之路的历史记忆，增进"一带一路"域内外国家公众对"一带一路"倡议的情感认同。另一方面，要在传承古丝路文

---

① 中共中央宣传部编：《习近平总书记系列重要讲话读本（2016 年版）》，学习出版社、人民出版社 2016 年版，第 203 页。

化的基础上，创新、发展、繁荣现代丝路文化，不断向丝路文化注入新的活力、赋予新的时代内涵和表现形式，实现丝路文化传统与现代的有机融合。通过创新、发展、繁荣现代丝路文化来增进"一带一路"倡议对"一带一路"域内外国家公众文化上的吸引力和感召力。

第二，构建丝路文化发展和传播体系。文化是活的生命，只有发展才能保持持久的生命力，只有传播才能享有广泛影响力，同时也在传播中得到发展。[①] 习近平总书记指出，"要把跨越时空、超越国度、富有永恒魅力、具有当代价值的文化精神弘扬起来，把继承传统优秀文化又弘扬时代精神、立足本国又面向世界的当代中国文化创新成果传播出去。"[②] 开展"一带一路"文化宗教公共外交，需要构建丝路文化发展和传播体系，在发展和传播中激活和增强丝路文化的生命力。首先，要注重丝路文化内容的挖掘和提炼。要创作一批有说服力、感动人的丝路文化作品和产品，打造一批丝路文化传播品牌项目，增强丝路文化表达内容上的思想性和感染力，避免"重形式、轻内容""重数量、轻质量"的不良倾向。其次，要拓宽丝路文化对外传播渠道和传播方式。要综合运用大众传播、群体传播、人际传播等多种传播渠道来展示丝路文化的魅力，以"一带一路"域内外国家公众喜闻乐见的、具有广泛参与性的形式和方式来传播丝路文化。最后，要利用政策导向来推动丝路文化的创新和传播。要制定丝路文化对外推广计划和丝路文化产业政策，有计划、有目标、有步骤地推动丝路文化走向世界，要完善资助和激励措施，鼓励社会民间力量、非政府组织、宗教团体参与丝路文化的创新和传播，吸纳民间资本力量进入丝路文化产业。

第三，开展丰富多样的丝路文化交流活动。开展"一带一路"文化宗教公共外交最终需要落脚到丝路文化交流活动上，丝路文化交流活动是"一带一路"文化宗教公共外交的重要载体和主要途径。要开展涵盖文化、宗教、艺术、文学、出版、电影、电视、体育、旅游、文化遗产等各个领域的丝路文化交流活动，通过演出、展览、人员交流、研讨会、学术交流、青年培训、电影周、文化周、文化节、艺术节、旅游节、图

[①] 赵启正主编：《公共外交战略》，学习出版社2014年版，第110页。
[②] 中共中央宣传部编：《习近平总书记系列重要讲话读本（2016年版）》，学习出版社、人民出版社2016年版，第208—209页。

书节、影视剧播映、文化机构对口合作、文化专业人士客座创作等形式来增进"一带一路"域内外国家公众对"一带一路"倡议的了解和认知，引发"一带一路"域内外国家公众对"一带一路"倡议的思想共识和情感共鸣。其中，需要特别说明的是，在"一带一路"文化宗教公共外交中需要注重发挥宗教的作用。一方面，中国拥有得天独厚的丝路宗教资源。历史上，沿古丝绸之路传入中国的佛教、基督教、伊斯兰教等宗教对中国产生了深远的影响，古丝路沿线至今保留着众多与宗教相关的石窟、壁画、文物、古籍、古迹、遗址。因此，宗教也成为中国与欧亚非拉各国联系的强大文化纽带，玄奘西游与鉴真东渡至今被人传颂。另一方面，中国是传统意义宗教大国，拥有丰富的宗教传统、典籍和思想，海外侨胞宗教信徒不计其数。[1] 开展"一带一路"文化宗教公共外交尤其要注重利用中国丰富的宗教资源，发挥宗教的"亲缘"作用和文化纽带作用，通过积极开展宗教方面的国际友好往来和学术交流活动来增进"一带一路"倡议对"一带一路"域内外国家公众的形象亲和力和精神感召力。

三 跨国企业公共外交

跨国企业公共外交主要是指跨国企业直接或间接参与的以与他国公众建立友好关系、获取他国公众认可和信任、传播和提升国家形象为目的的公共外交活动。在全球化时代，经济的跨国网络逐步形成，经济活动与政治、文化间的关系日益密切，企业也越来越具有跨地域、跨国界、跨文化的特质。随着企业跨国生产经营活动的不断增多、对外交往范围和领域的不断扩大，企业的生产、经营和对外交往行为不仅关乎企业自身的形象和口碑，也不可避免地对本国的国际形象以及他国公众对本国的认知和态度产生直接或间接的影响。从这个意义上讲，以跨国企业为代表的各类企业就是一个连接世界各国公众的天然公共外交平台，是一国开展公共外交、传播和提升国家形象的重要力量。对此，日本前首相中曾根康弘（Nakasone Yasuhiro）就曾用"索尼是我的左脸，松下是我的右脸"来形容企业对于传播和提升国家形象的重要作用。[2] 改革开放以

---

[1] 何亚非：《宗教是中国公共外交的重要资源》，《公共外交季刊》2015年春季号第8期。
[2] 赵启正主编：《公共外交战略》，学习出版社2014年版，第67页。

来，中国经济实现了快速持续发展，中国企业也积极参与到世界经济竞争当中，与国际社会的联系日益紧密。走出国门的企业及其产品和服务，不仅使全世界分享着"中国制造"的成果，也在向全世界人民讲述着中国故事，成为国际社会认识中国、了解中国的重要窗口。随着中国企业"走出去"步伐的加快，中国企业在传播和提升中国国家形象方面的作用不断提升，承担着更多公共外交责任和使命。在共建"一带一路"的背景下，参与"一带一路"海外建设的中国企业是塑造中国国家形象的重要组成部分和对外宣传"一带一路"的重要途径，其在海外的行动和形象直接影响着中国国家形象和"一带一路"建设战略大局。开展和实施"一带一路"公共外交，需要充分发挥中国企业在"一带一路"海外建设过程中塑造、展示、提升中国国家形象和"一带一路"形象的重要作用，通过企业的产品、服务和实际行动来讲好"一带一路"故事，赢得企业所在国社会各界以及国际社会对企业自身的尊重、认可和信任，进而赢得其对"一带一路"倡议的认可和支持。具体来说，可以从以下四个方面来推进"一带一路"跨国企业公共外交。

第一，推动"一带一路"公共外交与企业"走出去"战略相结合。一方面，政府要发挥其引导和监督作用，将参与"一带一路"海外建设的中国企业作为重要的实施主体纳入"一带一路"公共外交总体安排。政府要加强对参与"一带一路"海外建设的中国企业及其人员的培训教育，如可由外交部门进行宏观政策和外语方面的培训、由商务部门进行对外生产经营业务方面的培训、由文化部门进行文化风俗方面的培训、由司法部门进行法律法规方面的培训，以此来提升中国企业及其人员对外交往的能力和素养，让中国企业在响应"一带一路"倡议、积极"走出去"的过程中不仅能够自觉遵守东道国当地的法律、尊重东道国当地人民的风俗和习惯，而且还能在掌握东道国当地语言和文化的基础上同当地人交流、融合。与此同时，政府还要严格规范参与"一带一路"海外建设中国企业的行为。对参与"一带一路"海外建设的中国企业进行资质审查，实行严格的"准入"机制，将那些资质不全、业绩不够、责任观念淡薄的企业排除在"一带一路"海外项目建设之外。此外，政府还需要发挥其监督监察作用，取消那些经营不善、引起东道国政府和社会不满的企业参与"一带一路"海外项目建设的资格。另一方面，参与"一带一路"海外建设的中国企业要树立和强化公共外交意识，将"一带一路"公共外交纳入企业"走出去"战略规划。参与"一带一路"海外建设的中国企业尤其是大型跨国企业应该加强对公共外交方面的投入,可在其内部设置专门负责公共外交事务的机构,给予该机构在资金投入、人员配备、专业培训等方面的保障,支持该机构在遵守东道国当地法律、尊重东道国当地风俗习惯的前提下积极开展相关公共外交活动。此外,参与"一带一路"海外建设的中国企业还应该加强与政府部门的沟通与协调,并借助科研机构、公关广告公司、新闻媒体的力量提升其公共外交能力。

第二,创造优质工程、产品和效益,增进"一带一路"国际声誉。尽管企业参与公共外交的路径是立体而多面的,但企业不可取代的技术、产品优势以及企业和企业领导者的信誉资本既是企业参与市场竞争的安身立命之本,也是企业开展公共外交的基础和前提。[①] 对于响应"一带一路"倡议、积极"走出去"的中国企业而言,由其创造的"一带一路"相关工程、产品及经济社会效益不仅体现着企业的实力和形象,更体现着中国国家形象和"一带一路"形象,是中国国家形象和"一带一路"形象的有机组成部分和强有力支撑。因此,参与"一带一路"海外建设的中国企业应该通过创造优质的"一带一路"工程、产品、服务和良好的经济社会效益来赢得东道国政府和公众的信赖和尊重、提升中国国家形象和"一带一路"形象,并通过在生产运营过程中以各种方式积极与东道国当地公众分享经济合作成果、改善其经济生活水平来提升"一带一路"倡议的国际声誉。

第三,履行企业社会责任,传播"一带一路"良好形象。在海外拓展业务的跨国公司在东道国土地上进行生产经营活动,与东道国社会各界有着千丝万缕的联系。要获得东道国社会各界的尊重、认同和支持,需要企业自觉遵循国际惯例守法经营、主动履行社会责任,树立正面的"企业公民"形象。[②] 在推动"走出去"中国企业履行社会责任方面,中国政府进行了积极有益的尝试,如2008年国务院国资委出台的《中央企业履行社会责任的指导意见》、2013年商务部出台的《对外投资合作环境保护指南》,这些政策举措为推动"走出去"中国企业履行社会责任起到

---

① 赵启正主编:《公共外交战略》,学习出版社2014年版,第71页。
② 赵启正主编:《公共外交战略》,学习出版社2014年版,第72页。

了积极作用。但需要指出的是,一些"走出去"中国企业在履行社会责任方面尤其是在环境保护和吸纳当地员工就业方面的表现仍然不尽如人意,在一定程度上对企业形象和中国国家形象造成了消极影响。中国外文局、中国报道杂志社、零点国际发展研究院共同发布的《中国企业海外形象调查报告:2015"一带一路"版》的调查结果也显示,"一带一路"沿线相关国家受访公众认为中国企业在环境保护方面表现不足,并对中国企业在雇用本地员工方面评价较低。[1] 因此,参与"一带一路"海外建设的中国企业应该树立正确的社会责任观念、自觉履行社会责任,以赢得东道国社会各界的尊重、认同和支持,传播好"一带一路"良好形象。具体而言,参与"一带一路"海外建设的中国企业应该履行好以下社会责任:一要增进对东道国当地文化、历史、民族、宗教的了解,积极与当地社团和民众开展交流活动以更好地融入当地社会;二要加大对东道国当地学校、医院、体育场等公益性基础设施的捐建力度,并积极参与东道国当地的慈善捐赠、捐助活动;三要主动保护好东道国当地自然环境和生态多样性,在"一带一路"项目施工和运营过程中要尽最大可能减少对环境和生态的伤害;四要着力推行"一带一路"项目本地化运营,积极吸纳东道国当地员工就业,并通过多种形式为东道国当地员工提供具有针对性的技能培训。

第四,提升企业公共外交能力,抢占"一带一路"话语制高点。受中国传统文化的影响,"走出去"中国企业通常秉承"但求事功、不事张扬"的传统,强调"做得好"而忽视或轻视"说得好",对所建设和实施的工程或项目给东道国带来的经济社会效益以及所履行的社会责任没有进行有效的宣传和传播,使得东道国当地公众并不了解中国企业在促进当地经济社会发展和人民生活水平提升方面所做出的贡献,加之一些西方媒体和非政府组织对中国企业的片面报道和负面宣传,以致造成了东道国当地政府和社会公众对中国企业存在一些不够客观和公平的认识与看法,令中国海外企业的形象塑造陷于被动。因此,对于参与"一带一路"海外建设的中国企业而言,要转变思想观念,通过多种手段和途径来提升公共外交能力和对外宣传水平,抢占"一带一路"话语制高点。

---

[1] 《中国企业海外形象高峰论坛聚焦"一带一路"建设》,中华人民共和国国务院新闻办公室网站,2015年9月23日,http://www.scio.gov.cn/zxbd/wz/Document/1450033/1450033.htm。

在具体操作上，可从以下几个方面着手。一是建立和完善社会责任报告制度。发布社会责任报告通常被视为是企业社会责任实践优秀的标志，参与"一带一路"海外建设的中国企业可通过定期发布社会责任报告的形式将企业为东道国经济社会发展和人民生活水平提升所做出的努力和贡献有计划地对外公布与宣传，以展现中国企业承担社会责任的良好形象。二是加强与国际非政府组织以及东道国社会民间机构的沟通与合作。国际非政府组织以及社会民间机构在组织动员公众、影响社会舆论和民意走向方面具有不可忽视的作用，参与"一带一路"海外建设的中国企业应注重加强与国际非政府组织以及东道国社会民间机构的沟通与合作，并利用中国国家领导人访问、东道国重大节庆等各种机会对国际非政府组织以及东道国社会民间机构开展公共活动，争取其对中国企业和"一带一路"倡议的认可和支持。三是着力做好企业的媒体传播工作。《中国企业海外形象调查报告：2015"一带一路"版》的调查结果显示，网络、电视、报纸、杂志、广播等媒介是"一带一路"沿线国家公众获取中国企业信息的主要渠道。参与"一带一路"海外建设的中国企业应该加强与主动加强同媒体尤其是东道国当地公众较为认可的媒体的联系与合作，多向媒体提供一些权威信息和报道素材，通过媒体来展示中国企业在履行社会责任方面的努力以及"一带一路"建设对东道国公众带来的经济利益、便利和实惠，进而改善东道国当地公众对中国企业和"一带一路"倡议的认知。

四　对外援助公共外交

对外援助公共外交主要是指以援助他国的方式来表达本国友好善意、人道主义关怀和国际主义精神以获得受援国公众好感与信任、提升本国国际形象、扩大本国国际影响力的公共外交活动。通过对外援助来获得受援国公众对本国的好感与信任、提升本国国际形象是世界各国开展公共外交活动经常采取的做法。例如，美国自20世纪60年代就开始实施的"和平队"项目，该项目旨在依靠美国经济、技术和文化上的整体优势，通过对发展中国家提供经济、技术、教育、卫生等领域的援助来改变美国在发展中国家中的不良形象，增强发展中国家对美国的好感和信任。日本在第二次世界大战后也通过经济、教育、文化等方面的援助手段来加大了对亚洲邻国、中东和非洲国家的援助，并在国际人道主义援助上一直保持着积极的态度和较强的行动力,努力在国际社会中树立扶危救困的国家形象。印度独立后就对不丹、尼泊尔、缅甸等周边国家展开了援助,并从2000年以来加大了对外援助力度(其中对阿富汗和非洲国家的援助最为突出),以此来改善印度在全球特别是南亚邻国中的形象。新中国的对外援助事业始于1950年,迄今已有60多年的历史。60多年来,中国对外援助在中国对外关系领域里起到的潜移默化和润物无声的作用是其他外交工具无法替代的。[1] 新中国成立伊始,中国在自身还十分贫弱的时候就已经开始提供国际援助,改革开放后,中国对外援助规模稳步增长,影响力日益扩大。根据2011年国务院新闻办公室发布的《中国的对外援助》白皮书统计数据,1950年至2009年年底,中国累计提供对外援助金额达2562.9亿元人民币,其中无偿援助1062亿元,无息贷款765.4亿元,优惠贷款735.5亿元。[2] 2010年至2012年,中国对外援助规模持续增长,中国对外援助资金更多地投向低收入发展中国家,亚洲和非洲成为中国对外援助的主要地区。[3] 中国的这些对外援助扩大并加深了中国同广大发展中国家的关系和友谊,树立了中国负责任大国形象,赢得了国际社会的普遍赞誉。"一带一路"沿线大多数国家为发展中国家,在极度不平衡的世界经济格局中长期处于劣势地位,经济社会发展水平相对落后,具有强烈的改变经济社会发展落后现状的愿望。在"一带一路"公共外交的开展和实施过程中,可以围绕"一带一路"建设向"一带一路"相关国家提供经济、技术、人员、物资等方面力所能及的援助来促进"一带一路"相关国家经济社会的发展,改善"一带一路"相关国家公众的生产生活条件,进而来获得"一带一路"相关国家公众对中国和"一带一路"倡议的好感与信任、展现中国负责任大国国家形象和"一带一路"良好形象。具体来说,"一带一路"对外援助公共外交主要包括以下五个方面内容。

第一,尊重受援国的平等地位,不附加任何政治条件。通常来说,

---

[1] 周弘主编:《中国外援60年》,社会科学文献出版社2013年版,第1页。
[2] 中华人民共和国国务院新闻办公室:《中国的对外援助》,人民出版社2011年版,第6页。
[3] 中华人民共和国国务院新闻办公室:《中国的对外援助(2014)》,中华人民共和国国务院新闻办公室网站,2014年7月10日,http://www.scio.gov.cn/zfbps/ndhf/2014/Document/1375013/1375013.htm。

在由 DAC[①] 主导的南北援助关系中，援助国和受援国之间的关系是不平等的，援助国往往处于主导地位，受援国的自主权难以得到充分的尊重，而且传统的 DAC 援助国总是试图在援助中附加政治、人权、环境保护等种种条件来追求自身的政治经济利益。例如，美国的对外援助以实现其全球利益为重心、日本的对外援助以拓展其海外经济利益和外交空间为重心、英国的对外援助以扩大其在欧洲和前英属殖民地的影响力为重心、德国的对外援助以发展其海外商业利益为重心。[②] 与传统的 DAC 援助国不同，中国在对外援助中始终坚持以平等互利、不附带任何政治条件为核心的援助原则，这使得中国的对外援助更多地具有南南合作的色彩，这同时也是中国能够通过对外援助获得尊重、赢得支持的关键所在。因此，开展"一带一路"对外援助公共外交也必须坚持以平等互利、不附带任何政治条件为核心的援助原则，尊重"一带一路"相关受援国的平等地位和自主权利，绝不把提供援助作为干涉受援国内政、谋求政治特权的手段。

第二，构建系统、完善的援助管理体系。为了确保"一带一路"对外援助公共外交的顺利开展，需要构建系统、完善的援助管理体系，对"一带一路"对外援助公共外交的政策规划、项目执行、监督和评估等事务做出安排。具体来说，一是要通过与"一带一路"受援国政府和社会各界的密切沟通以及实地调查的方式来深入全面了解和掌握"一带一路"受援国的经济社会状况和援助需求，对拟实施的援助项目进行可行性调查和分析。二是要在对"一带一路"受援国的实际情况和援助需求调查分析的基础上，制定"一带一路"对外援助公共外交的总体政策规划和国别援助计划，合理确定援助的目标和进程，有针对性地开展援助活动。三是要加强组织领导和机构协调，可以将"一带一路"对外援助公共外交的各项任务分解到不同援助部门，由不同援助部门分管不同的援助区

---

① DAC，即经济合作与发展组织属下的发展援助委员会（Development Assistance Committee），该委员会主要由发达国家组成，现有29个成员国（28个经合组织成员国和欧盟），负责协调发达国家向发展中国家提供的官方发展援助，是国际社会援助发展中国家的重要机构。关于DAC 的详细介绍可参见经济合作与发展组织网站，http://www.oecd.org/dac/developmentassistancecommitteedac.htm。

② 刘鸿武、黄梅波：《中国对外援助与国际责任的战略研究》，中国社会科学出版社2013年版，第231、239页。

域和领域,并加强各援助部门之间的沟通与协调。四是在援助项目执行阶段要以确定的援助目标为导向,随时对援助项目的实施情况进行监控,并根据援助项目的实施情况适时、适当地调整援助项目的进程,以保证"一带一路"对外援助公共外交各项援助目标的实现。五是要在援助项目结束后与"一带一路"受援国相关部门联合对援助项目的成效展开评估,以总结经验教训,为后续的援助工作做好准备。

第三,拓展援助方式,采取多样化的援助形式。中国的对外援助方式主要包括成套项目援助、一般物资援助、技术合作、人力资源开发合作、援外医疗队、紧急人道主义援助、援外志愿者、债务减免等。[①] 但近年来,国际形势和"一带一路"共建国家的经济社会状况及发展需求都发生了新的变化。因此,开展"一带一路"对外援助公共外交有必要在继续保留和沿用既有援助方式的同时根据"一带一路"相关受援国的实际状况和需求来创新和拓展对外援助方式。首先,探讨试行援助项目"本土化"实施。一般而言,"一带一路"受援国更加了解本国的经济社会发展状况和自身需求,因而要想获得良好的援助效果,就需要推进援助项目"本土化"实施,让"一带一路"受援国更多地参与援助合作,在整个援助过程中尊重和发挥"一带一路"受援国的主事权。其次,依托国际组织积极开展多边援助。在中国的对外援助中,中国大部分对外援助是通过传统的双边渠道提供,多边援助占比较小。为淡化对外援助的政治色彩,可通过与联合国开发计划署、联合国教科文组织、世界卫生组织、世界银行等国际组织合作来开展多边援助,共同向"一带一路"受援国提供援助。最后,拓展志愿者活动的内容。目前,中国派遣的援外志愿者以青年居多,对外派遣的在各领域各行业经验丰富、表现突出的专家、学者较为不足。为提升援助绩效,可以向"一带一路"受援国派遣更多的专家、学者,甚至是已经退休的专家、学者来指导和助力援助工作。

第四,合理确定援助领域,提供差异化的援助内容。在传统的援助模式中,中国与 DAC 援助国对外援助的侧重点存在明显的不同。中国在提供对外援助时主要关注基础设施和生产部门,更加注重在短时间内促进受援国经济增长、就业增加和贫困减少,强调"发展有效性";而 DAC

[①] 中华人民共和国国务院新闻办公室:《中国的对外援助》,人民出版社 2011 年版,第 9 页。

援助国认为对基础设施和生产部门的关注虽然能带来经济效益，但并不能对贫困人口的生活和就业条件起到很好的作用，因而其在提供对外援助时更多地关注教育、医疗、卫生、环境等民生领域，注重为受援国提供良好的经济社会发展环境，强调"援助有效性"。[①] 对"一带一路"对外援助公共外交而言，随着"一带一路"沿线国家的经济社会状况及发展需求的变化，开展"一带一路"对外援助公共外交需要合理确定援助领域，提供差异化的援助内容。具体来说，对于经济发展水平较低、贫困程度较高的"一带一路"受援国，应该侧重于援助其农业、工业、能源、交通运输、经济基础设施等生产性领域，以帮助"一带一路"受援国提高自主发展能力、促进其经济的发展和贫困的减少；而对于具有一定经济发展基础的中等低收入"一带一路"受援国，则应该侧重于援助其社会和民生领域，以帮助"一带一路"受援国提高教育水平、改善医疗卫生条件和社会公益设施，为"一带一路"受援国经济的进一步发展营造良好的社会环境。

第五，重视发挥非政府组织、社会民间团体及私人部门的作用。开展对外援助活动必须要有充足的人力和财力作为支撑，因而仅仅依靠政府的力量是远远不够的，需要吸纳更多的援助主体参与进来。中国的对外援助通常是由政府主导，非政府组织、社会民间团体及私人部门的作用并未得到充分发挥。在这一点上，一些 DAC 援助国就十分注重在对外援助中加强与非政府组织、社会民间团体及私人部门的合作。[②] 因此，开展"一带一路"对外援助公共外交需要重视发挥非政府组织、社会民间团体及私人部门的作用，积极鼓励和支持本国以及"一带一路"受援国的非政府组织、社会民间团体及私人部门参与到援助中来。一方面，要充分发挥非政府组织、社会民间团体及私人部门的社会影响力，与本国以及"一带一路"受援国的非政府组织、社会民间团体及私人部门联合开展援助活动、联合实施援助项目，相互交流援助经验和信息，提升对外援助的有效性；另一方面，要充分发挥非政府组织、社会民间团体及

[①] 刘鸿武、黄梅波：《中国对外援助与国际责任的战略研究》，中国社会科学出版社 2013 年版，第 238—240 页。

[②] 刘鸿武、黄梅波：《中国对外援助与国际责任的战略研究》，中国社会科学出版社 2013 年版，第 245、247 页。

私人部门的资金优势,丰富"一带一路"对外援助公共外交的资金来源,推动援助资金来源渠道和方式的多样化。

五 华人华侨公共外交

华人华侨公共外交主要是指通过海外华人华侨来向住在国公众和主流社会全面、真实地介绍中国,增进住在国公众和主流社会对中国的理解和认知的公共外交活动。海外华人华侨是连接中国与世界的桥梁和纽带,是中国开展公共外交的独特资源和重要载体。据不完全统计,我国目前约有6000万海外华人华侨分布在世界各国。[1] 广大海外华人华侨具有中华血统,对中国具有割舍不断的"母国"情结,他(她)们了解中外历史、政治、经济、民族、宗教等状况,熟悉住在国政治制度、法律环境、民风乡俗和文化心理,积极参与住在国的政治、经济、文化、社会生活,具有跨文化、跨国界的特殊地位和人脉网络,在传播中华文化、沟通中外思想方面具有独特优势,有利于向当地公众和主流社会全面、真实地介绍中国的发展状况,推介和塑造易为当地公众理解、主流社会接受的中国形象和话语体系。其中,华人社团、华文媒体和华文教育作为华人社会的三大支柱在推动中外交流、讲述中国故事、传播中国声音方面更是发挥着举足轻重的作用。以华人社团来说,各种性质和类型的华人社团是传播中华文化、凝聚华人华侨力量的重要形式,这些华人社团通常由各领域、各行业的社会精英组成,在住在国当地具有广泛的社会影响力,对住在国的社会舆论和政府决策往往能够施加更多的影响。其中,比较著名的华人社团有美国百人会、美东华人社团联合总会、欧洲华人华侨社团联合会、巴西华人文化交流协会等。以美国百人会为例,美国百人会是由著名华裔建筑师贝聿铭、音乐家马友友等人于1990年共同发起成立的一个美国华人精英组织,该组织全部由在美国社会各界中卓有成就、具有一定社会影响力与知名度的华裔组成,其始终致力于推动中美间相互了解与合作、促进中美关系良性发展以及两岸政治经济交流。成立30多年来,百人会通过组织中美各专业领域和专业人士之间的对话和交流来向美国的精英层和主流社会传播中国声音和中国文化、介绍中国的发展成就和政策理念、消除美国社会对中国的误解和偏见,并

---

[1] 王辉耀主编:《中国国际移民报告(2015)》,社会科学文献出版社2015年版,第13页。

通过开展中美关系民意调查和撰写《美中关系白皮书》等形式来发现中美关系发展过程中存在的问题和障碍，为中美建立相互信赖的建设性关系贡献自己的智慧和力量。对于"一带一路"公共外交而言，"一带一路"沿线国家中分布着大量的华人华侨，是开展和实施"一带一路"公共外交的重要依靠力量。目前居住在东南亚的华人华侨约占海外6000万华人华侨的四分之三，其中以泰国、印度尼西亚、新加坡和马来西亚居多。同时，改革开放后出去的900多万中国移民中，有大部分分布在北美洲和欧洲，而近年来随着中国企业国际化的推进，中亚和非洲的中国国际移民也在逐年增加。[①] 毋庸置疑，华人华侨已成为中国加强与"一带一路"沿线国家联系的桥梁和纽带，将在"一带一路"公共外交中扮演重要角色。因此，开展和实施"一带一路"公共外交需要积极发挥广大海外华人华侨在传播中华文化、促进中外交流、讲述中国故事、传播中国声音、塑造中国形象方面的重要作用，通过华人华侨来向住在国公众和主流社会全面、真实地介绍和展示"一带一路"倡议、增进住在国公众和主流社会对"一带一路"倡议的理解和认知。具体来说，可以从以下三个方面来推进"一带一路"华人华侨公共外交。

第一，支持华人华侨参与"一带一路"建设，展现"一带一路"良好风貌。海外华人华侨具有突出的人才、资本和商业优势，他（她）们中很多人在住在国当地创立了企业，具有一定的产业基础。近年来，华人华侨从业更加多元，经济科技实力也有了很大的提升，尤其是在高科技领域，由华人华侨创办的企业表现得尤为突出。例如，美国一项调查表明，在美国每年的高科技创业公司中，有四分之一的公司是由移民创办，其中，由中国移民创办的高科技创业公司数量居于所有移民创办高科技创业公司前列。此外，根据英国媒体的报道，每7家英国企业中就有1家属于移民企业，而这些移民企业家中有很大一部分来自中国。[②] 同时，据中国与全球化智库的统计，目前海外华人华侨专业人士人数已接近400万，其普遍具备较高层次的知识结构和技能水平，行业分布以高新

[①] 王辉耀主编：《中国国际移民报告（2015）》，社会科学文献出版社2015年版，第43页。
[②] 王辉耀主编：《中国国际移民报告（2015）》，社会科学文献出版社2015年版，第6页。

技术、金融等领域为主,[①] 这也表明海外华人华侨的人才、资本和商业优势在不断扩大。因此,应该充分发挥海外华人华侨的人才、资本和商业优势,鼓励并积极创造条件让他（她）们参与"一带一路"的建设,支持其成为"一带一路"倡议的参与者、建设者和促进者。通过海外华人华侨的参与,一方面来带动中国与住在国政府和企业在"一带一路"建设中的相互合作,另一方面来向住在国公众和主流社会展示"一带一路"共建共享、互利共赢的良好风貌,提升"一带一路"倡议的国际形象。

第二,发挥华人华侨文化纽带作用,传播和弘扬丝路文化。海外华人华侨既是中国国家"硬实力"的载体（如投资经商、创新创业等经济活动）,也是中国国家"软实力"的载体（如传承和传播中华文化）。[②] 华人华侨在海外扎根立足,熟悉住在国的历史文化、风俗习惯和文化心理,肩负着传播和弘扬中华文化的重要责任和使命。近年来,海外华人社团、华文媒体和华文教育等不同形式的文化团体迅速发展,组织开展了一系列中外文化交流对话活动,极大地弘扬了中华文化、推动了中华文化走向世界。例如,海外华人艺术团体借助中国传统节日在住在国举行了大巡游、广场文化演出等的大规模系列庆典活动,使其他族群、主流公众都广泛参与到庆典活动中,有效地促进了中华文化在海外的传播。海外华文媒体普遍加大了对中国的报道力度,不断向住在国公众介绍中国的政治进步、经济发展和文化繁荣,进一步增进了住在国公众对中国的了解和认识。因此,要充分发挥海外华人华侨的文化纽带作用,依托海外华人华侨来传播和弘扬丝路文化、增进他国公众对"一带一路"倡议的文化共鸣。具体来说,海外华人社团和华文教育团体可通过丝路文化交流对话和艺术演出等形式来传播和弘扬丝路文化,海外华文媒体则可通过加大对丝路文化和"一带一路"建设的报道和宣介力度来增进住在国公众对丝路文化和"一带一路"倡议的认知和理解。

第三,鼓励华人华侨积极参政议政,营造"一带一路"良好社会氛围和政策环境。随着海外华人华侨逐步融入当地主流社会,海外华人华侨在当地的政治社会地位和影响力不断提升,加之海外华人华侨族群意

[①] 王辉耀、苗绿:《海外华侨华人专业人士报告（2014）》,社会科学文献出版社2014年版,第8、20页。

[②] 王辉耀主编:《中国国际移民报告（2015）》,社会科学文献出版社2015年版,第44页。

识和参政意识的普遍提高，海外华人华侨更有意愿、有热情、有能力为推动中国发展与进步、促进中国与各国友好合作贡献自己的力量。其中，华人社会中的华人团体和华文媒体作为海外非官方的民间组织具有更加广泛的人脉关系和社会影响力、动员力，其通常与住在国的官方都保持着密切的联系，往往能够通过组织新闻报道和评论、开展民意调查、撰写调查报告和政策建议报告、与住在国官员会晤、与当地政府对话、配合中国驻当地使领馆开展活动等方式来影响住在国的社会舆论和政府决策。因此，应该把海外华人华侨尤其是华人团体和华文媒体的力量组织起来服务于"一带一路"建设，为"一带一路"建设营造良好的社会舆论氛围和政策环境。具体来说，一方面要积极鼓励华人华侨参政议政，通过在住在国政府的华人华侨来影响住在国政府对"一带一路"倡议的态度和政策；另一方面要积极鼓励华人团体、华人媒体与住在国政府就"一带一路"相关议题展开对话和沟通，并围绕"一带一路"相关议题以组织新闻报道和评论、开展民意调查、撰写调查报告和政策建议报告等形式来影响住在国公众对"一带一路"倡议的态度和认知、塑造住在国关于"一带一路"倡议的社会舆论，为"一带一路"建设争取良好的政策环境。

第四节 "一带一路"公共外交的效果评估

公共外交的效果评估是整个公共外交战略规划的最后环节。在公共外交的开展和实施过程中，任何国家都无法确保所开展和实施的公共外交活动和项目能够以既定的方式和时间达到预期的目标。因此，一方面需要在公共外交的实施过程中对公共外交的效果进行评估，以及时发现和纠正公共外交活动中出现的偏差和失误，保障公共外交活动按照既定的目标和方向进行，另一方面需要在公共外交活动完成后对公共外交的总体成效进行评估，以总结经验教训、为以后的公共外交活动奠定基础。为保证"一带一路"公共外交以有效的方式、在特定的时间达到预期的目标，也需要对"一带一路"公共外交的实施效果进行评估。具体来说，"一带一路"公共外交的效果评估主要包括评估的理论依据、方法技术、指标体系、过程控制等内容。

一 效果评估的理论依据

目前,理论界和学术界并未建立起专门的、系统的公共外交效果评估理论。因而,对"一带一路"公共外交进行效果评估可以从其他相关学科理论中汲取营养。从理论上讲,公共外交所达到的效果包括公共外交活动和项目所影响公众的知晓程度、舆论、认知、情感、态度和行为,即公共外交活动和项目对公众的知晓度、舆论、认知、情感、态度和行为产生了什么样的影响。而在这个过程中,沟通(或信息传播)与公众直接的、即时的在认知、情感、态度和行为方面所受的影响之间有着强烈的因果关系。从这个意义上来说,传播学中的传播效果理论、营销学中的形象识别理论以及心理学中的心理过程理论等为"一带一路"公共外交的效果评估提供了理论依据。

传播学中的传播效果理论关注传播者所传信息在信息接收者那里产生的有效结果,其中具有代表性的传播效果理论包括"议程设置"理论(Agenda-setting Theory)、"沉默的螺旋"理论(Spiral of Silence Theory)、"培养"理论(Cultivation Theory)等。"议程设置"理论认为,大众传播媒介在一定阶段内对某个事件和社会问题的突出报道会引起公众的普遍关心和重视,进而成为社会舆论讨论的中心议题。换言之,大众传播媒介关于某一问题发出的信息为公众设置了议程,媒介报道什么,公众便注意什么,媒介越重视什么,公众就越关心什么。[1] "沉默的螺旋"理论将一种普遍的心理规律运用到媒介效果的分析之中,认为大众传媒通过营造"意见环境"来影响公众的意见表达,这种"意见环境"所带来的安全感或压力会使与媒体一致的"优势"意见变得更加强大而使得与媒体相悖的意见转向"沉默"。如此循环便形成了"优势意见的增势"和"劣势意见的沉默"的螺旋式扩展过程,直到媒体描述的"现实"变成事实为止。[2] "培养"理论认为,社会要作为一个整体存在和发展下去,就需要公众对该客观存在的事物及各个事物之间的相互关系有一种大体一致或相近的认识,而公众的这种"共识"则需要由大众传播媒介来培

---

[1] 李彬主编:《大众传播学》,中央广播电视大学出版社2000年版,第250页。
[2] 程曼丽:《国际传播学教程》,北京大学出版社2006年版,第206—207页。

养。① "议程设置"理论、"沉默的螺旋"理论、"培养"理论等传播效果理论对大众传播媒介的效果做了比较准确适中的定位,相对客观地描述了大众传播媒介对公众认知和社会舆论的影响。"一带一路"域内外国家公众对"一带一路"倡议和"一带一路"公共外交的认知也主要受大众传播媒介所传递的信息影响。因此,"一带一路"公共外交的效果评估需要充分考虑到大众传播媒介的作用、信息传播的数量和质量等因素,注重大众传播媒介和信息传播对"一带一路"域内外国家公众认知、态度及社会舆论的形成和变化所产生的影响。

营销学中的形象识别理论认为,组织或企业的形象是可以识别和塑造的,因而需要将组织或企业的形象进行整体设计和策划,以使得组织或企业迅速提升自己的知名度、美誉度和公众的认可度。其中,具有代表性的形象识别理论主要有企业形象识别系统理论(Corporate Identity System)和政府形象识别系统理论(Government Identity System)。企业形象识别系统理论认为,企业形象识别主要包括三部分组成要素,即理念识别(Mind Identity)、行为识别(Behaviour Identity)和视觉识别(Visual Identity)。理念识别体现了企业共同认可和遵守的价值准则和文化观念,理念识别属于企业文化的意识形态范畴,在所有要素中居于核心地位并指导着其他两个要素。行为识别是企业理念的行为表现,是企业理念的动态识别形式。视觉识别是企业理念的视觉化标志,是企业理念的静态识别形式。② 政府形象识别系统理论则是在企业形象识别系统理论的基础上延伸而来。政府的理念识别主要是指政府的执政观念、指导原则的识别,行为识别主要是指政府的具体政策举措和政策行为的识别,视觉识别主要是指政府通过特定的名称、标志、图案、建筑物、办公环境、人员车辆、出版物等形象载体向公众所展现的形象识别。③ 形象识别理论强调组织或企业形象对于增强组织或企业知名度、美誉度和认可度的重要性,主张通过对组织或企业的理念、文化、行为及视觉标志的统一设计和整合来强化组织或企业的传播效果。"一带一路"倡议的海外形象也直接关系到"一带一路"倡议的知名度、美誉度和认可度。因此,"一带一

---

① 程曼丽:《国际传播学教程》,北京大学出版社2006年版,第207页。
② 吴友富:《中国国际形象的塑造和传播》,复旦大学出版社2009年版,第84页。
③ 吴友富:《中国国际形象的塑造和传播》,复旦大学出版社2009年版,第85—92页。

路"公共外交的效果评估需要考虑到影响"一带一路"形象的各类要素和信息,注重与"一带一路"建设和"一带一路"公共外交相关的理念、行为及视觉识别信息对"一带一路"倡议知名度、美誉度和认可度的影响。

心理学中的心理过程理论认为,人的心理活动大致分为认知、情感和意志三个过程。认知过程是人脑由表及里、由现象到本质地反映客观事物特征的过程,包括感觉、知觉、观念、意象或概念,以及在此基础上形成起来的具有倾向性的思维方式。情感过程是人们在认知客观事物时带有某种倾向性的情感体验过程,通常表现为对所认知客观事物的接纳或拒绝、喜爱或厌恶、热情或冷漠、敬重或轻视等。意志过程是人们自觉地制定目标,并积极主动地克服困难实现目标的过程。[①] 对公共外交而言,公共外交的开展和实施过程就是对他国公众的认知、态度和行为施加影响的过程。首先,开展公共外交的一国政府向他国公众传递信息,由他国公众对接收到的信息进行加工处理,形成对公共外交活动既有认知;其次,他国公众在既有认知的基础上对公共外交活动产生情感体验,形成对公共外交活动的特定态度;最后,他国公众将对公共外交活动的既有认知和特定态度上升为自我意志,并根据自我意志选择合适的行为。"一带一路"域内外国家公众对"一带一路"倡议和"一带一路"公共外交的心理过程也会经过认知、情感和意志三个阶段。因此,"一带一路"公共外交的效果评估需要充分考虑到公众的认知、情感和态度等因素,把握"一带一路"域内外国家公众的认知、情感和态度等心理活动的规律和过程。

二 效果评估的方法技术

一般来说,公共外交效果评估的对象指向软实力、影响力、形象、态度、认知等抽象层面,要对其实施效果进行准确的评估并非易事。因此,关于公共外交效果评估的方法和技术目前学术界尚未达成共识。例如,有的学者强调从投入的层面来评估公共外交的实施效果,注重考察公共外交活动的数量、投入预算、发布信息数量等;有的学者强调从产出的层面来评估公共外交的实施效果,注重考察公共外交活动的参与者、

---

① 韩方明主编:《公共外交概论》(第二版),北京大学出版社 2012 年版,第 197 页。

媒体报道情况等；① 有的学者强调通过民意调查来评估公共外交的实施效果，注重考察他国公众对公共外交实施国及公共外交活动的好感度和认可度。② 总的来看，对公共外交实施效果进行评估主要是借助数理统计分析和民调学研究的方法和技术来完成的，综合投入层次、产出层次、结果层次（民意调查可视为是结果层次的评估）的评估是目前进行公共外交实施效果评估较为理想的方式。③ 因此，对于"一带一路"公共外交的实施效果而言，可以采取"投入—产出"测评和民意调查相结合的方法来进行评估。

一方面，通过"投入—产出"的方法来评估"一带一路"公共外交的实施效果。在投入层次的评估中，应关注"一带一路"公共外交活动的开展数量、资金和人力资本的投入预算以及"一带一路"信息的发布数量等。在具体的操作方法上，投入层次的评估可通过采取统计分析的方法来完成。在产出层次的评估中，应关注"一带一路"域内外国家公众对"一带一路"倡议的态度转变情况和"一带一路"公共外交活动的参与情况以及海外媒体对"一带一路"倡议和"一带一路"公共外交的报道情况等。在具体的操作方法上，产出层次的评估可以通过内容分析的方法来完成。内容分析是一种对传播媒介中传播内容进行客观、系统、定量描述的研究方法和技术。内容分析是国际传播受众及效果研究中经常采用的一种方法，内容分析的方法之所以能够运用于"一带一路"公共外交产出层次的评估是因为通过对"一带一路"域内外国家的媒体进行内容分析可以了解"一带一路"倡议在相关国家中的形象、声誉、影响力以及相关国家公众对"一带一路"倡议的态度倾向和行为选择。一般来说，对海外媒体的内容分析主要涉及报道数量、关注焦点、报道特点、报道倾向、舆情分析等方面。内容分析有两种类型：一种是对海外主流媒体的内容分析，另一种是对海外非主流媒

---

① ［日］金子将史、北野充：《公共外交："舆论时代"的外交战略》，《公共外交》翻译组译，外语教学与研究出版社 2010 年版，第 19 页。
② 北京外国语大学公共外交研究中心编：《中国公共外交研究报告（2011/2012）》，时事出版社 2012 年版，第 301 页。
③ ［日］金子将史、北野充：《公共外交："舆论时代"的外交战略》，《公共外交》翻译组译，外语教学与研究出版社 2010 年版，第 19 页。

体的内容分析。① 主流媒体反映着一国政府意向和公众态度,通过对海外主流媒体的内容分析可了解国际舆情以及国际社会对"一带一路"倡议的评价。此外,世界上许多国家都是由多民族、多族群组成,很多少数族裔都有自己的媒体,这些非主流媒体的舆论引导力和社会影响力不容小觑。因此,有必要有针对性地选取一些海外非主流媒体进行关于"一带一路"倡议的内容分析。

另一方面,通过民意调查的方法来评估"一带一路"公共外交的实施效果。民意调查是一种运用科学方法及统计手段及时、准确地收集、整理、统计公众意见、态度和评价的社会活动。② 民意调查作为"一带一路"公共外交实施效果结果层次的评估重点在于了解"一带一路"域内外国家公众对"一带一路"信息的接受程度和满意程度,以及在此基础上形成的对"一带一路"倡议的态度。接受度是"量"的概念,反映"一带一路"信息的传播范围,回答"一带一路"信息渠道是否通畅的问题;满意度是"质"的概念,反映"一带一路"信息被接受、被喜爱的程度,回答"一带一路"信息传播是否有效的问题。二者共同影响着"一带一路"域内外国家公众对"一带一路"倡议的认知和态度,决定着"一带一路"倡议的知晓度、吸引度和认可度。在具体的操作方法上,"一带一路"公共外交实施效果的民意调查可以通过问卷调查、访谈、在线调查的方法来完成。在"一带一路"公共外交实施效果的民意调查中,需要设计允许开放回答的问题,即设计民意调查的内容(如"您认为'一带一路'倡议的形象和声誉如何""您是否意识到中国通过一些活动或工具,如新闻媒体、重大事件、知名人物、出版物等来提高'一带一路'倡议的形象和声誉,如果有,您认为这些活动或工具对提高'一带一路'倡议的形象和声誉有多大成效""您认为'一带一路'倡议对自己国家和世界产生的影响是积极的还是消极的""您对'一带一路'倡议持有的态度是什么"等)来如实反映出"一带一路"域内外国家公众对"一带一路"信息传播的接受度和满意度以及对"一带一路"倡议的看法、态度和评价,进而反映出"一带一路"公共外交的实施效果。同时,这些调查问题与内容需要与"一带一路"公共外交效果评估的指标体系相对应。

---

① 程曼丽:《国际传播学教程》,北京大学出版社2006年版,第223—224页。
② 程曼丽:《国际传播学教程》,北京大学出版社2006年版,第220页。

三 效果评估的指标体系

公共外交的效果评估除了要明确评估的理论依据和方法技术，还需要设计出一套评估指标体系用于对公共外交效果的量化测评。所谓公共外交效果评估的指标体系就是指由一系列参数指标共同构成的测评集合。目前，学术界对如何评估公共外交的效果并未形成统一认识，因而公共外交效果的评估框架、体系、指标等也都处于探索之中。鉴于此，需要在参考学术界的相关研究的基础上，结合"一带一路"公共外交目标任务来探讨"一带一路"公共外交效果评估的指标体系。一般来说，公共外交的效果评估包含"两个维度"和"三方面内容"。"两个维度"是指影响性维度（Affective）和规范性维度（Normative），影响性维度即一国的文化、价值、政策和公共外交活动对他国公众的吸引程度，规范性维度即一国政策、行为和公共外交活动的合法性和受认可程度。[①] "三方面内容"是指公共外交传播的信息是否有效传递、传播的方式和途径效率如何、传播对目标公众的态度和行为产生了什么样的影响。[②] 因此，"一带一路"公共外交效果评估的指标体系可以从这"两个维度"和"三方面内容"来入手，并将每一个维度和方面都分解为一系列更加细致的量化测度指标（如表4—1所示）。

表4—1　　　　　"一带一路"公共外交效果评估指标体系

维度	评估指标（内容）	释义	赋值
（"一带一路"倡议的知晓度和吸引度）影响性维度	1. "一带一路"信息内容是否正确充分	所传播的"一带一路"信息必须是真实可靠且内容充分易于识别	1—10
	2. "一带一路"信息表现形式和传播方式是否恰当有效	合理新颖的"一带一路"信息表现形式，丰富多样的传播工具和手段，针对不同目标公众确定特定的传播内容和方式	1—10

[①] Byong-kuen Jhee, "Measuring Soft Power in East Asia: An Overview of Soft Power in East Asia on Affective and Normative Dimensions", in Sook Jong Lee and Jan Melissen, eds., *Public Diplomacy and Soft Power in East Asia*, New York: Palgrave Macmillan, 2011, pp. 51–64.

[②] 欧亚、王朋进：《媒体应对——公共外交的传播理论与实务》，时事出版社2011年版，第132页。

续表

维度	评估指标（内容）	释义	赋值
（"一带一路"倡议的知晓度和吸引度）影响性维度	3. "一带一路"信息传播数量和目标公众接收到"一带一路"信息的情况	"一带一路"公共外交活动中所进行的媒体信息传播、发布信件和宣传材料、新闻发布数量以及接收到"一带一路"信息的目标公众数量	1—10
	4. 海外媒体报道和采用"一带一路"信息的情况	海外媒体对"一带一路"信息的报道数量、采用数量、关注焦点、报道特点及倾向	1—10
	5. 目标公众关注和了解"一带一路"信息内容的情况	"一带一路"信息内容受关注和受喜爱的程度以及目标公众关注了解"一带一路"信息内容的意愿	1—10
	6. 建立可持续发展的"一带一路"对话平台和参与机制情况	有效的公共外交必然是与目标公众间的有效对话与互动而非独白，因而要建立与目标公众的对话平台和互动机制	1—10
	7. 目标公众参与"一带一路"信息讨论和相关活动的情况	目标公众在媒体和公共平台参与"一带一路"信息讨论以及参与"一带一路"公共外交教育、文化等交流访问活动的数量和态度倾向	1—10
	8. 建立"一带一路"公共外交信息收集和反馈机制的情况	"一带一路"公共外交的行为主体需自觉充当观察者的角色，在行动中收集目标公众的反应和数据以不断优化以后的行动	1—10
（"一带一路"倡议的认同度和支持度）规范性维度	9. 目标公众改变对"一带一路"倡议及中国的观点和态度情况	目标公众信任和赞许"一带一路"倡议以及理解和认同中国文化、价值、政策的程度和数量	1—10
	10. 目标公众发生期望行为和重复期望行为的情况	目标公众采取支持"一带一路"倡议及中国文化、价值、政策的行为并重复这种行为的程度和数量	1—10

续表

维度	评估指标（内容）	释义	赋值
（"一带一路"倡议的认同度和支持度）规范性维度	11. 对目标公众所在国社会舆论产生的影响	因目标公众采取支持"一带一路"倡议及中国文化、价值、政策的态度和行为而导致所在国社会舆论偏向于中国	1—10
	12. 对目标公众所在国政策制定和调整产生的影响	因目标公众和社会舆论对"一带一路"倡议及中国文化、价值、政策的认同和支持而导致所在国政府对"一带一路"倡议的信任和对华政策的友好	1—10

资料来源：作者自制。

通常来说，一个完整的指标体系除了具体的测度指标之外，还应包括指标标准值和指标权重。所谓指标标准值实际上就是按照一定的规则用分数段表示测度指标所处的"标准状态"，即给测度指标赋予一定的分数，根据其所处的分数段做出评价结论，这个过程也被称为"赋值"。测度指标的赋值方法主要有两种：一种是标准赋值，即按照达到指标规定的程度直接进行赋值；另一种是等级赋值，即根据达到指标规定的程度分等级进行赋值。所谓指标权重是指每个或每项测度指标在整个指标体系中所占的比重，反映特定测度指标在整体评价体系中的相对重要程度。指标权重的设置方法有以下三种：一是主观经验法，即评估者凭自己以往的经验直接给测度指标设定权重，该方法一般适用于评估者对评估对象非常熟悉和了解的情况下；二是主次因素分析法，即在整个指标体系所有测度指标中分清主次，识别出重点指标和一般指标，按照其重要性程度设定权重；三是德尔菲法，即采用背对背的通信方式征询有关专家对测度指标权重设定的意见，由每位专家先独立地对测度指标设定权重，经过几轮征询和反馈使专家小组的意见趋于集中，最后对每项测度指标的权重取平均值作为最终权重。

对于"一带一路"公共外交效果评估指标体系而言，可采取标准赋值的方法对每项测度指标赋予 1 到 10 的分值，1 和 10 分别对应极值，如 1 代表"极差"，10 代表"极好"，按照达到指标规定的程度对 12 项测度指标进行取值,并采取德尔菲法来征询有关专家以获得具有较高准确率的集体判断结果作为对 12 项测度指标的最终权重。在确定了"一带一路"公共外交效果评估的测度指标、指标标准值、指标权重之后,可根据计算公式(2)来对"一带一路"公共外交的实施效果进行量化评估。

具体来说,"一带一路"公共外交效果评估的指标权重公式如下:

$$\{W_i \mid i = 1,2,\cdots n\} \sum_{i=1}^{n} W_i = 1 \qquad (1)$$

公式(1)中 W_i 代表"一带一路"公共外交效果评估指标权重值,其中:$0 < W_i \leq 1$;$i = 1, 2, \cdots, n$。n 代表"一带一路"公共外交效果评估权重指标个数。

"一带一路"公共外交效果评估的计算公式如下:

$$E = P_1 W_1 + P_2 W_2 \cdots + P_n W_n \qquad (2)$$

公式(2)中 E 代表"一带一路"公共外交效果评估结果,其中:$P_1 - P_n$ 代表"一带一路"公共外交效果评估各项测度指标的取值,$W_1 - W_n$ 代表"一带一路"公共外交效果评估各项评估指标所赋予的权重值。

四 效果评估的过程控制

对"一带一路"公共外交的实施效果进行评估,不仅需要明确"一带一路"公共外交效果评估的理论依据、方法技术、指标体系,在实际的操作过程中,还需要通过相关举措和途径来对"一带一路"公共外交效果评估的各项环节和进程进行控制和管理,以保障"一带一路"公共外交效果评估工作的顺利进行。具体来说,"一带一路"公共外交效果评估的过程控制主要包括以下四个方面内容。

一是建立"一带一路"公共外交效果评估机构和机制。公共外交的效果评估机构和评估机制是公共外交效果评估中不可或缺的组成部分。一些西方国家就十分重视本国公共外交的效果评估工作,建立了专门的公共外交效果评估机构和机制。例如,美国早在 1948 年就设立了"公共外交咨询委员会"专门负责对美国的公共外交实施情况进行评估和研究,其主要任务包括:向白宫、国务院、国会提供确立公共外交项目的建议以及提交已实施公共外交项目及活动的报告;评估政府或其他部门公共外交政策实施的有效性;出版年度评估报告,增进国内外公众对美国公共外交项目的理解和支持。英国也于 2002 年在"公共外交战略委员会"

下设了"公共外交战略与绩效管理委员会"来负责审议英国的公共外交政策，对政府实施的公共外交项目和活动进行测量、评估、管理和监督。① 因此，对于"一带一路"公共外交而言，可在"一带一路"公共外交领导部门下设"一带一路"公共外交效果评估的专门机构来负责组织开展对"一带一路"公共外交实施效果的评估，并通过建立相应的"一带一路"公共外交效果评估机制来使对"一带一路"公共外交的实施效果评估机制化、制度化。

二是委托专业机构协助"一带一路"公共外交效果评估。公共外交效果评估是一项复杂且专业的工作。由于政府管理机构人员构成、时间精力和专业知识的限制，因而在公共外交的效果评估中需要相关专业评估机构和团队的协助与配合。而在这些评估机构中，尤以专业化的民意调查机构最具代表性。专业化的民意调查机构通常具有专业的知识体系，能够及时、准确地收集、整理、统计公众的意见、态度和评价，并对这些意见、态度和评价进行相对专业、科学的分析和研究，形成研究报告和政策建议。因此，专业化的民意调查机构是公共外交的效果评估中主要的受委托机构。在西方一些发达国家中，民意调查起步较早，业务比较成熟，形成了一批具有广泛世界影响力的商业性民调公司，如皮尤民意调查中心、盖洛普民意测验公司、哈里斯民意测验公司、YouGov 民意调查公司等。此外，国内外一些媒体、大学、研究所也都设有自己的民调部门，并且定期或不定期地发布民意调查结果。对于"一带一路"公共外交而言，可将"一带一路"公共外交效果评估的民调任务以及相关的具体评估事务委托于国内外专业的民调机构或其他评估机构来完成，以提升"一带一路"公共外交效果评估的效率和科学性。

三是调整和完善"一带一路"公共外交效果评估体系。一般来说，公共外交效果评估体系是基于当时的客观环境和条件所建立的。因此，随着客观环境和条件的改变，公共外交效果评估体系也需要随之做出调整和改变，只有这样才能保证公共外交效果评估体系的有效性。"一带一路"公共外交的效果评估体系同样是基于"一带一路"建设的国内外客观环境和条件所建立的。在"一带一路"公共外交效果评估中，"一带一路"建设的国内外客观环境和条件的变化决定了"一带一路"公共外交

---

① 赵可金：《公共外交的理论与实践》，上海辞书出版社2007年版，第249、401页。

效果评估体系的调整和变化。例如，随着"一带一路"媒介生态环境和"一带一路"域内外国家公众状况的变化，一些原来没有预想到的评估需求会产生出来，一些原有的评估指标或内容会变得不合时宜，这时候就需要对"一带一路"公共外交效果评估体系进行调整和改造，增减它的功能范围以适应新的工作环境和任务需求。总之，为保证"一带一路"公共外交效果评估体系的有效性和生命力，在"一带一路"公共外交效果评估体系建立后，有必要根据"一带一路"建设的国内外客观环境和条件的变化不断进行调整和完善。

四是注重外部因素对"一带一路"公共外交效果评估的影响。在公共外交效果评估中，公共外交效果评估的结果往往会受到公共外交以外的因素的影响与左右。例如，当两国关系紧张或者恶化的时候，一国对另一国公众所开展的公共外交活动往往会因为另一国公众强烈的抵制和厌恶情绪而收效甚微。也就是说，政治、历史等外部因素对公共外交效果产生着巨大的影响，在一些情况下，一国在另一国的公共外交活动收效甚微可能是由于两国在政治、历史等方面发生了问题，而非公共外交方面出现了问题。"一带一路"公共外交的实施效果也会受到政治、历史等外部因素的影响。因此，在进行"一带一路"公共外交效果评估时，要注重政治、历史等外部因素对"一带一路"公共外交效果评估的影响，将外部因素作为"一带一路"公共外交效果评估的特殊情况加以考虑。

第五章

"一带一路"公共外交的实践路径

"一带一路"公共外交是一项长期的系统工程，其旨在通过信息传播、国际公关、人文交流等多种手段和途径向"一带一路"域内外国家公众全面、准确、鲜活地展示、宣介和传播"一带一路"倡议，消除"一带一路"域内外国家公众对"一带一路"倡议的疑虑与猜忌，激发"一带一路"域内外国家公众对"一带一路"倡议的参与意愿，深化"一带一路"域内外国家公众对"一带一路"倡议以及中国的理解、信任与支持。为保证各项目标的实现，"一带一路"公共外交需要根据整体规划的安排协同推进、稳步实施。鉴于此，本章主要从构建"一带一路"公共外交话语体系、丰富"一带一路"公共外交公关模式、拓展"一带一路"公共外交交流领域、加强"一带一路"公共外交机制建设等方面来探寻"一带一路"公共外交的实践路径。

第一节 构建"一带一路"公共外交话语体系

在当今世界，话语（Discourse）不仅仅是思维符号和交往工具，更是国际关系中权力的一种表现方式，世界各国越来越注重在国际交往中利用话语来创造知识、塑造舆论、获取认同。可以说，话语即权力，谁掌握了话语权，谁就在国际交往中掌握了主动。对公共外交而言，公共外交的核心就是竞争话语权，话语权在公共外交中扮演着重要角色。一方面，提升话语权是公共外交的内在要求；另一方面，公共外交是话语转化为权力的重要途径。当前，在"西强我弱"的国际传播格局和传播语境中，中国话语的影响力较为微弱，这在很大程度上导致了中国国际形象的树立和声音的传播主要源于"他者"而非"自我"。对此，党中央明确提出要"加强国际传播能力和对外话语体系建设"。① 习近平总书记指出,"要努力提高国际话语权","精心构建对外话语体系,增强对外话语的创造力、感召力、公信力,讲好中国故事,传播好中国声音,阐释好中国特色。"② 而对于"一带一路"倡议而言,面对不良国际舆论的歪曲和国际社会的质疑,"一带一路"倡议在对外展示、宣介和传播的过程中关键也在于掌握和提升"一带一路"国际传播的话语权。因此,开展和实施"一带一路"公共外交,要将"一带一路"国际传播的话语权建设放在重要位置,着力构建"一带一路"公共外交话语体系。具体来说,"一带一路"公共外交话语体系主要涉及"一带一路"国际话语、"一带一路"国际话语创新、"一带一路"国际话语传播以及"一带一路"意见领袖培养等方面的内容。

一 "一带一路"的国际话语

从知识源头上说,"话语权"是一个"后现代"概念,其主要源于后殖民主义理论和后现代主义理论。后殖民主义理论认为话语体现为一种权力结构,言说者通过话语来建立符合自身利益的统一意见,并将这种统一意见描述为"正常现实"。后现代主义理论强调思想、观念、知识、意识形态等话语背后所隐含的某种权力关系,认为话语隐含着对言说者地位和权力的隐蔽性认同。其中,葛兰西的"领导权"理论、哈贝马斯的"话语民主"和"合法化"理论、罗兰·巴特(Roland Barthes)的"泛符号化"理论、让·鲍德里亚(Jean Baudrillard)的"仿像"理论等都为话语权理论的产生奠定了基础。而最早将"话语权"作为独立概念提出的则是法国思想家米歇尔·福柯(Michel Foucault)。福柯的"话语权"思想集中反映在《知识考古学》和《规训与惩罚》两部著作之中。福柯认为,人类的一切思想和认识都由话语表达,话语不仅仅是一种思维符号和交往工具,更是一种思想系统,其包含了一系列建构某一主题的观念、态度、知识、行动和实践,因而历史由一系列连续的话语所建构。福柯指出,"诚然,话语是由符号构成的,但话语所做的不只是使用

---

① 《中共中央关于全面深化改革若干重大问题的决定》,《人民日报》2013年11月16日第1版。

② 《提高软实力 实现中国梦》,《人民日报》(海外版) 2014年1月1日第1版。

这些符号以确指事物",话语分析的任务在于"不把——不再把——话语当作符号的总体来研究,而是把话语作为系统地形成这些话语所言及的对象的实践来研究"。① 在这里,福柯将话语与权力联系起来,认为话语背后体现着权力关系,是权力决定着话语"由谁说""说什么""怎么说"以及"在什么地方说",② 并强调话语与权力的相互建构以及话语对知识和历史的建构。在福柯看来,话语主体通过权力的行使对话语进行选择、解构和建构,同时话语也传递、产生、强化着权力,而历史的叙事也始终伴随着话语权的行使。对此,福柯指出,"将历史分析变为连续的话语,把人类的意识变成每一个变化和每一种实践的原主体,这是同一思想系统的两个方面"。③ "不相应地建构一种知识领域就不可能有权力关系,不同时预设和建构权力关系就不会有任何知识。"④

福柯的话语权思想极大地激发了学术界对话语权的兴趣,大批学者投身于话语权理论的研究,使得话语权理论得以不断发展和完善。例如,法国思想家皮埃尔·布尔迪厄(Pierre Bourdieu)就在福柯话语权思想的基础上提出了"语言象征性权力观",认为话语需要置于更加广泛的社会合法性中认识,放在行使权力者和那些接受权力者的特定关系中理解。⑤ 总的来说,话语权理论的核心观点可概括为:话语即权力,话语权是一种通过话语表达的权力关系而非权利关系,在这种权力关系下的话语帮助言说者建构和维持着一定的社会秩序和认同。⑥ 按照话语权理论,话语权涉及五大基本要素,即话语主体、话语对象、话语内容、话语平台、话语认同。话语主体是话语的发出者、话语权的拥有者,其根据自己的立场和利益选择话语内容、话语平台和话语对象,主权国家、国际组织

---

① [法]米歇尔·福柯:《知识考古学》,谢强、马月译,生活·读书·新知三联书店2003年版,第53页。
② [法]米歇尔·福柯:《知识考古学》,谢强、马月译,生活·读书·新知三联书店2003年版,第54—59页。
③ [法]米歇尔·福柯:《知识考古学》,谢强、马月译,生活·读书·新知三联书店2003年版,第13页。
④ [法]米歇尔·福柯:《规训与惩罚》,刘北成、杨远婴译,生活·读书·新知三联书店2012年版,第29—30页。
⑤ [法]皮埃尔·布尔迪厄:《言语意味着什么:语言交换的经济》,刘晖、褚思真译,商务印书馆2005年版,第6—27页。
⑥ 赵可金:《软战时代的中美公共外交》,时事出版社2011年版,第89—90页。

等国际行为体是最主要的国际话语主体；话语对象是话语的接受者，话语对象通过对话语主体传递的话语内容做出反馈和反应与话语主体产生联系；话语内容是话语主体向话语对象传播的立场、观点、主张、客观事实等各方面信息，其反映着话语主体的价值取向和利益需求，是话语权形成的基础；话语平台是话语主体传播话语内容、与话语对象进行交流互动的场域和渠道，是话语权形成的载体；话语认同是话语权形成的关键，话语之所以能够产生权力就在于话语主体传播的话语内容被话语对象所接受和认可，话语对象能够按照话语主体所传播的话语内容的意图来决定自己的态度和行为。因此，话语权的形成具体表现为话语主体制定和选择符合自身立场和利益的话语内容，并通过一定的话语平台向话语对象传播，最终得到话语对象接受和认同的过程。在掌握和提升"一带一路"国际传播话语权、构建"一带一路"公共外交话语体系的过程中，制定"一带一路"国际话语尤为重要。基于上述对话语权理论的相关分析，"一带一路"国际话语可依照"话语主体—话语内容—话语平台—话语认同"的基本逻辑来制定。

首先，构建多元"一带一路"话语主体。从话语主体层面来看，一国的国际话语权是官方话语、媒介话语、学术话语、公众话语在国际场合和国际事务中话语能力和影响的表现。其中，官方话语主要是指政府人员、官方机构和思想库表达的话语；媒介话语主要是指电视、电影、广播、报刊、互联网等大众媒体表达和传播的话语；学术话语主要是指学者、思想家、知识分子以学术论文、著作、报告、会议交流等形式表达的话语；公众话语主要是指社会公众、非政府组织、社会民间组织通过大众传媒和在对外交往中表达的话语。目前，"一带一路"国际话语主体较为单一，过度依赖政府，官方话语占据了"一带一路"国际话语表达的绝大部分，媒体话语、学术话语、公众话语相对缺乏。这既导致了"一带一路"国际话语更多地表现为官方的政策宣示，也使得"一带一路"国际话语缺乏理论支撑，从而削弱了"一带一路"国际话语的认同度和说服力。因此，在"一带一路"国际话语中，要构建多元"一带一路"话语主体，实现多元话语主体间的相互支撑和相互配合。一方面，政府要引导相关智库和学术机构进行"一带一路"话语研究，为"一带一路"国际话语提供理论支撑和智力支持，并积极推动"一带一路"理论学术观点"走出去"，增强"一带一路"国际话语的说服力和影响力。

另一方面，政府要引导大众媒体、社会公众、非政府组织、社会民间组织在"一带一路"倡议相关重点议题上积极发声，借助媒体话语和公众话语的力量来增进"一带一路"国际话语的理解和认同。

其次，提升"一带一路"话语内容质量。话语内容和话语质量是国际话语权的基础。一国的国际话语权不是凭空产生的，而是基于一定的话语内容和事实载体。在话语表达中，话语内容的严谨性和事实的重要性是不容忽视的，只有依据权威严谨的内容、客观真实的事实，话语才有说服力，脱离了内容和事实的话语则会轻易地被推翻、被驳倒。当然，并非所有话语内容和事实都可以产生话语权，一国国际话语权的实现主要受到话语内容质量的影响。目前，一些观点认为，一国国际话语权会随着国家实力的增长而增长，认为美国等西方国家之所以在国际上享有广泛的话语权是由于其强大的国家实力决定的。然而事实上，一国的国际话语权与其经济、军事实力之间并不存在必然的逻辑相关性，一国的国际话语获得国际社会的广泛认同并由此获得强大话语权的主要原因在于该国的国际话语中含有国际社会发展所需要和追求的价值理念以及其自身所包含的理论创新和严密逻辑。因此，在"一带一路"国际话语中，要注重"一带一路"话语内容质量的提升。一方面，要丰富"一带一路"话语内容和话语实践。马克思认为，交往是一切实践活动得以进行的前提和条件，话语无疑也产生于交往。从这个意义上来说，历史上古丝绸之路所促进的中外经贸和文化交流以及由此产生的丰厚物质和文化积淀将成为"一带一路"话语内容的重要来源，而现在"一带一路"建设所促成的互联互通也将成为拓展"一带一路"话语内容和话语实践的现实途径。另一方面，要强化"一带一路"话语内容的价值意蕴、理论创新和内在逻辑。话语内容的价值意蕴、理论创新和内在逻辑是提升话语内容质量的关键。在提升"一带一路"话语内容质量的过程中，要突出"一带一路"倡议合作共赢的价值理念、强化"一带一路"倡议的学术研究和理论建设，打造内容翔实、逻辑严密、论证有力的"一带一路"话语内容，对"一带一路"倡议的不良国际论调和舆论进行有理有据的回应和反驳。

再次，主动掌控"一带一路"话语平台。话语平台是话语的表达渠道，没有一定的话语平台和渠道话语将无法得到有效的表达和传播，也将无法形成话语权，因而话语平台是话语权形成的载体。在这里，话语平台即福柯所说的"话语的应用点（它的特殊的对象及证明手段）的机制所在的地点"。① 根据话语权理论，话语认同与话语内容在话语平台上的表现效果密切相关，高质量的话语内容只有在适当的话语平台上传播才能被话语对象所了解和接受。实践也证明，权威、多元的话语传播平台往往能够使话语内容得到话语对象更多的了解和认同，进而也更容易获得更多话语权。因此，在"一带一路"国际话语中，要主动掌控"一带一路"话语平台。一方面，要充分利用好现有的国际话语传播平台。目前，在现有的国际制度安排中，联合国是国际话语最主要、最权威的传播平台。中国作为联合国常任理事国有理由、有能力主动介入和掌控联合国这一权威话语平台，充分利用这一平台塑造和传播"一带一路"国际话语。除此之外，各类国际会议、国际对话与合作机制以及其他国际合作的制度性安排也都是表达和传播"一带一路"国际话语的有利平台。另一方面，要创新和拓展"一带一路"话语传播平台。"一带一路"国际话语想要获得更多了解和认同，除了利用好现有的国际话语传播平台，还需要创新和拓展新的话语传播平台，在对外交往中构建官方话语平台、媒介话语平台、学术话语平台、公众话语平台"四位一体"的"一带一路"话语传播平台，实现"一带一路"话语传播平台立体化、多元化。

最后，增进"一带一路"话语认同。话语认同是话语权形成的最后一步，也是最为关键的一步。话语权形成的关键在于认同，即高质量话语内容的权威合理表达要有人听且使人信，获不到认可的话语将无法产生话语权。在增进国际话语认同方面，除了需要高质量的国际话语内容、权威多元的国际话语平台之外，还需要国际话语传播主体具有较强的国际议程设置能力和国际传播能力。当前，我国在"一带一路"国际话语传播方面的议程设置能力和传播能力都较为有限，国际社会和"一带一路"域内外国家公众对"一带一路"倡议的了解和认识主要来源于世界知名媒体和本国媒体的报告和评论。在这种情况下，"一带一路"国际话语往往难以得到正面有效的传播和扩散，也较难获得国际社会和"一带一路"域内外国家公众的认同。总之，增进"一带一路"话语认同既需

---

① ［法］米歇尔·福柯：《知识考古学》，谢强、马月译，生活·读书·新知三联书店2003年版，第55页。

要高质量的"一带一路"话语内容、权威多元的"一带一路"话语平台，也需要较强的"一带一路"话语传播的国际议程设置能力和传播能力。

二 "一带一路"国际话语创新

冷战结束后，西方发达国家凭借自身的政治、经济、文化优势，几乎垄断了国际交往各个领域的话语权，长期主导着国际话语体系。究其原因，这与西方发达国家在国际话语方面的不断推陈出新、不断提出新概念、新思想、新理论有着密不可分的关系。例如，仅冷战结束后20年时间内，美国和欧洲国家就提出了一系列产生广泛国际影响的新概念和新理论，其中包括"软实力""权力转移""全球化""全球治理""人道主义干预"等概念以及"历史终结论""文明冲突论""民主和平论""霸权稳定论"等理论。因此，可以说，一国国际话语权的提升在很大程度上还取决于国际话语的创新。长期以来，在西方主导的国际话语体系下，中国的国际话语体系建设存在"被定位""被表达"的现象，这极大地限制了中国国际话语权的提升。对此，习近平总书记曾在全国宣传思想工作会议上明确指出，面对世界上出现的新事物新情况，各国出现的新思想新观点新知识，我们要"创新对外宣传方式，着力打造融通中外的新概念新范畴新表述，讲好中国故事，传播好中国声音"。[①] 鉴于此，在掌握和提升"一带一路"国际传播话语权、构建"一带一路"公共外交话语体系的过程中，需要不断进行"一带一路"国际话语创新。具体来说，"一带一路"国际话语创新可从创新"一带一路"国际话语的内容、表述、表达和规则四个方面入手。

一是"一带一路"国际话语的内容创新。一国的国际话语内容通常体现着一国的核心价值、政治特色以及文化传统与思维方式。"一带一路"倡议要被国际社会和"一带一路"域内外国家公众更好地理解和支持，就应该在"继承""包容""融通"的基础上创新"一带一路"国际话语。首先，要在"继承"的基础上创新"一带一路"国际话语。"一带一路"国际话语内容的创新需要立足中国实践、根植中国文化、运用中国智慧，因而要在继承中华历史文化传统、发掘中华历史文化资源的

[①] 《胸怀大局把握大势着眼大事 努力把宣传思想工作做得更好》，《人民日报》2013年8月21日第1版。

基础上创新"一带一路"国际话语内容。在这方面,由于古丝绸之路所蕴含的丰厚历史积淀就使得"丝路文化""丝路精神""丝路友谊"以及"丝绸之路经济带""21世纪海上丝绸之路"本身成为最具感染力的"一带一路"国际话语。其次,要在"包容"的基础上创新"一带一路"国际话语。"一带一路"国际话语要想得到国际社会和"一带一路"域内外国家公众的接受和认同就需要尊重不同文化传统、不同的思想观念和价值取向,在包容的基础上提出更具囊括性的"一带一路"国际话语,如"利益共同体""命运共同体""责任共同体"等。最后,要在"融通"的基础上创新"一带一路"国际话语。"一带一路"国际话语内容创新一方面要考虑到国际社会和"一带一路"域内外国家公众的思维方式、语言习惯和知识结构,确保"一带一路"国际话语能够听得懂,另一方面又要保持中国特色、展示中国思想、体现中国立场,避免机械套用西方话语中的概念、理论和方法,在"融通"的基础上提出既具中国特色又具世界普遍性的"一带一路"国际话语,如"合作共赢""互联互通""共商共建共享"等。

二是"一带一路"国际话语的表述创新。对"一带一路"倡议的正确表述是国际社会和"一带一路"域内外国家公众对"一带一路"倡议正确理解的前提。因此,在"一带一路"倡议国际传播中,需要创新"一带一路"国际话语的表述方式,明确"一带一路"倡议的定位,强调"一带一路"倡议的文化属性。一方面,要明确"一带一路"倡议的定位,主动掌控"一带一路"国际话语表述。在"一带一路"倡议国际传播中,首先要明确"一带一路"在定位上是一个旨在促进欧亚非拉区域经济发展的合作倡议(Initiative)而非一个旨在获取地缘政治利益的战略(Strategy)。在具体的对外表述中,要通过多使用"倡议""经济合作""共商共建共享""开放包容""惠及所在国民生""中国是秩序维护者"等软性词语,避免使用"战略""地缘政治""中国主导""中国海外利益""中国版马歇尔计划""排挤美国""反制美国"等硬性词语来掌控"一带一路"国际话语表述,防止将"一带一路"倡议政治化和地缘战略化,减少其他国家的疑虑、警惕和焦虑。另一方面,要强调"一带一路"倡议的文化属性,强化"一带一路"国际话语表述中的文化取向。当前,"一带一路"倡议被一些不良国际舆论赋予了浓重的政治色彩,"一带一路"倡议所具有的文化属性被人为地割裂与剥夺。因此,在"一带一路"

倡议国际传播中,要突出"一带一路"国际话语表述的文化取向,通过具有明显文化取向的表述方式来亲近公众、获得认同。

三是"一带一路"国际话语的表达创新。一国的国际话语只有被"外界"所理解,才能获得认同度,进而获得话语权,而要使国际话语被"外界"更好地理解就要创新国际话语的表达方式。因此,"一带一路"国际话语要获得国际社会和"一带一路"域内外国家公众更好的理解也离不开表达方式的创新。一方面,要促进"宏大叙事"与"个体叙事"相结合。长期以来,中国外交话语主要采用宏大叙事的表达方式,相对缺少分众化、精细化的个体叙事表达。因而,"一带一路"国际话语表达不能只顾宏大叙事和原则性声明而要更多地细化和具体化,注重通过鲜活的个体叙事方式来表达"一带一路"国际话语,使"一带一路"国际话语更好地融入"一带一路"域内外国家公众的心灵、为国际社会所理解。另一方面,要促进"中央大一统表达"与"地方多元表达"相结合。中国外交话语一般以"中央大一统"表达方式为主,这种大一统的话语表达方式有利于把握好统一的政策方向,能够通过向国际社会发出统一的声音达到"壮大声势"的效果。不过,要使外交话语达到"入脑入心"的效果还需要通过多元的表达方式来增进话语的丰富性、故事性和趣味性。因而,"一带一路"国际话语表达要实现"中央大一统表达"与"地方多元表达"相结合,在强化"中央大一统表达"的同时积极鼓励和支持"一带一路"国内核心区域的16个省份根据自己的实际情况,发挥地方资源的独特性优势,将其与"一带一路"相关联的地区资源进行加工、整合,转化为生动、丰富的"一带一路"国际话语对外表达。

四是"一带一路"国际话语的规则创新。话语有自己的规则,这些规则包括参与沟通和对话的各方彼此承认、所有需求均通过语言形式加以表述和诠释、各方必须有平等接近话语的权力和机会、各方必须具备能够改变自己立场和角色以及倾听和接受不同观点的素质。[①] 根据话语权理论,一国能不能有效地确立体现本国权力关系地位的话语规则关乎该国话语权的获得。长期以来,西方发达国家主导着国际话语体系,国际话语规则源于之、受制于之。在这种情况下,中国国际话语权的获取也在很大程度上受制于由西方发达国家设立的国际话语规则。因此,在

---

① 赵可金:《软战时代的中美公共外交》,时事出版社2011年版,第91页。

"一带一路"倡议国际传播中,需要创新"一带一路"国际话语规则。具体而言,创新"一带一路"国际话语规则首先要熟悉和掌握西方话语游戏规则。以西方媒体对华报道来说,其基本形成了三大固定话语框架,即"意识形态框架""利益竞夺框架"和"人道主义框架"。[①] 只有在熟悉和掌握西方话语游戏规则的基础上才能提出应对策略和创新举措。其次,要在熟悉和掌握西方话语游戏规则的基础上通过一系列多边和双边国际场合以及其他国际对话和合作的制度性安排,尤其是在联合国框架内,建立一套分层次分议题、融入中国立场和主张、与西方既有国际话语规则不同且又受到世界普遍认可的"一带一路"国际话语规则。

三 "一带一路"国际话语传播

国际话语的传播是实现国际话语权的必要手段和重要保障。目前,媒介传播、国际会议、对外交流充当着国际话语的传播工具(平台)。其中,媒介传播则以其海量的信息、迅捷的传播、广泛的受众成为国际话语传播的主流方式,而媒体的议程设置能力和国际传播能力更是决定着国际话语传播的效果,影响着话语对象对国际话语的理解和认同。因而可以说,国际话语传播的关键在于媒介传播。从这个意义上讲,"一带一路"国际话语的传播效果也主要取决于媒体的议程设置能力和国际传播能力。因此,掌握和提升"一带一路"国际传播话语权、构建"一带一路"公共外交话语体系需要加强"一带一路"国际话语传播、提升媒体的议程设置能力和国际传播能力。

第一,提升"一带一路"国际话语传播议程设置能力。由于个人认知和交往能力的局限,人们往往通过媒体来了解和认识世界上发生的事件,这就使得媒体具备了对公共舆论设置议程、影响公众认知的功能和能力,即媒体通过设置报道议程来突出某些议程,告诉公众应该"关注什么",引导公众应该"想什么""怎么想",进而为公众设置议程、影响公众的认知。[②] 美国传播学家麦克斯韦尔·麦库姆斯(Maxwell McCombs)和唐纳德·肖(Donald Shaw)对媒体的议程设置功能曾指出,

---

① 赵启正:《公共外交与跨文化交流》,中国人民大学出版社2011年版,第92—93页。
② [美]沃尔特·李普曼:《公众舆论》,阎克文、江红译,上海人民出版社2006年版,第18—33页。

"公众通过媒介不仅了解公众问题及其他事情,而且根据媒介对一个问题或论题的强调学会应该给予它怎样的重视"。[①] 西方发达国家长期主导着国际话语体系的一个很重要的原因就在于西方媒体强大的议程设置能力,其引导着国际公众对国际事件和国际议题的关注点和认知。相比之下,我国媒体的议程设置能力相对较弱。因此,要获得良好的"一带一路"国际话语传播效果,就必须提升我国媒体对"一带一路"国际话语传播的议程设置能力。具体来说,可从以下几个方面入手:一是要从传播对象的需要出发设置议程。要摒弃"以我为中心"的传统传播思维,从国际社会和"一带一路"域内外国家公众的需求出发设置"一带一路"话题和议程,而非从"我想做什么"出发设置"一带一路"话题和议程。二是要利用"主场外交"的优势主动设置议程。"主场外交"对于我国媒体设置"一带一路"新闻议程具有得天独厚的优势,因而要充分利用好"主场外交"的优势,在"主场外交"上主动抛出"一带一路"话题、抢占话语高地、引导国际舆论。三是要寻求联合"发声"来共同塑造议程。在国际社会中,一个国家媒体发出的话语、设置的议程往往影响力有限,因而需要通过联合世界其他国家媒体以联合"发声"的方式来共同塑造议程。"一带一路"倡议作为一项世界性的经济合作倡议,不仅关乎"一带一路"域内国家的切身利益,也将对"一带一路"域外国家产生重大影响,因而从这个意义上讲,"一带一路"域内国家媒体、"一带一路"域外国家媒体都可以成为联合"发声"、共塑"一带一路"议程的对象。

第二,改进"一带一路"国际话语传播方式。从国际传播学角度来看,国际话语传播效果的产生是基于传播者和传播对象双方具有一定共同意义空间的基础之上的,而这个共同意义的空间主要是指传播的话语的客观性、公正性、均衡性以及在此基础上形成的媒体公信力。从这个意义上说,"一带一路"国际话语传播效果的产生需要我国媒体在传播"一带一路"国际话语时秉持从中国视角出发且与世界视角不冲突的立场,采取客观、均衡的话语传播方式,坚持党性原则和专业性原则相统一。一方面,我国媒体在传播"一带一路"国际话语时要坚持党的领导,

---

[①] [英] 丹尼斯·麦奎尔、[瑞典] 斯文·温德尔:《大众传播模式论》,祝建华、武伟译,上海译文出版社 2008 年版,第84—85 页。

坚持正确的政治方向和舆论导向，在涉及"一带一路"倡议的基本立场、政策主张等方面与党和国家保持高度一致。另一方面，我国媒体在传播"一带一路"国际话语时还要坚持客观传播、均衡传播的专业性原则，避免情绪化、夸张的表述和言辞，改变国际社会和一些"一带一路"域内外国家公众对中国媒体"报喜不报忧"和"一面倒宣传"的刻板印象，既要传播"一带一路"正向话语（成就与贡献），又要传播"一带一路"反向话语（问题与挑战），向国际社会和"一带一路"域内外国家公众展示一个全面真实的"一带一路"倡议，进而增进其对"一带一路"国际话语的认同、获得"一带一路"国际话语良好传播效果。

第三，运用网络新媒体手段推动"一带一路"国际话语传播。随着网络技术和信息传播技术的深入发展，网络新媒体凭借其传播的全球性、传播的快捷性、传播的交互性、内容的多样性、反馈的准确性等优势已成为国际话语传播的重要手段，世界各国媒体都开始积极运用网络新媒体在虚拟空间进行新一轮的话语争夺战。BBC、CNN新媒体在乌克兰危机、叙利亚内战、南海问题等一系列重大问题上的跟踪报道，Facebook、Twitter等社交媒体在西亚北非大动荡中的组织动员无一不彰显出网络新媒体在传播西方价值和话语的巨大能量。相比之下，我国媒体在利用网络新媒体手段传播国际话语方面还与西方媒体存在一定的差距。因此，在"一带一路"国际话语传播中，我国媒体要积极运用网络新媒体传播手段来推动"一带一路"国际话语的传播。一方面，可通过微博、博客、多语种网站、网络电台、网络电视台、网络论坛、手机广播电视、App新闻终端等网络新媒体的建设，推动形成视听互动、资源共享、多语集合、形态融合的"一带一路"国际话语传播格局。另一方面，可通过在YouTube、Facebook、Twitter、Google+、MySpace、Line、KakaoTalk等国际知名网络社交平台开通官方账号的方式来发布"一带一路"相关信息、更广泛地传播"一带一路"国际话语。

第四，实施"一带一路"国际话语传播本土化战略。国际话语传播是一项与跨文化交流密切相关的工作，国际话语的接受和认可程度受到对象公众的文化背景、思维方式、生活习惯等文化性因素的影响。因此，国际话语在对外传播的过程中，需要通过本土化传播来满足不同国家和地区公众的需求，做到"入乡随俗"。"本土化"概念源于现代营销学，它强调企业要摆脱自身的喜好，时刻以目标客户为中心积极做出适应性转变。从传播学意义上说，本土化意味着以对象公众的信息兴趣和信息需求为导向，以地方性语言和地方喜闻乐见的方式生产、制造和传播针对地方公众的内容产品。① 对于"一带一路"国际话语传播而言，实施"一带一路"国际话语传播本土化战略将有助于提升"一带一路"国际话语传播的贴近性和针对性、打破"一带一路"国际话语跨文化传播误解和意识形态差异阻隔、增进"一带一路"国际话语的亲和力和接受度。具体来说，"一带一路"国际话语传播本土化战略主要包括以下三个方面：一是话语传播内容的本土化，即"一带一路"国际话语传播的内容需接近对象国家和地区公众的民族文化、关注重点和接受习惯；二是话语传播机构的本土化，即"一带一路"国际话语传播需发挥对象国家和地区本土媒体熟悉当地人文环境和公众习惯、易于获取当地公众信任和理解的优势，将本土媒体吸纳进来作为"一带一路"国际话语传播的合作伙伴；三是话语传播人员的本土化，即"一带一路"国际话语传播要借助对象国家和地区本土专业化人才在当地所具有的良好人际关系和天然亲和力，通过聘请、雇用等形式将本土专业化人才充实进"一带一路"国际话语传播队伍。

四 "一带一路"意见领袖培养

意见领袖又称舆论领袖（Opinion Leader），最早由美国社会学家保罗·F. 拉扎斯菲尔德（Paul F. Lazarsfeld）于 1940 年提出，特指在不同群体和不同人际传播网络中具有高度影响力、能够向他人传递信息并对其施加舆论影响的人。意见领袖通常具有两个突出的特点：一是意见领袖必须了解在其占有领袖地位的那个群体中的社会关系，同时又能够在该群体之外为群体所关心的问题寻求信息的社会关系；二是意见领袖在其占有领袖地位的领域内被公众认为是知识渊博、能力极强的人，从而能够使受影响的人敬慕并尽可能追随。② 意见领袖的这些特点决定了意见领袖在影响公众认知和态度以及引导公众舆论方面所具有的巨大作用。在信息传播过程中，意见领袖凭借自己的专业知识、社会名望或人际关系方面的优势往往能够较早或较多地接触到信息，并依靠自己的这些优

---

① 王庚年主编：《国际传播发展战略》，中国传媒大学出版社 2011 年版，第 73—75 页。
② 张念宏主编：《公共关系辞典》，中国国际广播出版社 1989 年版，第 87 页。

势以及在群体中的威望来对信息进行加工、阐释、扩散与传播，进而影响公众认知、态度、行为以及公众舆论的形成和改变。具体来说，意见领袖一般包含以下群体：(1) 政府官员、教师、学者和神职人员；(2) 政党、工会的领导人；(3) 协会、学会及其他团体的负责人；(4) 新闻记者、时事评论家、专栏作家、社会活动家等。[①] 鉴于意见领袖在影响公众认知、态度以及引导公众舆论方面的巨大作用，在掌握和提升"一带一路"国际传播话语权、构建"一带一路"公共外交话语体系的过程中，要注重对"一带一路"域内外国家意见领袖的培养和引导，通过发挥"一带一路"域内外国家意见领袖的作用来增进国际社会和"一带一路"域内外国家公众对"一带一路"倡议以及"一带一路"国际话语的理解和认同。

一方面，要建立和发展与"一带一路"域内外国家意见领袖的良好关系。不容否认，当前国际社会和"一带一路"域内外国家公众更多还是从世界知名媒体和本国媒体上获取关于"一带一路"倡议的相关信息。然而，尽管大多数海外媒体试图对"一带一路"倡议进行真实、客观、全面的报道和传播，但由于对中国及"一带一路"域内外其他国家社情民意了解程度的有限以及在一些议题上的固有观念和思维定式等原因，其对"一带一路"倡议的报道和传播还是容易出现片面化甚至是歪曲化的问题。在这种情况下，与"一带一路"域内外国家意见领袖建立和发展良好的关系，借助"一带一路"域内外国家意见领袖的力量来传播"一带一路"相关信息和国际话语往往能够获得事半功倍的效果。因此，要重视与"一带一路"域内外国家意见领袖交朋友、建联系、增友谊，借助"一带一路"域内外国家意见领袖在专业知识、社会名望和人际关系方面的优势，尤其是从事国际问题报道、评论及研究的新闻记者、编辑、专栏作家、大学教师、专家学者的力量来向国际社会和"一带一路"域内外国家公众报道和评论"一带一路"倡议、投送和传播"一带一路"相关信息和国际话语以有效地引导和影响国际社会和"一带一路"域内外国家公众对"一带一路"倡议的认知和态度，增进其对"一带一路"国际话语的理解和认同。

另一方面，要加强对"一带一路"域内外国家意见领袖的培养和资

[①] 陈观瑜编著：《公共关系教程新编》，中山大学出版社2005年版，第136页。

助。除了要与"一带一路"域内外国家意见领袖建立和发展良好关系之外，还需要加强对其的培养和资助。即通过培养和资助，在"一带一路"域内外国家意见领袖中培植对中国及"一带一路"倡议的良性认知，进而借这些意见领袖之口来传播"一带一路"倡议相关信息和国际话语。在培养和资助意见领袖方面，美国就表现得尤为突出。多年来，美国通过一系列国际交流项目（如资助他国学者、留学生、中层专业人员赴美研究和学习的富布赖特项目、汉弗莱项目以及资助他国社会精英赴美进行短期访问的国际访问学者项目）在世界各国培养和储备了大量对美国心存理解和善意的意见领袖，成为美国向世界传播自身价值理念、解释自身政策行为、建立自身良好形象的重要支撑。因此，在掌握和提升"一带一路"国际传播话语权、构建"一带一路"公共外交话语体系的过程中，既要"走出去"传播"一带一路"倡议和"一带一路"国际话语，又要通过教育文化交流项目、短期考察访问项目、"中国研究"资助项目等相关国际交流项目将"一带一路"域内外国家精英群体"请进来"，请他（她）们走进中国、了解中国，理解中国的发展历程、文化传统和政策理念，培植其对中国及"一带一路"倡议的良性认知和话语认同，进而培养出一批知华、亲华的"一带一路"域内外国家意见领袖。

第二节　丰富"一带一路"公共外交公关模式

随着全球化时代国际关系拓展到社会交往领域，公众在政府政策制定过程中的影响日益增强，世界各国政府也越来越注重在本国的公共外交实践中引入公共关系思维、积极开展针对他国社会各界公众的国际公关活动以增进本国政府的亲和力和感召力。国际公关活动不同于正式的外交活动，它更加注重对外交往的灵活性和弹性，强调政府的责任、形象、礼仪以及与他国公众在交往过程中的相对平等地位和人性化原则，从而使得政府的形象和行为更具亲和力和感召力。因而，国际公关活动在塑造一国良好国际形象及赢得他国公众好感、理解与支持方面具有独特的作用，国际公关也已成为一国公共外交工作中的重要组成部分。开展和实施"一带一路"公共外交，也需要借助公共关系的手段、通过多种公关模式来增进"一带一路"域内外国家公众对中国的好感和认知，深化其对"一带一路"倡议以及中国的理解、信任与支持。

一 政府公关：政府主导下的公关外交

在现代社会，公共关系开始逐步应用到一国政府的对外交往之中。政府公关作为国际公共关系的一个重要领域日益成为一国政府与他国公众沟通和交流的桥梁和纽带，也是一国政府塑造自身良好形象和外部关系、获取他国公众好感、理解与支持的重要途径和手段。通常来说，一国政府的国际公关人员可大致分为两大类：一类是政治明星，即在国际政治舞台上具有广泛影响力的国家首脑、政党领袖、政府要员；另一类是专门从事国际公共关系业务的政府专职公关人员以及直接同各类型公众打交道的政府其他工作人员，包括外交官、职业公关人员、国际代表团成员等。[①] 在信息化时代里，一国政府公关人员尤其是政治领袖在国际交往中的风貌和言行举止对于本国的国际形象塑造和国际公关活动具有重大影响，而在海外媒体的聚焦下，他国公众对另一个国家的认知也越来越依赖该国政治领袖的风貌和言行。改革开放以来，中国政府日益重视国家领导人在国际公关中的重要作用，中国国家领导人也开始亲自参与政治公关活动，通过各种方式向他国公众展示、介绍中国，积极塑造中国良好国际形象。例如，邓小平1979年访美期间在休斯敦观看马术竞技表演时挥动牛仔帽向观众致意，这一被称为"牛仔帽外交"的举动打破了美国公众之前对中国的消极印象，极大地增进了美国公众对中国的好感；江泽民曾先后多次接受美国媒体的采访向美国公众阐述中国的内政外交方针和政策，其中接受美国哥伦比亚广播公司著名《60分钟》节目主持人华莱士（Mike Wallace）采访的节目播出后赢得了美国公众的广泛赞誉；温家宝也非常注重与他国公众的交流，其在访韩、访日期间曾与当地公众一起跑步、跳健身操、打太极拳，这种被称为"健身外交"的交流形式用一种温和、亲切的方式表达了中国与出访国间的友好关系；而作为资深体育爱好者的习近平主席也曾走进洛杉矶赛场看NBA、在爱尔兰一展球技、与英超球员阿圭罗"玩自拍"、与荷兰球员范德萨亲密交谈、与奥巴马聊游泳、与蒙古前总理谈拳击，通过体育"语言"的交流轻松拉近了与各国政要、公众、媒体间的距离。因此，在"一带一路"公共外交的开展和实施过程中，中国政府及其工作人员需要紧密围绕

[①] 赵可金：《公共外交的理论与实践》，上海辞书出版社2007年版，第208—209页。

"一带一路"建设积极开展针对"一带一路"域内外国家公众的国际公关活动，通过运用多种公关手段以及展示自身良好言行风貌来营造宽松、和谐、友好的交流对话氛围以赢得"一带一路"域内外国家公众对中国以及"一带一路"倡议的好感和支持。

第一，强化政府及其涉外工作人员"一带一路"国际公关意识和素养。改革开放四十多年来，中国国家领导人国际公关意识不断增强，国家领导人在出访过程中参与的公关活动也日益增多，例如在出访国家的政府部门和大学发表演讲、接受出访国媒体采访、参加出访国社会各界举办的宴会活动和联谊活动、访问出访国著名机构场所和社会名人等。相比而言，其他政府部门及其涉外工作人员的国际公关意识相对薄弱，开展和参与的国际公关活动也相对较少，在与"一带一路"域内外国家公众的交往过程中也显得较为被动。因此，应该强化政府及其涉外工作人员的"一带一路"国际公关意识，包括形象意识、公众意识、协调意识、开放意识、互惠意识和创新意识等，使其充分认识到参与和开展"一带一路"国际公关活动的重要意义，尤其是外交部门和驻外大使馆、使领馆的一线外交官更要借助工作接触的机会积极与"一带一路"域内外国家社会各界和精英人士建立良好关系，广泛培植私人友谊和社会人脉，加强与他（她）们的"一带一路"信息和相关意见交流。与此同时，还应该加强政府涉外工作人员的国际公关素养，通过一系列较为专业、系统的公关培训来使其能够掌握一定的公共关系知识，具备一定的表达传播、组织协调、创造策划、社会交往的能力，并在仪表形态、衣着打扮、举止谈吐、心理性格等方面得到一定的培训和提升，进而使其能够以更加从容和自信的姿态开展和参与"一带一路"国际公关活动。

第二，明确政府"一带一路"国际公关的目标公众。任何国际公关活动都有自己特定的公众对象，在公众对象中有一些公众群体，他（她）们对国际公关活动的效果和目标实现具有极为重要的影响，这些公众在公共关系中通常被称为"目标公众"或"优先公众"。政府开展"一带一路"国际公关活动，应该明确"一带一路"国际公关的目标公众，将目标公众作为"一带一路"国际公关活动的重点公关对象。具体来说，"一带一路"国际公关的目标公众主要分为四类：一是经济公众，包括"一带一路"域内外国家企业家、公司经理、国际投资者等工商界人士；

二是政府公众，包括"一带一路"域内外国家政府及其职能部门的官员、公务员、外交官等政界人士；三是媒体公众，包括"一带一路"域内外国家广播电台、电视台、报社、杂志社等大众媒体的记者、编辑、撰稿人、主持人等新闻界人士；四是社会名流公众，包括"一带一路"域内外国家学术界、文化界知名人士以及各行各业的意见领袖等。这些目标公众由于自身所具有的财富、权力、知识、人脉、经验等各类资源以及广泛影响力和号召力能够在引导"一带一路"域内外国家公众认知和态度上发挥举足轻重的作用。因此，政府的"一带一路"国际公关活动也应该重点围绕上述目标公众来开展。

第三，确定政府"一带一路"国际公关的组织结构和运作程序。国际公关是一项复杂系统的工作，需要对其组织结构和运作程序进行确定。因此，政府"一带一路"国际公关也需要确定其组织结构和运作程序等操作性问题。首先，要确立政府"一带一路"国际公关的指导大纲。明确政府"一带一路"国际公关的基本概况、目标任务、价值理念、形象设计、手段方式、工作制度、行为准则、联系渠道等内容以用于指导整个政府"一带一路"国际公关活动。其次，要确立政府"一带一路"国际公关的组织机构。可依托外交部相关职能部门或者由多部门相关职能部门联合设立一个专门负责政府"一带一路"国际公关事务的组织机构，负责政府"一带一路"国际公关事务的总体指导、协调和联络。再次，要确立政府"一带一路"国际公关的专门责任人。参与政府"一带一路"国际公关的政府部门和人员数量众多，因而需要确立专门责任人来负责组织、协调和日常事务处理。最后，要设立政府"一带一路"国际公关的专项经费。国际公关活动通常耗费较大，需要有充足的经费作为保障，因而要设立一笔用于政府"一带一路"国际公关的专项经费以保证政府公关活动的顺利运行。

第四，丰富政府"一带一路"国际公关的手段途径。相比较单一的公关手段，丰富多样的公关手段和途径更有利于良好公关效果的取得和公关目标的实现。因此，政府开展"一带一路"国际公关活动也应该采取丰富多样的公关手段和途径。具体来说，政府公关人员可通过以下公关手段和途径来开展"一带一路"国际公关活动：一是通过接受海外媒体采访来阐释中国对"一带一路"倡议的立场、主张和政策，如习近平主席在接受俄罗斯电视台、英国路透社、美国《华尔街日报》专访以及巴西《经济价值报》、阿根廷《国民报》、委内瑞拉国家通讯社、古巴拉丁美洲通讯社联合采访时就曾涉及"一带一路"相关议题；二是通过在海外发表演讲（讲话）、署名文章来增进"一带一路"域内外国家公众对"一带一路"倡议的认知与理解，如习近平主席就曾多次在海外发表涉及"一带一路"倡议的演讲和署名文章；三是通过组织和参与涉及"一带一路"相关议题的联谊会、招待会、研讨会、座谈会、展览会、参观访问活动来与"一带一路"域内外国家公众建立关系和友谊，增进相互间信任与理解，如习近平主席就曾在2014年参观德国杜伊斯堡港时以及在2015年出席美国华盛顿州当地政府和友好团体联合举行的欢迎宴会上对中国推动共建"一带一路"的目的、意义及其政策主张进行了阐明；四是通过运用电视媒体、户外媒体、印刷媒体、网络媒体等各种传播媒介来宣传、介绍和传播"一带一路"倡议，展现"一带一路"倡议良好风貌，提升"一带一路"倡议的知晓度和美誉度。

二 游说外交：政府与民间合作的公关外交

对一国政治家、立法者和决策者等政府公众开展政治游说是公共关系中的一个重要领域。在西方国家，政治游说是其政治生活中不可缺少的部分。在美国1996年通过的《游说公开法》中，"政治游说"被界定为与政府行政和立法机关的有关人员进行广泛的书面或者口头交流的活动。[①] 随着游说活动的日益公开化、透明化和规范化，政治游说在西方国家不仅仅被视为是一项合法的活动，更是一项值得称赞的活动。根据西方学者的观点，只要有政府的存在，游说就不会停止，政治游说为政治家、立法者和决策者提供事实和依据，提醒他们关注那些即将出台或者已经出台却并未付诸实施的法令，让政治家、立法者和决策者可以从更加平衡的角度来看待和处理问题，而政治游说者在这里所做的正是民主政治中一个重要且合法化的过程。[②] 相比较西方国家日益公开化、透明化、规范化的政治游说，中国政府在2000年之前对他国政府公众的政治

[①] [美] 弗雷泽·西泰尔：《公共关系实务》，梁浈洁等译，机械工业出版社2004年版，第346页。

[②] [英] 安妮·格里高利编：《公共关系实践》，张婧等译，北京大学出版社2008年版，第98—99页。

游说还未给予足够的重视。这种情况直到2000年中国政府通过一系列政治游说活动最终促成美国国会通过了给予中国"最惠国待遇"地位的议案（即《给予中国永久性正常贸易关系地位议案》）之后得到了改变。自1980年以来，美国国会根据《杰克逊—瓦尼克修正案》，一直对是否给予中国"最惠国待遇"进行年度审议。这一问题一直是掣肘美中两国贸易关系的关键问题之一，国会两党议员也因各自利益而大打"政治战"。[①]对此，从1991年开始，中国政府开始聘请专门的游说公司和法律公司围绕给予中国"最惠国待遇"地位问题开展了针对美国国会议员的政治游说，并通过商贸手段影响美国大型跨国公司、农业州、选区等政治力量的态度进而间接游说国会议员采取支持给予中国"最惠国待遇"地位的立场。在中国政府的推动下，美国国内各种政治力量也围绕给予中国"最惠国待遇"地位问题上演了一场"游说战"，并最终成功促成美国国会通过《给予中国永久性正常贸易关系地位议案》。

从公关模式上来说，针对他国政府公众的政治游说是一国政府与民间力量合作开展的一种公关活动。在很多情况下，由于政府公关所具有的官方性质和浓厚政治色彩以及西方公众对政府根深蒂固的不信任感，以一国政府主导的公关活动往往会受到诸多限制和约束，仅仅依靠一国政府及其工作人员对他国公众尤其是对他国政府公众的公关活动有时难以实现预期的公关目标。因此，开展和实施"一带一路"公共外交，需要中国政府与"一带一路"域内外国家民间游说力量合作对"一带一路"域内外相关国家政府公众开展政治游说以促使其采取肯定或支持"一带一路"倡议的态度、立场和政策。

一方面，要积极联合"一带一路"域内外国家民间游说力量。不同民间游说力量对政府公众的游说方式和策略各不相同、各具优势。因此，中国政府要积极将"一带一路"域内外国家民间游说力量联合起来形成合力，与"一带一路"域内外国家民间游说力量合作开展对"一带一路"域内外相关国家政府公众的政治游说。具体来说，"一带一路"域内外国家民间游说力量主要包括以下团体或群体：一是"一带一路"域内外国家利益集团。利益集团在"一带一路"域内外很多国家的政治和外交中

[①] 《美宣布给予中国永久正常贸易关系地位》，中华人民共和国商务部网站，2001年12月30日，http://www.mofcom.gov.cn/aarticle/resume/n/200207/20020700023402.html。

具有十分重要的地位,其在左右本国政府政策方向方面往往表现出惊人的能力。一般情况下,利益集团通常会采取四种典型的游说方法来开展政治游说活动:(1)"接近权威"的方法,即利用高能量的权力中间人、法律公司、公关公司来获得影响政府高层决策者的直接途径;(2)"专家治国"的方法,即利用专业技术人才的专业和知识去影响政府决策者和大众媒介;(3)"建立盟友"的方法,即联合具有共同利益的其他组织和集团共同向政府决策者施压;(4)"动员群众"的方法,即依靠基层群众的支持影响政府决策。[1] 因此,要抓住这些利益集团的利益诉求点,积极主动与"一带一路"域内外国家各类利益集团建立友好关系,尤其要重视与中国有经贸合作的经济组织的关系,如从事对华出口和投资的企业、从事在华进口产品或在华投资加工的企业以及从事在华转口贸易的企业,通过经贸合作、沟通对话等手段影响这些利益集团对"一带一路"倡议的态度和立场进而由这些利益集团去游说本国政府公众采取肯定或支持"一带一路"倡议的态度、立场和政策。二是"一带一路"域内外国家的新闻媒体。新闻媒体是各类信息的传递者、新闻事件的解释者、公众意见的整合者、政府政策的催化者,其在影响社会舆论和政府决策方面扮演着十分重要的角色。因此,要积极创造平台引导"一带一路"域内外国家新闻媒体树立对"一带一路"倡议的正确认识,使其能够真实、全面、客观地报道和传播"一带一路"倡议,并通过塑造、引导本国社会舆论来影响本国政府公众对"一带一路"倡议的态度和立场。三是"一带一路"域内外国家与中国建立友好关系以及致力于对华友好的知名社会人士、思想库和社会组织。知名社会人士、思想库和社会组织往往对一国对外政策具有重大影响。因此,要积极将"一带一路"域内外国家中与中国建立友好关系以及致力于对华友好的知名社会人士、思想库和社会组织整合起来,形成对"一带一路"域内外相关国家政府公众开展政治游说的强有力的参与力量。四是"一带一路"域内外国家华人华侨。海外华人华侨是连接中国与世界的桥梁和纽带,是开展和实施"一带一路"公共外交的独特资源和重要载体。随着经济实力、政治地位、参政意识、参政能力和社会影响力的不断提高,"一带一路"域内外国家华人

---

[1] [美]杰里尔·罗赛蒂:《美国对外政策的政治学》,转引自赵可金《公共外交的理论与实践》,上海辞书出版社2007年版,第101—102页。

华侨将成为开展对"一带一路"域内外相关国家政府公众政治游说的重要依靠力量。因此，要充分调动"一带一路"域内外国家华人华侨参与游说本国政府公众的积极性，通过其自身的游说方式和途径来影响本国政府公众对"一带一路"倡议的态度和立场。

另一方面，要明确对"一带一路"域内外相关国家政府公众政治游说的工作内容和准则。根据政治游说的内在规定性说明，游说者的工作实质是告知和说服，游说者的人际脉络固然非常重要，但游说者必须恪守将正确的信息提供给合适的立法者的原则，即游说者需要通过资料收集、深入研究，并将调查研究的结果用以向立法者和决策者施加影响。[①] 因而，在对"一带一路"域内外相关国家政府公众开展政治游说的过程中，中国政府需要向各类民间游说力量明确游说工作的内容和准则。从工作内容来说，针对"一带一路"域内外相关国家政府公众的游说工作主要包含以下内容：（1）实况调查，即要准确掌握有关"一带一路"倡议的大量事实、统计数字、经济数据，相关国家的政策、决定和建议等资料；（2）解释政府的政策和行动，即要向"一带一路"域内外相关国家政府公众解释中国及其他相关国家对"一带一路"倡议所采取的政策和行动，指出这些政策和行动将产生的影响以及对这些政策和行动的新动向做出预测，并向"一带一路"域内外相关国家政府公众提出政策建议；（3）表明政府的观点和立场，即向"一带一路"域内外相关国家政府公众表明中国和其他相关国家对"一带一路"倡议所倡导的立场，就中国和其他相关国家在涉及"一带一路"倡议上支持什么、反对什么做出清楚的表述；（4）建立游说数据库，即要建立一个"一带一路"域内外相关国家的政府公众数据库以及媒体数据库，确保能够准确确定和及时联系到需要游说的政府公众和相关媒体；（5）选择游说的地点和对象，即既要对"一带一路"域内外相关国家中央政府的政府公众尤其是关键政府公众进行游说，又要对地方政府的政府公众进行游说；（6）选择游说的方式和形式，即要根据"一带一路"域内外相关国家不同政府公众的偏好和特点来选择游说的方式和形式，尤其是在互联网日益普及背景下，要充分借助网络手段、通过网络渠道来开展游说活动。从工作准则

---

① ［美］弗雷泽·西泰尔：《公共关系实务》，梁浈洁等译，机械工业出版社2004年版，第347页。

来说，针对"一带一路"域内外相关国家政府公众的游说工作主要包含以下准则：（1）要有独立的见解，即对"一带一路"倡议的独立见解往往更容易得到"一带一路"域内外相关国家政府公众的认可；（2）要随时掌握情况，即成功的游说活动是建立在对"一带一路"信息的充分掌握之上的；（3）要站在大多数人都支持的立场上，即以"一带一路"域内外相关国家大多数政府公众都比较认同的方式来宣介和评价"一带一路"倡议；（4）要用书面展示观点，即以文章和报告的形式来条理清晰地展示对"一带一路"倡议的论证更容易受到重视；（5）要立足长远，即要强调更宽广和长远的利益，不要为微不足道的短期利益而费力争取；（6）要坚持不懈和保持诚实，即坚持不懈的努力、诚实真诚的交往才是打动"一带一路"域内外相关国家政府公众的制胜法宝。

三 委托外交：非政府部门的公关外交

面对大量庞杂细致的公关事务，政府由于时间、精力、人力等方面的限制是无法做到亲力亲为的，仅仅只依靠政府开展的公关活动也难以满足现实发展的需要。而随着非政府部门在政治生活中作用的不断提升以及政府与非政府部门合作关系的日益深化，政府可以通过市场化和商业化的运作方式将一些事务性、技术性和策略性的公关事务委托给相关的非政府部门和专业的公关公司，由这些非政府部门和公关公司来承担一些政府的公关职能、向政府提供公关服务。这样不仅减少了政府的工作压力，而且公关活动往往还能够事半功倍，取得令人较为满意的效果。这是因为相比较政府，非政府部门和公关公司在开展公关活动方面具有一些政府无法与之相比的优势：一是非政府部门和公关公司通常拥有大量有丰富知识和经验及各种专长和技能的职业专家，它可以根据委托者的要求和公关项目内容选择和配备不同专长的人才去完成不同的公关任务；二是非政府部门和公关公司与委托单位在组织上不存在隶属关系，因而更具有独立性和主动性；三是非政府部门和公关公司通常与社会各界保持着广泛而持久的关系，拥有跨行业、跨区域、跨国界的社会关系网络；四是非政府部门和公关公司通常具有较高的社会声誉、服务质量和工作效率。[①] 因此，开展和实施"一带一路"公共外交，中国政府应树

[①] 孔德元、张岩松、吕少平：《政府与公关》，青岛出版社1996年版，第103页。

立有所为有所不为的意识，可以考虑将一些"一带一路"公关事务委托给相关的非政府部门和专业的公关公司，由这些非政府部门和公关公司来就一些具体的"一带一路"公关议题和问题进行公关策划并负责组织实施。

一方面，中国政府可聘请"一带一路"域内外国家非政府部门和公关公司，向其委托"一带一路"相关公关事务。在聘请、委托外国非政府部门和公关公司开展国际公关方面中国政府已有先例。例如，中国政府曾于1991年委托美国希尔—诺顿公关公司、米勒底特律法律公司就给予中国"最惠国待遇"地位问题展开对美国国会议员的游说和公关以及于2005年委托美国巴顿·博格斯公关公司就减少美国国会反华情绪、改善美国国会对华态度展开对美国国会议员的游说和公关。[①] 而这种委托公关活动在中海油收购优尼科、吉利收购沃尔沃、腾中重工收购悍马等跨国并购案中也都有所体现。"一带一路"域内外国家的非政府部门和公关公司由于具有熟悉本国政治运作规则和公众价值偏好、具有较强政府背景和业务能力、拥有大量政治资源和人脉资源的优势，通常能够较为顺畅地与本国的政府官员、知名人士及社会各界建立关系并与其展开积极的交流和对话。因而，中国政府可以考虑聘请"一带一路"域内外国家一些非政府部门和公关公司，向其委托"一带一路"相关公关事务，由它们出面围绕一些"一带一路"公关议题和问题开展针对本国社会各界公众的公关活动，通过其自身所具有的优势来向中国政府提供高效率、高质量的"一带一路"公关服务。

另一方面，中国政府可调动国内非政府部门和公关公司的积极性，向其委托"一带一路"相关公关事务。近年来，由于本国非政府部门和公关公司在开展国际公关活动方面所具有的较强国家责任意识和执行意识，加之其"民间面孔"本身所具有的亲和力和便利性，聘请、委托本国非政府部门和公关公司开展国际公关活动越来越受到世界各国政府重视。例如，英国政府委托英国广播公司（BBC）开展国际文化交流和国际公关活动，日本政府委托日资公司开展国际公关活动，印度政府委托印度公关公司和印裔集团开展国际公关活动。[②] 因此，中国政府可充分调

[①] 赵可金：《软战时代的中美公共外交》，时事出版社2011年版，第296—297页。
[②] 韩方明主编：《公共外交概论》（第二版），北京大学出版社2012年版，第166页。

动国内非政府部门和公关公司的积极性，向其委托"一带一路"相关公关事务，将其纳入"一带一路"国际公关队伍。例如，委托国内思想库、学术研究机构、公关公司承担一些针对"一带一路"域内外国家政界人士、学界人士的"一带一路"公关事务；委托国有企业、公关公司承担一些针对"一带一路"域内外国家工商界人士的"一带一路"公关事务；委托新闻媒体、人民团体、文化组织、社会名流承担一些针对"一带一路"域内外国家新闻界人士、文化界人士和普通社会大众的"一带一路"公关事务。

这里需要说明的是，虽然政府只是将一些事务性、技术性、策略性的"一带一路"公关事务委托给国内外非政府部门和公关公司来负责具体的组织、策划和实施，但这并不意味着政府就可以高枕无忧、无须过问了。相反，政府在将"一带一路"相关公关事务委托给国内外非政府部门和公关公司时，必须要向国内外非政府部门和公关公司明确具体的公关任务、目标和要求，并随时把握、监管非政府部门和公关公司的公关状况、公关进展和公关行为，将国内外非政府部门和公关公司的"一带一路"国际公关活动保持在自己可控的范围之内，防止委托公关活动偏离预期的方向和轨道。

四 战略沟通：项目运作下的公关外交

所谓"战略沟通"，就是指一国政府及其相关部门在一定的时间段积极创设一个新闻议程，通过预先设定的活动和事件，在一定的范围内有计划地、集中地向他国公众传递本国的文化、历史、传统等核心信息和具有影响力的观念，进而使他国公众在强大的信息流面前对该国产生深刻印象和深入认知以构建和重塑关于该国的形象，从而获得"从小事件得到放大了的结果"。[①] 近年来，通过"战略沟通"项目来增强他国公众对本国的认知与好感、提升本国国家形象也越来越多地被世界各国政府所运用。例如，2004年，法国政府在中法建交40周年之际，针对中国公众实施了以"法国——不只是浪漫"为主题的国际公关项目。该国际公关项目的主要内容包括大力宣传希拉克总统访华、派出法国空军"法兰西巡逻兵"飞行表演队访问中国、联合中国媒体共同录制《幸运环法游》

---

① 韩方明主编：《公共外交概论》（第二版），北京大学出版社2012年版，第164页。

节目、推出法国文化年系列活动并安排法国影视明星苏菲·玛索（Sophie Marceau）和法国第一位女宇航员克洛迪·艾涅尔（Claudie Haigneré）作为法国文化年形象大使参加法国文化年的重大活动等。通过该国际公关项目的实施，成功展示了法国的风土人情和文化科技、增进了中国公众对法国的了解和喜爱、在中国公众中塑造了法国文化大国和科技大国的形象。而在该国际公关项目的影响和推动下，法国不仅成为中国公众出国留学、旅游的热门国家，法国品牌越来越多地被中国公众所熟知，法国产品也随之进一步拓展了中国市场，法国与中国在核能、航空、交通运输等高科技领域的合作也进一步深入。[1] 除了法国之外，韩国政府的"韩流"国际公关项目、英国政府的"创意英国"国际公关项目也都是比较成功的"战略沟通"项目。与此同时，中国政府也对战略沟通给予了高度重视，"中国文化年""国家年"等大型国际公关项目以及奥运会、世博会等体育文化盛会也已成为中国开展国际公关的重要平台和载体。[2]

在"一带一路"公共外交的开展和实施过程中，中国政府可以考虑联合国内其他非政府部门围绕"一带一路"建设组织和实施针对"一带一路"域内外国家公众的"战略沟通"项目以展示中国和平、合作、负责任的大国形象，赢得"一带一路"域内外国家公众对中国以及"一带一路"倡议的好感和支持。具体来说，针对"一带一路"域内外国家公众的"战略沟通"项目可以以共商、共建、共享"一带一路"为主题，通过一系列具有特色的活动来向"一带一路"域内外国家公众较为全面地介绍"一带一路"沿线风土人情、展现"一带一路"建设风貌、展示"一带一路"建设成就。这些活动大体可包括：（1）举办展览，包括以古代丝绸之路和"一带一路"为主题的书画展、文物展、艺术展等；（2）举办研讨会和论坛，包括围绕古代丝绸之路和"一带一路"建设的学术研讨、教育研讨、科技研讨、政策研讨等；（3）表演、电视节目和影视作品，包括以古代丝绸之路和"一带一路"建设为题材的文化艺术作品、电视节目、影视作品的制作、展播和演出等；（4）开展民间活动，包括中国文化体验活动以及在特定的节日举行庆祝活动邀请"一带一路"

---

[1] 吴友富：《中国国际形象的塑造和传播》，复旦大学出版社2009年版，第121—123页。
[2] 韩方明主编：《公共外交概论》（第二版），北京大学出版社2012年版，第164—165页。

域内外国家普通公众参加等；（5）选择恰当的形象大使，即选择参与"一带一路"建设的各国各领域的企业家、社会名人来参加相关活动。需要说明的是，以上这些公关活动需要突出两个重点：一是要展示出"一带一路"倡议是一个发展的倡议、合作的倡议、开放的倡议，突出"一带一路"倡议共商、共建、共享的特点；二是要展示出"一带一路"沿线国家的社会环境和人民的生活条件因"一带一路"建设所发生的变化和改善。

第三节　拓展"一带一路"公共外交交流领域

人文交流是与国际公众建立长期、稳定、良好的人际关系，赢得人心和建立信任最为有效的手段和途径，因而也是一国开展和实施公共外交最为有效的手段和途径。开展和实施"一带一路"公共外交不仅需要向"一带一路"域内外国家公众进行信息传播、国际公关等活动，还需要通过人文交流与合作来逐步建立和发展与"一带一路"域内外国家公众的友好关系，为"一带一路"的建设奠定更加深厚的社会民意基础，为中国的发展赢取更多的理解、支持和信任。习近平总书记指出，"要切实推进民心相通，弘扬丝路精神，推进文明交流互鉴，重视人文合作。"[①]此外，"要传承和弘扬丝绸之路友好合作精神，广泛开展文化交流、学术往来、人才交流合作、青年和妇女交往、志愿者服务等，为深化双多边合作奠定坚实的民意基础"。[②] 因此，开展和实施"一带一路"公共外交需要着力加强同"一带一路"域内外国家及公众在教育、学术、科技、医卫、文化、艺术、体育、旅游等人文领域的交流与合作。

一　教育学术领域的交流与合作

教育是国家富强、人民幸福之本。教育学术领域的交流与合作为欧亚非拉国家民心相通架设桥梁，是推进欧亚非拉各国人民相知相亲的重

---

① 《总结经验坚定信心扎实推进　让"一带一路"建设造福沿线各国人民》，《人民日报》2016年8月18日第1版。

② 《推动共建丝绸之路经济带和21世纪海上丝绸之路的愿景与行动》，《人民日报》2015年3月29日第4版。

要途径。因此，开展和实施"一带一路"公共外交需要与"一带一路"域内外国家进行更大范围、更高水平、更深层次的教育学术交流与合作，积极与"一带一路"域内外国家建立"一带一路"教育学术共同体。当前，"一带一路"域内外国家教育特色鲜明、学术资源丰富、合作空间巨大。同时，现有的国际合作平台也为推进"一带一路"域内外国家间教育学术的交流与合作提供了有利的条件。例如，可发挥上海合作组织、东亚峰会、亚太经合组织、亚欧会议、亚洲相互协作与信任措施会议、中阿合作论坛、东南亚教育部长组织、中非合作论坛、中巴经济走廊、孟中印缅经济走廊、中蒙俄经济走廊等现有双边多边合作机制作用来增加教育学术合作的新内涵以及充分借助联合国教科文组织、中国—东盟教育交流周、中国—中东欧 16+1 合作机制、中日韩大学交流合作促进委员会、中阿大学校长论坛、中非高校 20+20 合作计划、中日大学校长论坛、中韩大学校长论坛、中俄大学联盟等已有平台来开展务实教育学术交流合作。在开展和实施"一带一路"公共外交、建立"一带一路"教育学术共同体、推进欧亚非拉各国民心相通的过程中，中国教育学术领域和社会各界需要率先垂范、积极行动。

第一，开展"一带一路"海外办学。海外办学是推动中国与"一带一路"域内外国家教育交流与合作的有效形式和手段。一方面，要充分发挥海外孔子学院的作用。目前，中国已在海外建立 500 多所孔子学院，为增进世界各国人民对中国的了解、发展中国与世界各国的友好关系发挥了重要作用。推动与"一带一路"域内外国家教育交流与合作首先需要发挥海外孔子学院的作用，通过在"一带一路"域内外国家开设孔子学院以及将"一带一路"相关主题和内容纳入孔子学院的课程内容、教学体系、孔子新汉学计划、"汉语桥"系列活动等方式来增进"一带一路"域内外国家公众对"一带一路"倡议和中国的了解和理解。另一方面，要积极开展海外合作办学和独立办学。孔子学院基本定位是非学历教育，因而要开展更高水平、更深层次的教育交流和合作就需要中国的高等学校与"一带一路"域内外相关国家高校开展合作办学，有条件的高校还可以集中优势学科独立在"一带一路"域内外相关国家独立设立分校，甚至还可以仿效美国、俄罗斯、日本、新加坡等国在其他国家创办大学的做法在"一带一路"域内外一些国家中单独创办中国大学，构建起既具有中国特色又符合所在国要求和需求的人才培养模式、运行管理模式、服务当地模式、公共关系模式。

第二，实施"一带一路"留学推进计划。留学生教育是推动中国与"一带一路"域内外国家教育交流与合作的重要内容，也是培养"一带一路"域内外国家青年和未来社会精英对"一带一路"倡议和中国客观、友善认知的重要手段，这些青年和未来社会精英回国后，可通过其辐射效应使这种认知以几何级数的方式在本国传播。因此，要积极吸纳"一带一路"域内外国家尤其是"一带一路"沿线国家学生来华留学。具体来说，一是要扩大"一带一路"域内外国家学生来华留学规模，通过设立各类"丝绸之路"来华攻读学位项目、中外合作培养项目使更多"一带一路"域内外国家学生有机会来华留学，并重点学习语言、交通运输、建筑、医学、能源、环境工程、水利工程、生物科学、海洋科学、生态保护、文化遗产保护等"一带一路"建设急需和"一带一路"沿线国家发展急需的专业领域；二是要通过提升来华留学人才培养质量、扩大中国政府奖学金名额、设立"丝绸之路"中国政府奖学金以及类似于美国富布赖特和欧盟伊拉斯莫斯高端奖学金等方式来增强来华留学的吸引力，把中国打造成为深受"一带一路"域内外各国学子欢迎的留学目的地国。与此同时，还需要以国家公派留学为引领，积极鼓励、支持更多中国学生到"一带一路"域内外国家尤其是"一带一路"沿线国家留学，增进中国与"一带一路"域内外国家青年相互间的了解，进而实现来华留学和出国留学相统一、扩大规模和提高质量相统一、人才培养和发挥作用相统一。

第三，实施"一带一路"教育培训与援助计划。教育培训和教育援助在推动"南南合作"中具有重要作用，同时也是促进中国与"一带一路"域内外国家教育资源和教学水平均衡发展的重要途径。一方面，要积极开展"一带一路"教育交流与培训。一是要加强"一带一路"教师交流，推动"一带一路"域内外国家校长交流访问、教师及管理人员交流研修，推进优质教育模式在各国互学互鉴；二是要鼓励中国优质职业教育配合高铁、电信运营等行业企业走出去，与"一带一路"域内外相关国家合作设立职业院校、培训中心，在职业教育、职业培训领域实施联合计划或联合项目，开展多层次职业教育和培训，培养当地急需的各类"一带一路"建设者。另一方面，要开展"一带一路"教育援助。一是要统筹利用国家、教育系统和社会资源，加大对

"一带一路"域内外国家尤其是"一带一路"沿线不发达国家的支持力度，积极开展优质教学仪器设备、整体教学方案、配套师资培训一体化援助；二是要加强中国教育培训中心和教育援外基地建设，为"一带一路"域内外国家培养教师、学者和各类技能人才；三是要倡议"一带一路"域内外各国建立政府引导、社会参与的多元化经费筹措机制，通过国家资助、社会融资、民间捐赠等渠道，拓宽教育经费来源，做大教育援助格局。

第四，打造"一带一路"学术研究与交流平台。"一带一路"域内外各国专家、学者、青年学生对"一带一路"倡议的学术研究和交流不仅可以为"一带一路"建设提供智力支持，还可以增进和深化"一带一路"域内外国家公众对"一带一路"倡议的了解和认识、推动各国民心相通。因此，要积极打造"一带一路"学术研究和交流平台，为加强"一带一路"学术研究和交流提供有力保障。一是鼓励和支持"一带一路"域内外国家的高等学校、科研机构、智库等机构通过成立政策研究中心等"一带一路"研究机构加强对"一带一路"倡议的学术研究，并通过建立学术会议、高峰论坛、媒体论坛、政策研讨等各类"一带一路"学术交流机制来开展"一带一路"学术讨论和学术交流；二是从国家层面设立"一带一路"高级访问学者项目、国际研修项目、出版资助项目、国际会议项目等学术研究项目来促进"一带一路"学术研究和交流，并针对"一带一路"域内外国家学者设立"一带一路"研究项目及"中国研究"项目，支持和资助"一带一路"域内外国家学者开展或合作开展"一带一路"课题和中国课题研究，增进"一带一路"域内外各国学者对"一带一路"倡议以及中国发展模式、国家政策、教育文化等各方面的理解；三是联合相关国际青年组织举办"一带一路"青年学者论坛、青年领袖者论坛、青年高峰论坛、青年领袖对话、学生领袖会议等一系列面向"一带一路"域内外国家青年精英的论坛活动来持续增进"一带一路"域内外国家青年精英对"一带一路"倡议和中国的研究和认识。

第五，推动"一带一路"高校联盟和智库联盟建设。在推动中国与"一带一路"域内外国家的教育学术交流与合作及民心相通方面，高等学校和智库具有十分重要的地位和作用。2015 年 4 月 8 日，国务院发展研究中心、中国社会科学院、复旦大学联合国内 60 多家涉及"一带一路"

研究的智库和研究机构成立了"一带一路"智库合作联盟①，智库合作联盟旨在围绕"一带一路"建设开展政策性、前瞻性研究，为中国及"一带一路"域内外国家政府建言献策，增进国家间政策沟通，同时致力于以智库交往带动人文交流，增进"一带一路"域内外国家公众对"一带一路"倡议的准确理解，增进公众之间的友好感情。与此同时，2015年10月17日，复旦大学、北京师范大学、兰州大学和俄罗斯乌拉尔国立经济大学、韩国釜庆大学等47所中外高校共同发起成立了"一带一路"高校战略联盟②，高校战略联盟旨在搭建教育信息、学术资源共享交流合作平台，探索跨国培养与跨境流动的人才培养新机制，共同打造"一带一路"高等教育共同体，推动各国大学之间在教育、科技、文化等领域的全面交流合作。因此，要推动"一带一路"高校联盟和智库联盟建设，从政策、制度、人员和资金等方面给予支持和保障，鼓励"一带一路"高校联盟和智库联盟创造性地开展工作，积极吸纳更多的"一带一路"域内外国家高校和智库参与到联盟的各项事业中来，为推动中国与"一带一路"域内外国家教育学术交流与合作及民心相通贡献自己的智慧和力量。

二 科技医卫领域的交流与合作

21世纪，科学技术发展日新月异。科学技术不仅改变着人们的生产

---

① "一带一路"智库合作联盟拥有包括国务院发展研究中心、中国社会科学院各涉外研究所、上海国际问题研究所、中央党校国际战略研究所、中国现代国际关系研究院、山东大学亚太研究所、云南大学国际关系研究院、南开大学周恩来政府管理学院、中国人民大学重阳金融研究院、察哈尔学会、零点研究咨询集团等在内的60多家理事单位。

② "一带一路"高校战略联盟的47所创始高校包括：复旦大学、北京师范大学、四川大学、同济大学、天津大学、华东师范大学、南京农业大学、西南大学、河海大学、陕西师范大学、对外经济贸易大学、新疆大学、石河子大学、宁夏大学、青海大学、上海中医药大学、天津师范大学、山西中医学院、重庆文理学院、四川文理学院、西安文理学院、宝鸡文理学院、兰州大学、西北师范大学、兰州理工大学、兰州交通大学、甘肃农业大学、西北民族大学、兰州财经大学、甘肃中医药大学、甘肃政法学院、天水师范学院、河西学院、陇东学院、甘肃民族师范学院、兰州城市学院、兰州工业学院、兰州文理学院、甘肃医学院、俄罗斯乌拉尔国立经济大学、韩国釜庆大学、苏丹喀土穆大学、苏丹非洲国际大学、乌克兰卢甘斯克国立大学、土耳其语言研究院、马来西亚吉隆坡建设大学、吉尔吉斯斯坦阿洪巴耶夫国立医科学院。2016年9月18日，"一带一路"高校联盟主题论坛在首届丝绸之路（敦煌）国际文化博览会期间举行，中国科学技术大学、东南大学、重庆大学、英国斯旺西大学、美国中央俄克拉荷马大学等79所高校新近加盟。

生活方式和理念，同时也在公共外交中发挥着日益重要的作用。例如，美国苹果公司通过科技研发使 iPhone 手机风靡全球的同时也使全世界都接受着美国的科技思想和理念。而在 2014 年北京 APEC 峰会期间，俄罗斯总统普京则通过将一部俄罗斯本国研发的 YotaPhone 手机赠送给习近平主席的方式向中国和世界公众展示俄罗斯拥有高新科技的国家形象。这两件案例都是公共外交成功的典范，体现出了科技在公共外交中的重要作用。改革开放以来，随着中国经济的快速发展以及科技进步的步伐不断加快，中国与世界各国之间的科技交流与合作不断向前推进，在国际社会逐步树立了中国"科技大国"的国家形象。与此同时，中国作为一个负责任的大国，早在新中国成立初期就积极开展了医疗对外援助，这些对外援助加深了中国同广大发展中国家的关系和友谊，赢得了国际社会的普遍赞誉。近年来，中国更加主动积极地参与区域和全球卫生治理和改革，积极分享医疗卫生改革与发展的经验，进一步提升了中国负责任的大国形象。在推进欧亚非拉各国民心相通的过程中，科技医卫领域也将是"一带一路"公共外交实践中不容忽视的重要一环。因此，开展和实施"一带一路"公共外交，中国政府、科研医疗机构、科技型企业及社会组织需要发挥中国的科技优势和医疗优势，与"一带一路"域内外国家深入开展科技医卫领域的交流与合作，提升"一带一路"国际声誉和中国国家形象，赢得"一带一路"域内外国家公众对"一带一路"倡议及中国的理解、认可和支持，推进与各国间的民心相通。

第一，加强科技人员的对话与合作。改革开放四十多年来，中国与"一带一路"域内外各国在科技领域的交流与合作取得了丰硕成果，也为未来的合作打下了良好的基础。围绕"一带一路"建设加强中国与"一带一路"域内外国家科技人员间的对话与合作，不仅有助于进一步推动中国与"一带一路"域内外各国间的科技交流、为"一带一路"建设提供强大的科技支撑，而且还有助于增进中国与"一带一路"域内外国家科技人员和公众相互间的理解、深化彼此间的友谊。具体来说，可从以下几个方面来加强中国与"一带一路"域内外国家科技人员间的对话与合作：一是加快中国与"一带一路"域内外国家双边、多边政府间科技合作机制的建设，为加强各国政府科技部门、科研机构、高等学校、科技型企业和社会组织之间的相互对话与合作提供制度机制保障；二是围绕"一带一路"建设共建国际联合实验室（研究中心）、国际技术转移中心、海上合作中心,针对基础设施、交通运输、装备制造、高新技术、能源化工、资源开发、海洋生物制药、航道安全、海上搜救、防灾减灾、文化遗产与环境保护等领域合作开展重大科技攻关,促进科技人员交流,共同提升科技创新能力;三是根据"一带一路"建设需求,通过培养专业技术人才、安排科技专家互访、组织多种形式对接交流活动、开展技术示范与培训等方式,在促进先进实用技术的转移推广的同时推动各国科技人员和公众的相互了解和交流。

第二,开展"科技外交"与"互联网外交"。近年来,随着中国与世界各国在科技领域交流与合作的不断增多,"科技外交""互联网外交"在促进科技进步、创造经济与社会效益、维护国家安全与利益、增进国家关系和人民友谊等方面的作用开始日益凸显,"科技外交""互联网外交"也越来越受到中国政府、科研机构和企业的重视。以中国对俄罗斯的"科技外交"活动为例,2014年以华为公司为代表的数家中国手机制造企业对俄罗斯展开了猛烈的外交攻势,华为旗下的手机广告席卷了莫斯科和圣彼得堡的所有地铁站,覆盖两个城市70%的目标人群,小米公司也被俄罗斯社会精英视为"未来的科技巨头""自华为以来最成功的公司"。而在2014年莫斯科"开放式创新"国际论坛上,"中国科技与创新"展览受到了俄罗斯教育界、产业界代表的广泛关注,他们纷纷表示要加强与中国的科技领域的交流与合作。[1] 因此,中国政府科技部门、科研机构、高等学校、科技型企业和社会组织可围绕"一带一路"建设对"一带一路"域内外国家公众积极开展"科技外交",通过"一带一路"国际科技合作、科技交流和技术援助等科技活动向"一带一路"域内外国家公众展示中国"科技大国"形象、增进其对"一带一路"倡议和中国的了解与认知。与此同时,中国作为全球网民数量及生产电子信息产品数量最多的互联网大国,还应该充分挖掘"互联网外交"的潜力、施展"互联网外交"的魅力。对此,中国政府科技部门、科研机构、高等学校、科技型企业和社会组织可围绕"一带一路"网络信息建设、网络安全和跨境电子商务等议题,借助世界互联网大会(World Internet Con-

---

[1] 赵启正、雷蔚真主编:《中国公共外交发展报告(2015)》,社会科学文献出版社2015年版,第352页。

ference)①的平台，通过与"一带一路"域内外国家联合举办相关互联网论坛、展览以及邀请政要、非政府组织代表、企业高管、网络精英、专家学者、青年学生等"一带一路"域内外国家公众参观中国优秀互联网企业、参加世界互联网大会等方式开展对"一带一路"域内外国家公众的"互联网外交"。

第三，加强中国科技型企业形象建设。"走出去"中国企业的海外形象是承载中国形象的重要国际行为体，也是塑造国家形象的重要组成部分和对外宣传的重要途径。中国企业良好的国际形象对于提升中国国家形象、增进国际社会对中国的认识与了解具有重要意义。同样，参与"一带一路"建设的中国科技企业也是"一带一路"域内外国家公众认识、了解"一带一路"倡议和中国的重要窗口，其不仅是"一带一路"倡议的具体执行者，更是提升"一带一路"国际声誉和中国国家形象、推动欧亚非拉各国民心相通的实际践行者。习近平主席指出，推进"一带一路"建设，"我国企业走出去既要重视投资利益，更要赢得好名声、好口碑，遵守驻在国法律，承担更多社会责任"。②因此，中国科技企业在参与"一带一路"建设过程中需要提升品牌意识、加强企业形象建设。一方面要通过深化与"一带一路"域内外国家的科技交流与合作，创造优质的"一带一路"科技产品、服务和良好的经济社会效益来赢得"一带一路"域内外国家公众的信赖和尊重，提升"一带一路"国际声誉和中国国家形象；另一方面要熟悉并遵守当地法律规范、尊重其历史文化和社会风俗，提升社会责任担当意识以及与当地媒体及公关机构交往能力，通过积极同"一带一路"域内外国家社会各界的交流、融合来获得其对"一带一路"倡议和中国的认可与欢迎。

第四，推进"一带一路"医疗卫生交流与合作。医疗卫生合作以改善人民健康福祉为宗旨，是政治敏感度低、社会认同度高的合作领域，既是各国政策沟通的重要内容，也是各国民心相通的重要纽带。要强化与周边国家在医疗卫生领域的合作，提高合作处理突发公共卫生事件的

---

① 世界互联网大会是由中国倡导并举办的世界性互联网盛会，旨在搭建中国与世界互联互通的国际平台和国际互联网共享共治的中国平台，让各国在争议中求共识、在共识中谋合作、在合作中创共赢。

② 《借鉴历史经验创新合作理念 让"一带一路"建设推动各国共同发展》，《人民日报》2016年5月1日第1版。

能力，并为有关国家提供医疗援助和应急医疗救助。[①] 推进"一带一路"医疗卫生交流与合作，一方面有助于加强"一带一路"域内外国家卫生安全防控、促进卫生事业发展、推动全球卫生治理；另一方面有助于构筑"健康丝路"，弱化"一带一路"道路、桥梁、港口等基础设施建设和商品贸易对"一带一路"域内外国家环境和居民生活带来的环境污染及不利影响，为"一带一路"建设奠定坚实民意基础。具体来说，可从以下几个方面来推进"一带一路"医疗卫生交流与合作：一是加强"一带一路"医疗卫生合作机制建设，积极开展"一带一路"域内外国家卫生领域高层互访，推动与"一带一路"域内外国家特别是沿线国家签署卫生合作协议；二是加强传染病防控合作，与"一带一路"域内外国家建立常见和突发急性传染病信息沟通机制和卫生应急处置协调机制；三是加强医疗卫生领域专业人才培养合作，依托国内医学院校和医疗机构建立高层次医疗卫生人才培养基地，开展多种形式、长短期结合的进修和培训项目，并鼓励各国医疗机构、医学院校及民间团体开展教学、科研和人员交流活动；四是开展卫生应急、紧急医疗援助和卫生发展援助，根据实际需求为"一带一路"相关国家派遣医疗和卫生防疫队伍，提供医疗援助以及力所能及的防护和救治物资。

三 文化艺术领域的交流与合作

文化具有跨时空、跨边界、跨地域的影响力，文化间的交流交融使不同国家和不同民族产生共同语言、增强相互信任、加深彼此感情等方面具有无可比拟的优势。因而可以说，文化的相互理解和相互尊重是民心相通的重要基石，历史、语言、宗教、风俗等社会生活和文化的交流交融是民心相通最广泛的领域。"一带一路"域内外各国尤其是沿线各国对古丝绸之路的历史记忆和文化情感及其在此基础上形成的历史文化的现代交集和共识正在成为民心相通的重要支点之一。例如，"万里茶路"的历史文化传统正成为中国、蒙古、俄罗斯三国重振"草原丝路"、推进

[①] 《推动共建丝绸之路经济带和21世纪海上丝绸之路的愿景与行动》，《人民日报》2015年3月29日第4版。

"中蒙俄经济走廊"建设的文化共识。[①] 因此，针对"一带一路"域内外国家和地区多民族聚集、多宗教共存、多文化共融的特点，"一带一路"公共外交的开展和实施需要深入挖掘丝绸之路的灿烂文化和宝贵精神，围绕"一带一路"建设积极与"一带一路"域内外国家开展文化艺术领域的交流与合作。通过文化艺术领域的交流与合作来密切同"一带一路"域内外国家公众的友好感情、增进"一带一路"域内外国家公众对"一带一路"倡议和中国的理解与支持、夯实"一带一路"建设的民意基础和社会基础。

第一，推动优秀丝路文化艺术作品"走出去"。文化艺术作品无疑是传播丝路文化、连通民心的最佳载体。近年来，中国文化艺术界创造和制作了一批以"丝绸之路"为主题的优秀文化艺术作品。例如，民族舞剧《大梦敦煌》以大气磅礴的方式展现了多姿多彩、辉煌绚烂的丝路文化；经典舞剧《丝路花雨》再现了古丝绸之路的繁荣景象，歌颂了丝绸之路上各民族之间的纯洁友谊；大型历史舞剧《碧海丝路》和《丝海梦寻》重现了"海上丝绸之路"中外经贸、人文交融的盛况，展现了古代丝绸之路文化和中国与东南亚各国的友好交往与珍贵友谊；大型杂技剧《丝路彩虹》表现了中华民族开放、包容、坚毅、仁爱、信义、互利的精神风貌，描摹出丝绸之路各民族世代友好的人间情爱图卷。这些优秀丝路文化艺术作品依托古代丝绸之路悠久的贸易交往和文化往来历史，对古代丝绸之路所承载和缔结的各民族深厚友谊进行了歌颂和赞扬，对于增进"一带一路"域内外国家公众对古代丝绸之路、"一带一路"倡议及中国的认知与理解，深化其对中国的友好感情具有重要作用。因此，要让更多优秀丝路文化艺术作品"走出去"讲好中国故事，加深外界对古丝绸之路、对"一带一路"、对中国的理解。一方面，要多渠道搭建对外交流平台。目前，中国与"一带一路"域内外国家以及与上合组织、东盟、阿拉伯国家联盟等国际组织建立了双边或多边的文化交流平台和合作机制，这些机制框架为优秀丝路文化艺术作品"走出去"提供了有利基础，因此可在政府间文化合作协定和年度执行计划中纳入"丝绸之路"相关内容。除此之外，在发挥现有政府间文化交流机制作用的同时，还

[①] 郝时远：《文化是"一带一路"建设的重要力量》，《人民日报》2015年11月26日第7版。

应该依托相关国际组织，拓展民间文化交流渠道、搭建更加多元的对外文化交流平台，进一步加大丝路文化艺术作品的推介和展示力度，推动中国与"一带一路"域内外国家文化交流常态化。另一方面，要促进多元文化背景下的融合沟通。通过尝试把丝路文化艺术作品及丝路文化以芭蕾舞剧、音乐剧、歌剧等西方艺术形式及其他艺术形式的表达来增进不同国家、不同文化背景的公众对丝路文化艺术作品及丝路文化的理解，将丝路文化艺术作品及丝路文化推向更广阔的世界。

第二，举办丰富多样的丝路文化交流活动。千百年来，古丝绸之路不仅孕育了辉煌璀璨的丝路文化，同时也丰富了中华文化的内涵。几个世纪以来，世界各国公众都被独特的丝路文化和中华文化所吸引和感染。通过开展文化艺术领域的公共外交、举办丰富多样的丝路文化交流活动，不仅可以为"一带一路"域内外国家公众提供接触和了解丝路文化和中华文化的机会和渠道、培养其对丝路文化和中华文化的爱好和兴趣，还可以提升丝路文化和中华文化的感染力和向心力，进而增进"一带一路"域内外国家公众对"一带一路"倡议和中国的好感与支持。一方面，要发挥现有丝路文化交流品牌与成果优势。目前，我国已经与"一带一路"域内外相关国家开展了多个以"丝绸之路"为主题的文化交流合作项目，并将其打造成为了丝路文化品牌活动，在国际社会和"一带一路"域内外国家取得了良好的反响和效果。例如，丝绸之路（敦煌）国际文化博览会（Silk Road International Cultural Expo）、丝绸之路国际电影节（Silk Road International Film Festival）、丝绸之路文物展等。其中，丝绸之路（敦煌）国际文化博览会是以丝绸之路精神为纽带、以文明互鉴与文化交流合作为主题、以实现民心相通为目标的国际盛会，现已成为中国与"一带一路"域内外国家开展文化交流合作的重要平台、推动丝路文化和中华文化走出去的重要窗口；丝绸之路国际电影节则旨在以电影为纽带，促进"一带一路"域内外各国文化交流与合作，传承丝路精神、弘扬丝路文化，为"一带一路"建设创造良好的人文条件；丝绸之路文物展汇集来自全国16个省区市的490多件文物珍品，第一次将草原丝绸之路、沙漠丝绸之路和海上丝绸之路统一于一个展览中，集中展现了丝绸之路上的人情风物、商贸往来、文化交流等。因此，要充分发挥现有丝路文化交流品牌和成果的优势，并通过将其进一步打造成国际化、高端化、专业化的丝路文化交流品牌来提升丝路文化和中华文化的感染力和向心力。另一方面，还要精心打造新的丝路文化交流品牌。除了依托现有丝路文化交流品牌，还需继续挖掘古丝绸之路的文化内涵和人文精神，并结合"一带一路"的时代意义和建设实际开展更加丰富多样的丝路文化交流活动，打造新的丝路文化交流品牌。通过与相关国际性文化组织、"一带一路"域内外国家共同举办"丝绸之路"文化年、艺术节、音乐节、图书展、书画展、文化展、文化论坛、文艺演出等文化交流活动来增进"一带一路"域内外国家公众对"一带一路"倡议和中国的认知、理解与支持。

第三，共同开展丝路广播影视作品制作及展播。广播影视作品在促进国家和公众间相互了解、拉近彼此距离、增进彼此感情方面具有重要作用。目前，中国政府宣传部门、广电机构和新闻媒体精心制作了一批"一带一路"题材的重点影视作品，这些"一带一路"题材影视作品立足国际视野，注重突出国际性和政策性，彰显出了"一带一路"倡议力促"合作共赢"的本质特征和精神内核。例如，中央电视台大型纪录片《一带一路》记录了国内外60多个普通人物与"一带一路"的故事，以小故事阐述大战略，用事实和事例凝聚起"一带一路"倡议对实现人类利益共同体、责任共同体和命运共同体具有重大作用的国际共识；甘肃电视台新闻观察栏目《直通一带一路》以解读"一带一路"政策、展示"一带一路"建设成果及发展前景为主要内容，用接地气的方式，传递最新信息、讲述感人故事、带领观众浏览沿途风土人情；上海电视台、广东电视台和泉州电视台联合制作的纪录片《海上丝绸之路》以"海上丝绸之路"沿线各国的经贸往来、文化交流为出发点，以历史交往为背景，以现实中鲜活的人物故事为主体内容，展示中国历史文化和当代精神风貌。鉴于广播影视作品在促进相互了解、拉近彼此距离、增进彼此感情方面的独特作用，除了将中国现有"一带一路"题材的影视作品译成多国语言在"一带一路"域内外各国进行展播以外，还可通过与"一带一路"域内外国家共同开展以"一带一路"为题材广播影视作品制作及展播的方式来增进"一带一路"域内外国家公众对"一带一路"倡议和中国的了解和认知，密切同"一带一路"域内外国家公众的友好感情。例如，可与"一带一路"域内外相关国家共同拍摄以"一带一路"为题材的电影、电视剧以及关于介绍"一带一路"倡议的纪录片以及记录"一带一路"域内外国家与中国关系发展的文献纪录片，并制作形式多样、内容丰富的丝路题材的广播节目和电视节目，以艺术、音乐、历史、人文等为内容，汇聚"一带一路"域内外各国精英展开交流与互动。最终通过制作出有高度、有深度、有温度的广播影视作品向"一带一路"域内外国家公众传达出"一带一路"倡议"不是中国独奏，而是各国合唱"的宏大主旨，使"合作共赢"理念与"共同体"意识在"一带一路"域内外国家公众心中落地生根。

第四，加强丝路遗产、文献、档案领域合作。丝路遗产、文献、档案是"一带一路"域内外相关国家尤其是沿线国家共同的宝贵历史财富，加强丝路遗产、文献、档案领域的合作对于推动中国与"一带一路"域内外国家民心相通、夯实"一带一路"建设社会民意基础具有重要意义。具体来说，加强中国与"一带一路"域内外相关国家在丝路遗产、文献、档案领域的合作可从以下方面来展开：一是联合申请世界文化遗产。2014年6月，在卡塔尔多哈举行的第38届世界遗产大会宣布，中国、哈萨克斯坦、吉尔吉斯斯坦三国联合申报的古丝绸之路的东段："丝绸之路：长安—天山廊道的路网"成功申报世界文化遗产，成为首例跨国合作、成功申遗的项目。这一项目申遗成功，进一步加强了中国和吉尔吉斯斯坦、哈萨克斯坦的文化交流，进而密切了三国公众甚至整个丝绸之路沿线国家公众的友好往来。因此，要充分挖掘"一带一路"的历史文化遗产，通过积极联合和支持"一带一路"域内外相关国家共同开展丝路申遗工作来加强相互文化交流和友好往来。二是共同开展丝路遗产的联合保护工作。加强中国与"一带一路"域内外国家尤其是沿线国家在丝绸之路物质与非物质文化遗产保护领域的合作，一方面要共同开展考古发掘、文物修复、博物馆管理、打击文物走私、防止破坏文物原有属性以及根据有关国际条约追索被盗文物等方面的丝路遗产联合保护工作，另一方面要积极同地区和国际有关方面进行协调，为丝路遗产保护提供必要的条件和保障。三是加强丝路文献和档案领域的交流与合作。一方面，联合相关国际组织积极帮助和支持"一带一路"域内外相关国家对本国流失海外的文献和档案的追索，如支持国际档案理事会阿拉伯地区分会在国际和地区场合为收回被殖民主义国家抢掠和剥夺的阿拉伯档案从而维护阿拉伯属性的努力。另一方面，加强图书馆与信息领域的合作，可通过举办中国与"一带一路"域内外相关国家的图书馆与信息领域专家会议、与相关国家签署图书馆与信息领域谅解备忘录等方式积极开展丝路文献翻译、丝路文献整理、丝路文献保护、图书典籍互赠、图书出版、图书馆人员培训、图书馆数字化等方面的交流与合作。

第五，推动丝路文化产业发展。"一带一路"倡议蕴含了巨大的文化产业发展机遇，丝路特色文化资源的开发和利用使丝路文化产业走向国际市场。丝路文化产业在为"一带一路"域内外国家公众带来收益、推动"一带一路"建设的同时还将在促进文明相互交融和各国友好交流方面发挥作用。因此，可通过推动丝路文化产业合作发展、共建丝路文化产业带来促进各文明相互交融和各国友好交流。一方面，要借助媒体传播和文化交流平台来推动丝路文化产业的发展。国内外新闻媒体对丝绸之路的传播和报道以及丝绸之路（敦煌）国际文化博览会、丝绸之路国际电影节、丝绸之路文物展、丝绸之路国际创客论坛、草原丝绸之路艺术精品展暨学术论坛等活动的相继举办以及纪录片《一带一路》、电视连续剧《丝绸之路传奇》等影视作品的播出，让"一带一路"域内外国家文化界、商界以及社会大众对丝绸之路重新产生了兴趣，从而为丝路文化产业的发展提供了重要契机。因此，中国与"一带一路"域内外各国可借助各国媒体传播和文化交流平台，共同培育和打造丝路文化产业新的增长点，通过做大、做强、做精"伊斯兰文化""西域文化""东南亚文化""欧洲文化"来共建丝路文化产业带。另一方面，要积极发挥市场主体性作用来推动丝路文化产业合作。文化型企业在丝路文化产业中具有主体性地位，要调动"一带一路"域内外各国各类文化企业的积极性，通过联合举办专项投资、贸易、文化交流活动共同加强丝路文化产品市场、要素市场、交易平台、流通形式、流通组织的建设及相互合作，不断推动丝路文化产业合作发展。其中，中国中西部和沿海省区的文化型企业由于所在省区特殊的地缘位置及历史、人文优势，要发挥丝路文化产业排头兵的作用，加强与"一带一路"域内外各国的丝路产业合作，扩大对中亚、西亚、东南亚、南亚及中东欧文化产品和服务出口，通过在相关国家建立丝路文化产品服务交易中心和产业园、建设丝路民俗民间文化街和丝路风情街等方式来推动丝路文化消费和丝路文化产业良性互动，进而促进各文明相互交融和各国友好交流。

四 体育旅游领域的交流与合作

体育是贯穿古今人类日常生活与生产活动的最古老而又最年轻、最稳固而又最鲜活的文化现象。千百年来，古丝绸之路上中外各民族文化交流源远流长，而体育交流作为古丝绸之路文化交流中的重要内容始终积极而热烈，马球、角抵、武术、杠鼎、弈棋等体育运动以及胡旋舞、胡腾舞、狮子舞等体育舞蹈深受古丝绸之路上各民族喜爱。古代长安、洛阳、凉州、敦煌等地体育的发达成为当时这些国际都会经济繁荣、文化兴盛的重要标志，体育交流也成为促进中外交流、增进各民族感情的重要载体和途径。与此同时，旅游或游历作为人们对外交流交往的一种重要形式和途径也在促进人们相互交流和相互了解方面发挥着重要的作用。这是因为感知和体验另一种文化、丰富人的思想和情感是人们对外交流交往最普遍、最广泛的动因。而当人们通过旅游或游历感知到不同事物、体验到不同文化、收获到不同见闻后，又会进一步激发其对外交流和交往的兴趣和欲望。《马可·波罗游记》之所以极大地激发了欧洲人对东方的热烈向往和探索兴趣，在很大程度上是因为《马可·波罗游记》让欧洲人看到了与他们完全不同的异质文化和精神产品。[①]因此，开展和实施"一带一路"公共外交，要充分借助"一带一路"沿线历史文化底蕴深厚、旅游资源丰富的优势，通过加强与"一带一路"域内外各国在体育旅游领域的交流合作来促进"一带一路"域内外国家公众的相互了解和友好交流，从而增进相互间的理解、信任与友谊，进而为"一带一路"建设和中国发展奠定深厚的国际社会民意基础。

第一，积极开展丝路"体育外交"。体育自诞生之日起就一直与和平休战、人类友好交往联系在一起。从古希腊奥林匹亚的体育竞技比赛到百年来的现代奥运会，从先秦、两汉时期盛行的角抵、蹴鞠到今天为大众喜爱的古典摔跤、现代足球，古今中外体育文化一脉相承、紧密相连。[②]在中国，通过体育交流来与他国建立和发展友好关系、增进国家和公众相互间了解和友谊自古便有。西汉时期，中国的六博棋传入印度；唐朝时期，马球、围棋也传入朝鲜、日本等国并迅速传播开来，唐朝使者曾与新罗人对弈围棋并大获全胜，而唐朝皇家队也曾与到长安迎亲的吐蕃队进行过马球比赛；而在新中国成立后，中美之间的"乒乓外交"

---

① 吴友富：《中国国际形象的塑造和传播》，复旦大学出版社2009年版，第72页。
② 兰州理工大学丝绸之路文史研究所编：《丝绸之路体育文化论集（续）》，甘肃教育出版社2008年版，序言第2页。

成功地"以小球转动大球",为中美之间打破坚冰、实现关系正常化做出了重要贡献;21世纪以来,中国则更加注重通过奥运会、青奥会、亚运会、世锦赛等大型国际体育赛事来增进与世界各国及公众的友好交流、展示自身良好形象。因此,体育交流是一国开展公共外交的重要领域和重要手段。开展和实施"一带一路"公共外交需要围绕"一带一路"建设积极开展丝路"体育外交",充分发挥体育交流在与"一带一路"域内外各国建立和发展友好关系、增进各国和公众相互间了解和友谊方面的重要作用。具体来说,可从以下四个方面来开展丝路"体育外交":一是搭建丝路体育交流互动平台。中国政府体育部门可与相关国际体育组织、"一带一路"域内外国家政府体育部门采取联合举办丝绸之路体育合作论坛等形式来搭建丝路体育交流互动平台,通过交流互动平台,各国政府体育部门、体育专家、体育精英、体育企业、民间体育团体等可就开展丝路竞技体育、健身体育、体育产业等各方面的交流与合作问题进行深入磋商和探讨,并推动商讨成果向实践转化,促进丝路体育交流与合作的机制化、常态化。二是积极开展丝路体育交流活动。一方面要通过积极开展丝绸之路国际马拉松赛、丝绸之路国际越野拉力赛、丝绸之路国际定向邀请赛、丝绸之路户外运动挑战赛、丝绸之路城市篮球(足球)联赛、"21世纪海上丝绸之路"帆船友谊赛等以"丝绸之路"为主题的体育赛事来增进与"一带一路"域内外各国及公众的交流与友谊;另一方面要充分调动中国及"一带一路"域内外各国政府、高校、民间团体及体育精英参与丝路体育交流的积极性,鼓励其相互之间开展体育赛事、体育教学、体育研讨等形式多样的丝路体育交流活动。三是发挥国际体育赛事的公共外交作用。要依托奥运会、世锦赛、亚运会等大型国际体育赛事尤其是在中国举办的国际体育赛事来深化与"一带一路"域内外国家公众的相互了解和友谊,将国际体育赛事作为中外交流的桥梁、世界了解中国和"一带一路"倡议的窗口,并通过支持"一带一路"域内外国家申办重大国际体育赛事来增进相互间的友谊。四是拓展青年体育交流领域。要通过与"一带一路"域内外相关国家举办大学生运动会、青少年体育论坛、青少年篮球训练营、青少年足球赛、青少年体育交流团等丰富多样的体育交流活动及相关文化体验活动来培养"一带一路"域内外各国青年的共同兴趣和友好情谊,进而增进其对中国和"一带一路"倡议的认知、好感与认同。

第二，大力发展丝路特色旅游。丝路旅游作为公众交往、文化交流的重要渠道，有利于密切与"一带一路"域内外国家从官方到民间的全方位交往，有利于吸引更多"一带一路"域内外国家公众赴中国及古丝路沿线国家近距离感受丝路历史文化和风土人情，有利于通过游客的流动带动信息、技术、资金、人才等要素的国际交流。因此，要依托丝路旅游资源优势，大力发展丝路特色旅游，通过丝路特色旅游来促进中国与"一带一路"域内外国家社会各界的友好往来和心意相通。具体来说，可从以下五个方面来推动丝路特色旅游的发展：一是加强丝绸之路旅游品牌和平台建设。要加强丝绸之路旅游年、丝绸之路国际旅游节、丝绸之路国际旅游博览会等丝绸之路旅游品牌的建设以及与世界旅游组织国际旅游大会的有效对接，将其打造成涵盖旅游合作、项目洽谈、高端论坛、学术研讨、产品展销、精品剧目演出、美食品评、文化遗产展演等方面的丝路旅游高端交流平台，并积极吸纳"一带一路"域内外国家政府旅游局、航空公司、旅游目的地、旅游胜地、度假村、邮轮服务公司、旅行社、旅游运营商、剧院、博物馆、旅游媒体共同参与。二是打造丝绸之路国际精品旅游产品和旅游线路。要针对国际旅游消费的新特点和新趋势，打造一批丝绸之路国际精品旅游产品和旅游线路。一方面，中国各地要结合自身特色，进一步挖掘资源，推出适应国际市场需求的丝路旅游新产品和新路线，全面提升中国丝路旅游产品吸引力。西部内陆省份可着重打造陆上丝路主题旅游产品和线路，如甘肃可重点打造以始祖文化为重点的历史文化旅游区、以敦煌文化为重点的生态文化旅游区、以黄河文化为重点的现代文化和民族文化旅游区，并推进莫高窟、嘉峪关、张掖丹霞、骊靬古城、拉卜楞寺等大景区建设，陕西可系统打造历史文化与遗址旅游、丝绸文化与丝路遗产旅游、自然山水与民间文化旅游等文化旅游品牌，宁夏可重点打造大沙湖休闲度假旅游、西夏文化旅游、塞上回乡文化体验旅游、边塞文化旅游等主题旅游。东部沿海省份则可重点打造海上丝路主题旅游产品和线路，如海南可重点推出包括海口骑楼老街、文昌铺前老街、琼海潭门千年渔港、琼海中原南洋小镇、万宁东山岭、陵水椰子岛、三亚藤桥等景点的丝路旅游线路。另一方面，还应与"一带一路"域内外相关国家联合打造丝路跨境旅游产品和线路，拓展丝路旅游国际通道，进一步丰富丝路旅游市场供给。例如，可与俄罗斯、哈萨克斯坦、吉尔吉斯斯坦、塔吉克斯坦、蒙古等国家联合打造涵盖"天山廊道"世界自然遗产、帕米尔高原以及阿尔泰山自然风光、人文景观、丝路文化、城市风貌等旅游资源的丝路跨境旅游线路。三是拓展丝路之路旅游市场交流与合作。要拓展与"一带一路"域内外国家在丝路旅游市场领域的交流与合作，鼓励各国旅游部门、旅游机构、旅游企业开展旅游合作，包括提高"一带一路"域内外各国游客签证便利化水平、实施丝路旅游和投资项目、开展宾馆评级与旅游和语言培训领域人员及专家间的互访和经验交流、举办丝路旅游研讨会等。四是巩固和扩大丝绸之路旅游宣传。要不断创新营销传播手段，以"漫漫丝绸路，悠悠中国行""游丝绸之路，品美丽中国""神奇丝绸路，美丽中国梦"等为宣传口号，通过加大网络和新媒体的应用，与"一带一路"域内外国家互办旅游推介会、推广周、宣传月等方式积极向"一带一路"域内外国家公众推广丝路旅游，全面提升丝路旅游品牌、产品、线路的国际知名度和影响力。五是推动丝路旅游与体育融合发展。旅游与体育之间存在相互促进、相互影响的关系，要发挥"旅游+"的聚合效应，丰富丝路旅游产品内涵，推动丝路旅游与体育融合发展，增加丝路旅游的趣味性、观赏性、参与性、体验性。在继续办好北京、广州、厦门、杭州、兰州国际马拉松赛以及嘉峪关铁人三项赛、敦煌沙滩排球巡回赛、银川哈雷骑士大会、内蒙古中蒙国际传统赛马大会、甘南玛曲格萨尔赛马大会、秦岭山地户外运动公开赛、秦岭山地自行车赛、大连环渤海帆船拉力赛、深圳国际帆船拉力赛等国际和全国赛事的同时提供更多热门丝路体育旅游产品。

第三，建立"一带一路"旅游城市联盟。地方政府（城市）友好往来在建立国家友好关系、增进人民友谊方面占据着独特地位。目前，我国已同世界上140多个国家缔结了2900多对友好城市（省州）关系。城市之间的国际友好活动已经成为中国地方政府同国际社会建立长期、稳定、广泛联络的重要渠道，正为增进中国与世界各国关系和人民友谊发挥着积极的影响。从历史上看，古丝绸之路因城市而不断延伸，城市也因古丝绸之路而得到繁荣。直到今天，"一带一路"域内外国家的城市与"一带一路"的关系也是共存共荣的关系。在推动"一带一路"民心相通的过程中，要充分发挥"一带一路"域内外国家的城市在增进国家友好关系和人民友谊方面的独特作用，通过将"一带一路"域内外国家的城市结成友好纽带真正把"一带一路"打造成为一条友谊之路。要"开展城市交流合作，欢迎沿线国家重要城市之间互结友好城市，以人文交流为重点，突出务实合作，形成更多鲜活的合作范例"。① 目前，"一带一路"域内外国家中的很多城市有着丰富的旅游资源和历史文化资源，各旅游城市之间的旅游合作潜力巨大、前景广阔。因此，可围绕"一带一路"建设倡导建立"一带一路"旅游城市联盟，以缔结友好城市的方式将"一带一路"域内外国家的旅游城市联合在一起，推动各旅游城市旅游资源共享、品牌共建、客源互动，共同打造具有国际影响力的"丝绸之路文化旅游带"，并通过不断加强各个城市在旅游领域的务实合作来深化"一带一路"域内外国家公众间的友谊、推动"一带一路"域内外国家民心相通。

第四节 加强"一带一路"公共外交机制建设

公共外交是一项长期、系统的工作，其涉及众多的部门、人员、领域和对象群体。面对纷繁复杂的公共外交事务，需要构建制度化、常态化、规范化的长效机制来保障公共外交各项工作和活动的正常开展和顺利实施。机制建设之所以在公共外交的开展和实施中占据着重要地位是由机制本身根本性、全局性、稳定性和长期性的特点所决定的。因此，开展和实施"一带一路"公共外交也同样需要通过加强机制建设来对"一带一路"公共外交各项工作进行有效的引导、协调和保障。具体来说，"一带一路"公共外交机制建设主要包括高层磋商机制、交流对话机制、整合引导机制、人才培养机制和投入保障机制。

一 高层磋商机制

"一带一路"倡议提出以来，中国政府积极推动"一带一路"建设，加强与"一带一路"域内外国家的沟通磋商。习近平主席等国家领导人先后出访多个国家，出席加强互联互通伙伴关系对话会、中阿合作论坛部长级会议等推动共建"一带一路"国际会议，多次与有关国家元首和政府首脑进行会晤，深入阐释"一带一路"倡议的深刻内涵和积极意义，就共建"一带一路"达成广泛共识，并推动签署合作备

---

① 《推动共建丝绸之路经济带和21世纪海上丝绸之路的愿景与行动》，《人民日报》2015年3月29日第4版。

忘录或合作规划。① 开展和实施"一带一路"公共外交也同样需要"一带一路"域内外各国高层领导人的引领和推动,只有在"一带一路"域内外各国高层领导人的引领和推动下,"一带一路"公共外交的各项工作和活动才能顺利实施和开展,"一带一路"公共外交的质量和效果也才能从根本上得到保障。因此,要建立"一带一路"公共外交高层磋商机制,由"一带一路"域内各国高层领导人及其相关主管部门就如何有效开展和实施"一带一路"公共外交展开沟通与磋商,对涉及"一带一路"公共外交的重大议题进行充分沟通以取得共识,从政策层面总体把握、引导"一带一路"公共外交的发展走向,推动签署"一带一路"公共外交合作备忘录或合作规划,为"一带一路"公共外交确定行动指南。与此同时,还要发挥与"一带一路"域内外国家现有双多边高层磋商机制的作用,将"一带一路"相关议题纳入中俄两国元首和政府首脑定期会晤机制、中印战略经济对话机制、中美战略与经济对话机制、中美人文交流高层磋商机制、中法高级别人文交流机制、中英高级别人文交流机制、中欧高级别人文交流对话机制、中欧领导人峰会、中日韩领导人会议、东盟与中国(10+1)领导人会议、东盟与中日韩(10+3)领导人会议、中国—中东欧国家(17+1)领导人会晤、中非合作论坛、中阿合作论坛等双多边高层磋商机制中,借助现有的双多边高层磋商机制就"一带一路"公共外交相关议题展开沟通与磋商。

二 交流对话机制

除了"一带一路"域内外各国高层领导人的引领和推动,"一带一路"公共外交的顺利实施还需要建立由"一带一路"域内外国家相关政府职能部门、企业与社会民间组织共同参与的交流对话机制来加强政策沟通和人员交流,通过各领域、各层面交流对话机制具体协商研究"一带一路"公共外交的实施方案和行动计划、制定"一带一路"公共外交交流合作框架并签订相关协议和文件、促进"一带一路"域内外国家各阶层人员往来与交流、深化"一带一路"域内外国家在"一带一路"公共外交事务中的协调与合作。具体来说,一是建立各领域交流合作机制,

---

① 《推动共建丝绸之路经济带和21世纪海上丝绸之路的愿景与行动》,《人民日报》2015年3月29日第4版。

以机制化手段深化"一带一路"各领域人文交流与合作，包括建立教育科技文化部门定期会晤机制、"一带一路"媒体智库交流合作机制、丝路特色旅游交流合作机制等人文交流对话机制。例如，通过教育科技文化部门定期会晤机制，各方可就教育、科技、文化、青年等领域的交流合作进行对话和商讨，推动形成往来频繁、合作众多、交流活跃、关系密切的携手发展局面；通过"一带一路"媒体智库交流合作机制，各方可加强媒体与智库之间的沟通与合作，促进"一带一路"域内外国家间政策沟通和民心相通；通过丝路特色旅游交流合作机制，各方可充分发掘古丝绸之路沿线悠久的历史、灿烂的文化和丰富的旅游资源，进一步深化"一带一路"域内外国家旅游合作与人员往来。二是建立各阶层人员交流互访机制，鼓励、支持中国与"一带一路"域内外国家的社会精英、学者、青少年以及普通公众间的交流和访问，为增进相互理解提供条件和便利。其中，可通过设立一系列国际教育文化项目、访问学者项目、学生交换项目、文化交流计划、观光旅游项目、公民互访项目等国际交流项目邀请"一带一路"域内外各国政界、商界、学界中具有广泛影响力的政府官员、学者、企业家以及青少年到中国的高校、科研机构和企业进行访问和学习，同时邀请"一带一路"域内外各国社会各界人士和普通公众到中国开展短期考察和交流。三是发挥现有双边多边合作机制和平台作用，借助上海合作组织、东亚峰会、亚太经合组织、亚欧会议、亚洲相互协作与信任措施会议、中巴经济走廊、孟中印缅经济走廊、中蒙俄经济走廊、东南亚教育部长组织、中日韩大学交流合作促进委员会、中阿大学校长论坛、中非高校 20 + 20 合作计划等现有双边多边合作机制和平台来就"一带一路"公共外交相关交流合作事宜展开对话、沟通和协调。

三 整合引导机制

"一带一路"公共外交面向"一带一路"域内外国家社会各个阶层，是针对"一带一路"域内外国家公众的外交活动，其涉及传播、经济、教育、科技、人文、体育等诸多领域。因此，"一带一路"公共外交的实施主体不仅包括政府外交部门、外宣部门、教育部门、科技部门、文化部门、体育部门等各类政府行为体，还包括受政府委托、授权、支持的新闻媒体、社会组织、人民团体、涉外企业、高等学校、公众个人等各类非政府行为体。其中，不同部门、机构和组织虽然职能隶属不同、运行方式各异，但在"一带一路"公共外交实践中往往是密切联系在一起的。然而，各实施主体之间客观上会受到职能、权限、时间、成本、竞争等因素的影响，如果缺少彼此协调和联络机制，那么将难以把各实施主体整合起来发挥整体效力。同时，"一带一路"公共外交的开展还需要一定数量和质量的物质资源和非物质资源作为保障，"一带一路"公共外交的物质资源主要包括开展和实施"一带一路"公共外交活动所需的资金、人员、设施等，非物质资源主要包括开展和实施"一带一路"公共外交活动所需的制度、政策、历史、文化、智力要素等。由于"一带一路"公共外交所需的物质资源和非物质资源众多，同样如果缺乏相应的组织和协调，那么很有可能会造成"一带一路"公共外交资源的闲置、破坏、误用和浪费，并最终影响到"一带一路"公共外交的进程和效果。除此之外，中国国民素质和公共外交素养也是影响"一带一路"公共外交成效的重要因素，中国国民的思想观念、言行举止以及参与公共外交事务的方式和程度都将影响到"一带一路"域内外国家和公众对中国和"一带一路"倡议的看法和态度。因此，"一带一路"公共外交的顺利开展和实施需要政府切实承担起"联络员""协调者"和"引导者"的角色，通过建立相应的协调整合机制将各类实施主体和公共外交资源进行整合和协调以形成强大合力，通过建立相应的教育引导机制来提升中国国民素质和公共外交素养以展示中国良好大国形象。具体来说，一是要建立主体协调整合机制，对"一带一路"公共外交各类政府行为体和非政府行为体通过年度计划、工作导向、任务划分、经费支持等制度化管理进行有效整合和协调，将其有机联结在一起。二是要建立资源协调整合机制，对"一带一路"公共外交各类物质资源与非物质资源通过在开发、规划、分配、使用等方面的制度化安排进行有效整合和协调，实现"一带一路"公共外交资源的优化配置和效用最大化。三是要建立公民教育引导机制，加大对国内公众的道德品质教育、知识体系教育、社会技能教育等公民素质教育，提升国内公众参与公共外交事务的素养和能力。

四 人才培养机制

公共外交发展的基础在于人才培养。"一带一路"公共外交是一项涉及国际传播、国际公关、人文交流等领域的长期性综合事业，其顺利开展和实施需要大量知国情、晓世界、懂外语、能够进行跨文化交流的新型高级人才，这些人才不仅包括新闻传播人才，还包括外语人才、外交人才、科学研究人才、经营管理人才、公关营销人才、国际教育与文化传播人才等。而在"一带一路"公共外交实践所需人才中，对高级外语人才和对外汉语教学人才的需求尤为迫切。据初步统计，"一带一路"沿线各国各民族使用的语言约2488种，占人类语言总数的1/3以上。"一带一路"沿线国家的官方语言（不包括华语）共计54种，涉及汉藏、印欧、乌拉尔、阿尔泰、闪—含、高加索及达罗毗荼等主要语系。[①] 而我国高等院校开设的外国语专业门类仅可涵盖到43种，国内高级外语人才尤其是小语种人才的缺口较大。零点智库的多项海外民调结果也显示，会汉语的人对中国的好感度明显高于不会汉语的人，有意愿接触中国文化或有能力从中国媒体获取信息的人最有可能成为推动中外友好交流交往的使者。[②] 从这个意义上说，培养高级外语人才和对外汉语教学人才具有紧迫性和重要性。因此，"一带一路"公共外交的顺利开展和实施需要通过建立相应的人才培养机制来培养一批会倾听、能表达、善交流、精沟通且具有坚定政治方向和一定外交素养的各类公共外交优秀人才，为"一带一路"公共外交的开展和实施提供坚实有力的人才保证和智力支持。具体来说，一是要加快培养一批贯通中西文化、具有跨文化交流沟通能力和外语语言能力尤其是非通用语种语言能力的高级外语人才和国际教育教学人才；二是要加快培养一批具有国际视野、现代传播理念和扎实外语功底及掌握各类传媒技术和手段的国际传播业务人才；三是要加快培养一批熟悉意识形态工作、了解国际传播实际和舆论争斗形势，具有市场意识和现代管理能力的国际传播管理人才；四是要加快培养一支熟悉海外国家经济社会状况、具有跨文化沟通能力、精通国际公关营销的专业化海外公关营销人才；五是要加快培养一批具有外交学、传播学、心理学及其他人文社会科学背景、具备

[①] 杨亦鸣、赵晓群主编：《"一带一路"沿线国家语言国情手册》，商务印书馆2016年版，前言第1页。

[②] 《零点智库：围绕"一带一路"做好"点穴式"公共外交》，零点研究咨询集团网站，2015年12月10日，http：//www.horizon-china.com/page/4113。

较高理论研究能力和政策水平、能够为政府决策提供政策咨询和建议的科学研究人才；六是要加快培养一批了解海外公众需求、中西方文化和艺术形式及具有良好业务素养和扎实专业技能的国际文化传播人才。

五 投入保障机制

公共外交是一项花销颇巨的工作，公共外交的效果在很大程度上有赖于人、财、物等各类资源的投入。因此，政府不仅要规划公共外交项目，而且还需为公共外交活动和项目的开展实施提供充足的经费支持。从国际上看，开展现代公共外交活动较早的西方国家就十分注重对公共外交领域的资金投入。例如，2003年，美国国会通过法案，将公共外交领域的经费预算每年增加4.97亿美元。到2004年，美国公共外交领域的经费预算已达到10亿美元。除此之外，英国、德国、法国目前每年用于公共外交领域的经费也都超过了10亿美元。在"一带一路"公共外交实践中，无论是进行"一带一路"国际信息传播，还是开展"一带一路"国际公关和人文交流都需要一定数量的资金投入。因此，需要通过建立相应的投入保障机制来为"一带一路"公共外交的顺利开展和实施提供经费保障。具体来说，一方面要建立经费资助机制，对"一带一路"信息传播、国际公关和人文交流活动提供资金支持。另一方面要建立经费筹措机制，大力拓展资金来源渠道，保障"一带一路"公共外交资金供给。目前，我国推进"一带一路"建设主要有五大资金平台，分别是中国—东盟投资合作基金（2010年由中国进出口银行连同国内外多家投资机构共同出资设立，一期募集资金10亿美元，目标规模为100亿美元）、中国—东盟海上合作基金（2011年由中国政府为推进双方务实合作设立，资金规模为30亿人民币）、中国—欧亚经济合作基金（2014年由中国进出口银行和中国银行发起设立，资金规模为50亿美元）、亚洲基础设施投资银行（2014年由中国政府发起成立，亚投行法定资本为1000亿美元）、丝路基金（2014年由中国政府设立，资本规模为400亿美元）。除此之外，中国地方政府和企业为推动"一带一路"建设也纷纷出资设立相关基金。例如，2015年，江苏省财政厅、省商务厅和苏豪控股集团合作设立江苏"一带一路"投资基金（首期规模30亿人民币）、广西联合中国建设银行发起设立总规模为500亿人民币的广西丝路产业发展基金。

保障"一带一路"公共外交资金供应，一是要充分利用好上述各类"一带一路"建设政府类基金，二是要广泛吸纳民间资金和国际资本，由政府牵头设立各类"一带一路"建设民间性基金，实现"一带一路"公共外交资金供给多元化。

结　　语

"一带一路"倡议是对古丝绸之路的传承和提升，它顺应了时代的要求和各国加快发展的愿望，为世界提供了一个具有广泛包容性的发展平台，开辟了各国交往新路径，搭建起国际合作的新框架，汇集着人类共同发展的最大化约数。正如习近平主席指出，"丝绸之路是历史留给我们的伟大财富。'一带一路'倡议是中国根据古丝绸之路留下的宝贵启示，着眼于各国人民追求和平与发展的共同梦想，为世界提供的一项充满东方智慧的共同繁荣发展的方案。"[①] "一带一路"倡议提出以来，国际社会对"一带一路"倡议的认知和评价总体积极，"一带一路"建设在探索中前进、在发展中完善、在合作中成长。目前，已有150多个国家和30多个国际组织同中国签署共建"一带一路"合作协议。在各国高层的引领和有关各方的共同努力下，"一带一路"建设从理念转化为行动，从愿景转变为现实，在多个方面取得积极成果——金融支撑机制开始发挥作用、产能合作加快推进、贸易投资大幅增长、中欧班列品牌业已形成、经济走廊建设取得重要进展、互联互通网络逐步成型。然而，在"一带一路"建设过程中，国际社会和"一带一路"域内外国家对"一带一路"倡议的疑虑、误解和责难始终存在，"一带一路"倡议在"一带一路"域内外国家的传播效果和社会民意基础与预期目标也存在较大差距。对外传播好、展示好、宣介好"一带一路"倡议，增进国际社会和"一带一路"域内外国家公众对"一带一路"倡议及中国的理解、认同、信任和支持，推进"一带一路"民心相通，公共外交是最有效的方式。因此，有必要围绕"一带一路"建设向"一带一路"域内外国家公众开展

[①] 习近平：《携手共创丝绸之路新辉煌——在乌兹别克斯坦最高会议立法院的演讲》，《人民日报》2016年6月23日第2版。

和实施"一带一路"公共外交。

　　总之，在"一带一路"各领域合作稳步推进的背景下，开展和实施"一带一路"公共外交，为"一带一路"建设和中国发展营造良好的国际舆论氛围与外部环境、奠定坚实的社会基础与民意基础变得尤为重要。鉴于此，本书从概念界定、实施环境、战略规划、实践路径等方面对"一带一路"公共外交进行了初步探讨。然而，作为一项新的研究议题和长期的基础性工作，"一带一路"公共外交仍有诸多理论性和现实性问题有待进一步研究，例如"一带一路"公共外交理论体系和政治支援体系的构建、"一带一路"公共外交多元主体间的互动、国际组织与"一带一路"公共外交的联系、丝路文明的发掘、创新与传播等。因此，理论界和学术界有必要对"一带一路"公共外交展开进一步研究，以充分发挥"一带一路"公共外交在"一带一路"建设中的推动作用。最后需要说明的是，共建"一带一路"对于实现中华民族伟大复兴中国梦、维护全球自由贸易体系与开放型世界经济、推动全球治理体系公正合理变革与世界文明深度交流融合具有重要意义。在这一过程中，公共外交不能缺位，也不应缺位。

参考文献

一　中文著作

《胡锦涛文选》，人民出版社2016年版。
《建国以来重要文献选编》（第十九册），中央文献出版社2011年版。
《江泽民文选》，人民出版社2006年版。
《列宁全集》，人民出版社1990年版。
《列宁专题文集·论资本主义》，人民出版社2009年版。
《马克思恩格斯文集》，人民出版社2009年版。
《马克思恩格斯选集》，人民出版社2012年版。
《十六大以来重要文献选编》（上），中央文献出版社2011年版。
《十七大以来重要文献选编》（上），中央文献出版社2009年版。
《习近平谈治国理政》（第二卷），外文出版社2017年版。
《习近平谈治国理政》，外文出版社2014年版。
《习近平总书记系列重要讲话读本》（2016年版），学习出版社、人民出版社2016年版。
《习近平新时代中国特色社会主义思想学习纲要》，学习出版社、人民出版社2019年版。
《习近平外交思想学习纲要》，人民出版社、学习出版社2021年版。
习近平：《决胜全面建成小康社会　夺取新时代中国特色社会主义伟大胜利——在中国共产党第十九次全国代表大会上的报告》，人民出版社2017年版。
习近平：《高举中国特色社会主义伟大旗帜　为全面建设社会主义现代化国家而团结奋斗——在中国共产党第二十次全国代表大会上的报告》，人民出版社2022年版。

《"一带一路"国际合作高峰论坛重要文辑》,人民出版社2017年版。
《中华人民共和国国务院新闻办公室·中国的对外援助》,人民出版社 2011年版。
北京外国语大学公共外交研究中心编:《中国公共外交研究报告》(2011/2012),时事出版社2012年版。
陈观瑜:《公共关系教程新编》,中山大学出版社2005年版。
陈昊苏、张胜军主编:《民间外交与大国崛起》,凤凰出版社2011年版。
陈一收主编:《网络公关》,北京大学出版社2013年版。
程曼丽:《国际传播学教程》,北京大学出版社2006年版。
龚书铎主编:《中国文化发展史》(秦汉卷),山东教育出版社2013年版。
龚书铎主编:《中国文化发展史》(隋唐卷),山东教育出版社2013年版。
郭树勇:《从国际主义到新国际主义——马克思主义国际关系思想发展研究》,时事出版社2006年版。
郭业洲:《"一带一路"民心相通报告》,人民出版社2018年版。
国家信息中心"一带一路"大数据中心:《"一带一路"大数据报告》(2017),商务印书馆2017年版。
国家信息中心"一带一路"大数据中心:《"一带一路"大数据报告》(2018),商务印书馆2018年版。
韩方明主编:《公共外交概论》(第二版),北京大学出版社2012年版。
韩召颖:《输出美国:美国新闻署与美国公众外交》,天津人民出版社2000年版。
胡正荣等主编:《世界主要媒体的国际传播战略》,中国传媒大学出版社2011年版。
黄达强、刘怡昌主编:《行政学》,中国人民大学出版社1988年版。
黄枝连:《亚洲的华夏秩序:中国与亚洲国家关系形态论》,中国人民大学出版社1992年版。
柯银斌、包茂红主编:《中国与东南亚国家公共外交》,新华出版社2012年版。
孔德元、张岩松、吕少平:《政府与公关》,青岛出版社1996年版。
兰州理工大学丝绸之路文史研究所编:《丝绸之路体育文化论集》(续),甘肃教育出版社2008年版。
李彬主编:《大众传播学》,中央广播电视大学出版社2000年版。

李德芳：《全球化时代的公共外交》，中国社会科学出版社 2014 年版。
李华：《国际组织公共外交研究》，时事出版社 2014 年版。
李永全、王晓泉：《"一带一路"建设发展报告》（2017），社会科学文献出版社 2017 年版。
李智：《文化外交：一种传播学的解读》，北京大学出版社 2005 年版。
梁启超：《梁启超论中国文化史》，商务印书馆 2012 年版。
梁漱溟：《东西文化及其哲学》，商务印书馆 2005 年版。
林梅村：《丝绸之路考古十五讲》，北京大学出版社 2006 年版。
刘鸿武、黄梅波：《中国对外援助与国际责任的战略研究》，中国社会科学出版社 2013 年版。
刘卫东、田锦尘、欧晓理：《"一带一路"战略研究》，商务印书馆 2017 年版。
刘伟：《读懂"一带一路"蓝图》，商务印书馆 2017 年版。
鲁曙明、洪浚浩编：《传播学》，中国人民大学出版社 2007 年版。
欧亚、王朋进：《媒体应对——公共外交的传播理论与实务》，时事出版社 2011 年版。
秦玉才、周谷平、罗卫东主编：《"一带一路"读本》，浙江大学出版社 2015 年版。
石云涛：《丝绸之路的起源》，兰州大学出版社 2014 年版。
司马迁：《史记（卷 123）·大宛列传》，中华书局 1999 年版。
檀有志：《美国对华公共外交战略》，时事出版社 2011 年版。
王庚年：《国际传播：探索与构建》，中国国际广播出版社 2009 年版。
王庚年主编：《国际传播发展战略》，中国传媒大学出版社 2011 年版。
王辉耀、苗绿：《海外华侨华人专业人士报告》（2014），社会科学文献出版社 2014 年版。
王辉耀主编：《中国国际移民报告》（2015），社会科学文献出版社 2015 年版。
王义桅：《"一带一路"：机遇与挑战》，人民出版社 2015 年版。
王逸舟：《西方国际政治学：历史与理论》（第二版），上海人民出版社 2007 年版。
文君：《公共外交与人文交流案例》，世界知识出版社 2013 年版。
吴友富：《中国国际形象的塑造和传播》，复旦大学出版社 2009 年版。

许利平主编:《当代周边国家的中国观》,社会科学文献出版社2013年版。
杨建新、卢苇:《丝绸之路》,甘肃人民出版社1988年版。
杨亦鸣、赵晓群主编:《"一带一路"沿线国家语言国情手册》,商务印书馆2016年版。
袁正清:《国际政治理论的社会学转向:建构主义研究》,上海人民出版社2005年版。
臧具林、陈卫星主编:《国家传播战略》,中国传媒大学出版社2011年版。
翟崑、王继民:《"一带一路"沿线国家五通指数报告》(2017),商务印书馆2018年版。
张洁主编:《中国周边安全形势评估(2015):"一带一路"与周边战略》,社会科学文献出版社2015年版。
张克非:《公共关系学》,高等教育出版社2001年版。
张念宏主编:《公共关系辞典》,中国国际广播出版社1989年版。
赵可金:《公共外交的理论与实践》,上海辞书出版社2007年版。
赵可金:《软战时代的中美公共外交》,时事出版社2011年版。
赵启正:《公共外交与跨文化交流》,中国人民大学出版社2011年版。
赵启正、雷蔚真主编:《中国公共外交发展报告》(2015),社会科学文献出版社2015年版。
赵启正主编:《公共外交战略》,学习出版社2014年版。
中国人民大学重阳金融研究院编:《欧亚时代——丝绸之路经济带研究蓝皮书2014—2015》,中国经济出版社2014年版。
中国现代国际关系研究院编:《"一带一路"读本》,时事出版社2015年版。
周弘主编:《中国外援60年》,社会科学文献出版社2013年版。
周庆山:《传播学概论》,北京大学出版社2004年版。
周伟洲、丁景泰主编:《丝绸之路大辞典》,陕西人民出版社2006年版。
[澳]马克林:《我看中国——1949年以来中国在西方的形象》,张勇等译,中国人民大学出版社2013年版。
[保]亚历山大·利洛夫:《文明的对话:世界地缘政治大趋势》,马细谱等译,社会科学文献出版社2007年版。
[德]哈拉尔德·米勒:《文明的共存:对塞缪尔·亨廷顿"文明冲突论"的批判》,郦红等译,新华出版社2002年版。

［德］尤尔根·哈贝马斯：《公共领域的结构转型》，曹卫东等译，学林出版社1999年版。

［德］尤尔根·哈贝马斯：《交往行动理论·第二卷——论功能主义理性批判》，洪佩郁等译，重庆出版社1996年版。

［俄］亚·弗·卢金：《俄国熊看中国龙：17—20世纪中国在俄罗斯的形象》，刘卓星等译，重庆出版社2007年版。

［法］达里奥·巴蒂斯特拉：《国际关系理论》（第三版修订增补本），潘革平译，社会科学文献出版社2010年版。

［法］米歇尔·福柯：《规训与惩罚》，刘北成等译，生活·读书·新知三联书店2012年版。

［法］米歇尔·福柯：《知识考古学》，谢强等译，生活·读书·新知三联书店1998年版。

［法］皮埃尔·布尔迪厄：《言语意味着什么：语言交换的经济》，刘晖等译，商务印书馆2005年版。

［加］马歇尔·加麦克卢汉：《理解媒介——论人的延伸》，何道宽译，商务印书馆2004年版。

［加］瑟乔·西斯蒙多：《科学技术学导论》，许为民等译，上海科技教育出版社2007年版。

［美］彼得·卡赞斯坦、罗伯特·基欧汉、斯蒂芬·克拉斯纳：《世界政治理论的探索与争鸣》，秦亚青等译，上海人民出版社2006年版。

［美］道·纽森、朱迪·范斯克里·杜克、迪恩·库克勃格：《公共关系本质》，于朝晖等译，复旦大学出版社2011年版。

［美］弗雷泽·西泰尔：《公共关系实务》，梁浛洁等译，机械工业出版社2004年版。

［美］汉斯·摩根索：《国家间政治：权力斗争与和平》（第七版），徐昕等译，北京大学出版社2006年版。

［美］肯尼思·华尔兹：《国际政治理论》，信强译，上海人民出版社2008年版。

［美］路易斯·戴蒙德、约翰·麦克唐纳：《多轨外交：通向和平的多体系途径》，李永辉等译，北京大学出版社2006年版。

［美］罗伯特·福特纳：《国际传播："地球都市"的历史、冲突与控制》，刘利群译，华夏出版社2000年版。

［美］罗伯特·基欧汉：《霸权之后：世界政治经济中的合作与纷争》，苏长和等译，上海人民出版社2006年版。

［美］罗伯特·基欧汉编：《新现实主义及其批判》，郭树勇译，北京大学出版社2002年版。

［美］尼古拉斯·亨利：《公共行政与公共事务》，项龙译，华夏出版社2002年版。

［美］塞缪尔·亨廷顿：《变化社会中的政治秩序》，王冠华等译，上海人民出版社2008年版。

［美］塞缪尔·亨廷顿：《文明的冲突与世界秩序的重建》，周琪等译，新华出版社2012年版。

［美］沃尔特·李普曼：《公众舆论》，阎克文等译，上海人民出版社2006年版。

［美］小约瑟夫·奈、［加拿大］戴维·韦尔奇：《理解全球冲突与合作：理论与历史》，张小明译，上海人民出版社2012年版。

［美］亚历山大·温特：《国际政治的社会理论》，秦亚青译，上海人民出版社2008年版。

［美］伊曼纽尔·沃勒斯坦：《现代世界体系》，郭方等译，社会科学文献出版社2013年版。

［美］约瑟夫·奈：《软力量——世界政坛成功之道》，吴晓辉等译，东方出版社2005年版。

［美］约瑟夫·奈：《软实力》，马娟娟译，中信出版社2013年版。

［美］詹姆斯·多尔蒂、小罗伯特·普法尔茨格拉夫：《争论中的国际关系理论》（第五版），阎学通等译，世界知识出版社2013年版。

［美］詹姆斯·格鲁尼格等：《卓越公共关系与传播管理》，卫五名等译，北京大学出版社2008年版。

［日］金子将史、北野充：《公共外交："舆论时代"的外交战略》，《公共外交》翻译组译，外语教学与研究出版社2010年版。

［日］汤川秀树：《现代科学与人类》，乌云其其格译，上海辞书出版社2010年版。

［日］中冈成文：《哈贝马斯——交往行为》，王屏译，河北教育出版社2001年版。

［意］安东尼奥·葛兰西：《狱中书简》，田时纲译，人民出版社2007

年版。
［意］安东尼奥·葛兰西：《狱中札记》，葆煦译，人民出版社1983年版。
［英］安妮·格里高利编：《公共关系实践》，张婧等译，北京大学出版社2008年版。
［英］达雅·屠苏：《国际传播：延续与变革》，董关鹏译，新华出版社2004年版。
［英］大卫·菲尔普斯：《网络公关》，陈刚等译，北京大学出版社2005年版。
［英］杰夫·贝里奇：《外交理论与实践》，庞中英译，北京大学出版社2005年版。
［英］萨姆·布莱克：《公共关系学新论》，陈志云等译，复旦大学出版社2000年版。

二　中文论文

仇华飞：《美国学者视角下的中国"一带一路"构想》，《国外社会科学》2015年第6期。
付瑞红：《"一带一路"与公共外交在东南亚地区的互动发展分析》，《广西社会科学》2016年第9期。
龚婷：《"一带一路"：国际舆论反应初探及应对建议》，《对外传播》2015年第3期。
郭宪纲、姜志达：《"民心相通"：认知误区与推进思路——试论"一带一路"建设之思想认识》，《和平与发展》2015年第5期。
韩方明：《公共外交与民间外交的特点分析》，《公共外交季刊》2013年春季号。
韩方明：《中国公共外交：趋势、问题与建议》，《公共外交季刊》2012年春季号。
何亚非：《宗教是中国公共外交的重要资源》，《公共外交季刊》2015年春季号。
何增科：《市民社会概念的历史演变》，《中国社会科学》1994年第5期。
胡昊、王栋：《推动中国民间组织积极参与"一带一路"建设》，《公共外交季刊》2014年第7期。
黄星原：《积极探索中国公共外交新思路》，《现代传播》2011年第8期。

黄燕：《"一带一路"的对外报道刍议》，《对外传播》2015年第4期。

孔寒冰：《加强战略互信，夯实丝绸之路经济带的社会基础》，《当代世界》2014年第5期。

寇立研、周冠宇：《"一带一路"对外传播需要把握的十对关系》，《对外传播》2015年第3期。

李志永：《公共外交相关概念辨析》，《外交评论》2009年第2期。

李自国：《"一带一路"愿景下民心相通的交融点》，《新疆师范大学学报》2016年第3期。

刘德斌：《公共外交时代》，《吉林大学社会科学学报》2015年第3期。

卢新宁：《讲好丝绸之路的现代故事》，《对外传播》2015年第4期。

裴勇：《发挥宗教优势　助力"一带一路"建设》，《中国宗教》2015年第6期。

沈雁昕：《2015年境外媒体关于"一带一路"的评述》，《红旗文稿》2016年第1期。

宋黎磊、王义桅：《中国对欧公共外交：目标、进展与挑战》，《现代国际关系》2011年第8期。

孙存良、李宁：《"一带一路"人文交流：重大意义、实践路径和建构机制》，《国际援助》2015年第2期。

孙敬鑫：《"一带一路"建设面临的国际舆论环境》，《当代世界》2015年第4期。

谭峰：《"一带一路"话语体系建构的两大转变》，《对外传播》2015年第4期。

唐小松：《公共外交：信息化时代的国家战略工具》，《东南亚研究》2004年第6期。

唐小松：《中国公共外交的发展及其体系构建》，《现代国际关系》2006年第2期。

唐小松、王义桅：《公共外交对国际关系理论的冲击：一种分析框架》，《欧洲研究》2003年第4期。

唐小松、王义桅：《国外对公共外交的探索》，《国际问题研究》2005年第1期。

唐小松、张自楚：《中国对周边"一带一路"沿线国家的公共外交》，《教学与研究》2016年第6期。

王秋彬:《开展"一带一路"公共外交的思考》,《理论视野》2015 年第 6 期。

王义桅:《中国公共外交的三重使命》,《公共外交通讯》2010 年春季号。

吴白乙:《公共外交:中国外交变革的重要一环》,《国际政治研究》2010 年第 3 期。

杨洁篪:《努力开拓中国特色公共外交新局面》,《求是》2011 年第 4 期。

姚遥:《推进周边公共外交:理念、问题与对策》,《国际问题研究》2014 年第 6 期。

张弛:《"一带一路"战略视角下构建中阿公共外交体系初探》,《回族研究》2015 年第 2 期。

赵可金:《中国崛起方略中的公共外交》,《当代世界》2012 年第 5 期。

赵启正:《公共外交:中国公民向"世界公民"的身份转变》,《时事报告》2010 年第 1 期。

钟龙彪、王俊:《中国公共外交的演进:内容与形式》,《外交评论》2006 年第 3 期。

钟新、邝西曦:《新丝绸之路外交:促进中国与周边国家多主体之间良性互动》,《公共外交季刊》2014 年第 7 期。

周凯:《全球化背景下"一带一路"建设的对外传播》,《对外传播》2015 年第 3 期。

周鑫宇:《公共外交的"高政治"探讨:权力运用与利益维护》,《世界经济与政治》2015 年第 2 期。

三 英文文献

Alexander Wendt, "Anarchy is What States Make of It: The Social Construction of Power Politics", *International Organization*, Vol. 46, No. 2, 1992.

Allen C. Hansen, *USIA: Public Diplomacy in the Computer Age*, New York: Praeger, 1989.

Amrita Jash, "China's 'One Belt, One Road': A Roadmap to 'Chinese Dream'?" IndraStra Global, No. 2, 2016.

Anna Tiedeman, "Islamic Republic of Iran Broadcasting: Public Diplomacy or Propaganda?" *Al Nakhlah*, Spring 2005.

Antony J. Blinken, "Winning the War of Ideas", *The Washington Quarterly*,

Vol. 25, No. 2, Spring 2002.

Christopher W. S. Ross, "Public Diplomacy Comes of Age", *The Washington Quarterly*, Vol. 25, No. 2, Spring 2002.

C. Raja Mohan, "Chinese Takeaway: One Belt, One Road", *Indian Express*, August 13, 2014, http://indianexpress.com/article/opinion/columns/chinese-takeaway-onebelt-one-road/99/.

C. Raja Mohan, "Silk Road Focus: Chinese Takeaway", *Indian Express*, March 10, 2015, http://indianexpress.com/article/opinion/columns/chinese-takeaway-15/99/.

Denis McQuail, *McQuail's Mass Communications Theory: An introduction*, 4th ed, London: Sage Publications Ltd., 2000.

Edward Kaufman, "A Broadcasting Strategy to Win Media Wars", *The Washington Quarterly*, Vol. 25, No. 2, Spring 2002.

Erica Marat, "Domestic Challenges, International Opportunities: Understanding Security Cooperation in Central Asia", *Asia Policy*, No. 16, July 2013.

Fernanda Ilhéu, "New Silk Road: Trade and Investment Perspectives for EU and New Partnerships", Cesa Working Papers, September 2016.

Geoffrey Cowan and Amelia Arsenault, "Moving from Monologue to Dialogue to Collaboration: The Three Layers of Public Diplomacy", *The Annals of the American Academy of Political and Social Science*, Vol. 616, Public Diplomacy in a Changing World, 2008.

Geoffrey Wade, "China Tries to Rebuild Regional Trust With Maritime Silk Road", *World Politics Review*, September 12, 2014.

Hans N. Tuch, *Communicating with the World: US Public Diplomacy Overseas*, New York: St. Martin's Press, 1990.

Herbert I. Schiller, *Mass Communications and American Empire*, Boston: Beacon Press, 1971.

James McBride, "Building the New Silk Road", CFR Backgrounders, May 25, 2015, http://www.cfr.org/asia-and-pacific/building-new-silk-road/p36573.

Jan Melissen ed., *The New Public Diplomacy Soft Power in International Relations*, New York: Palgrave Macmillan, 2005.

Joanicjusz Nazarko, Katarzyna Anna Kuzmicz, Katarzyna Czerewacz-Filipowicz, "The New Silk Road-Analysis of the Potential of New Eurasian Transport Corridors", *Business & Management*, 2016, http: //depot. ceon. pl/handle/123456789/9636? locale-attribute = pl.

John J. Mearsheimer, "Hearts and Minds", *The National Interest*, No. 69, Fall 2002.

John Moss and Linda M. Morra, *At the Speed of Light There is Only Illumination: A Reappraisal of Marshall McLuhan*, Ottawa: University of Ottawa Press, 2004.

Joseph S. Nye, Jr., "Public Diplomacy and Soft Power", *The Annals of the American Academy of Political and Social Science*, Vol. 616, 2018.

Joseph S. Nye, Jr., *Soft Power: The Means to Success in World Politics*, New York: Public Affairs, 2004.

Justyna Szczudlik-Tatar, "China's New Silk Road Diplomacy", PISM Policy Paper, Vol. 82, No. 34, December, 2013.

Kazuo Ogoura, "Japan's Cultural Diplomacy, Past and Present", March 2009, http: //www. jripec. aoyama. ac. jp/english/publication/pdf/japans_cultural_diplomacy. pdf.

Kenneth W. Thompson, ed., *Rhetoric and Public Diplomacy: The Stanton Report Revisited*, Lanham, Md. : University Press of America, 1987.

Lamis Andoni, "Deeds Speak Louder than Words", *The Washington Quarterly*, Vol. 25, No. 2, Spring 2002.

Lucio Blanco Pitlo Ⅲ, Amruta Karambelkar, "India's Perception and Response to China's 'One Belt, One Road' Initiative: Views From Indian Mainstream Media", *Asian Politics & Policy*, Vol. 7, No. 4, 2015.

M. Akif Hamid, Z. Huma Hameed, "Pakistans Print Media Presentation of Pakistan China Relation and New Silk Route Corridor Project: A Case Study of Chinese President Xi JinPing Visit Days", *Journal of Political Sciences & Public Affairs*, Vol. 4, No. 1, 2016.

Marcin Kaczmarski, Witold Rodkiewicz, "Russia's Greater Eurasia and China's New Silk Road: Adaptation Instead of Competition", OSW Commentary, July 21, 2016, https: //www. osw. waw. pl/en/publikacje/osw-commentary/2016 - 07 - 21/russias-greater-Eurasia-and-chinas-new-silk-road-adaptation.

Mark Leonard, *Public Diplomacy*, London: Foreign Policy Centre, 2002.

Marshall McLuhan, *Understanding Medina: The Extensions of Man*, London: Routledge & KeganPaul, 1964.

Mette Lending, *Change and Renewal: Norwegian Foreign Cultural Policy 2001 – 2005*, Oslo: Royal Norwegian Ministry of Foreign Affairs, 2000.

Michele Penna, "China's Marshall Plan: All Silk Roads Lead to Beijing?", *World Politics Review*, December 9, 2014.

Min Ye, "China's Silk Road Strategy", *Foreign Policy*, November 10, 2014, http://foreignpolicy.com/2014/11/10/chinas-silk-road-strategy/.

Muhammad Saqib Irshad, Qi Xin, Hamza Arshad, "One Belt and One Road: Dose China-Pakistan Economic Corridor Benefit for Pakistan's Economy?", *Journal of Economics and Sustainable Development*, Vol. 6, No. 24, 2015.

Nadège Rolland, "China's New Silk Road", Washington DC: National Bureau of Asian Research, 2015, http://www.nbr.org/research/activity.aspx?id=531.

Nicola Casarini, "When All Roads Lead to Beijing. Assessing China's New Silk Road and its Implications for Europe", *The International Spectator*, Vol. 51, No. 4, 2016.

Peter Ferdinand, "Westward ho-the China Dream and 'One Belt, One Road': Chinese Foreign Policy under Xi Jinping", *International Affairs*, Vol. 92, No. 4, 2016.

Peter G. Peterson, "Public Diplomacy: A Strategy for Reform", Council on Foreign Relations, July 30, 2002, http://www.cfr.org/diplomacy-and-statecraft/public-diplomacy-strategy-reform/p4697.

Peter G. Peterson, "Public Diplomacy and the War on Terrorism", *Foreign Affairs*, Vol. 81, No. 5, September/October, 2002.

Pierre Pahlavi, "Understanding Iran's Media Diplomacy", *Israel Journal of Foreign Affairs*, Vol. 2, 2012, pp. 21 – 33.

Rachel Brown, "Where Will the New Silk Road Lead? The Effects of Chinese Investment and Migration in Xinjiang and Central Asia", *Journal of Politics & Society*, Vol. 26, No. 2, 2016.

Ralph Cossa and Brad Glosserman, "A Tale of Two Tales: Competing Narratives in the Asia Pacific", PacNet No. 84, Pacific Forum CSIS, December 1, 2014, http://csis.org/files/publication/Pac1484.pdf.

Robert Kahn, "A Bank Too Far?" Washington DC: Council on Foreign Relations, March 17, 2015, http://www.cfr.org/global-governance/bank-too-far/p36290.

Robert Lawrence Kuhn, "The 'Silk Road Economic Belt' Strategy: Actualizing President Xi Jinping's Foreign Policy", ChinaGoAbroad, June 20, 2014, http://www.chinagoabroad.com/en/commentary/15952.

Royce J. Ammon, *Global Television and the Shaping of World Politics: CNN, Telediplomacy, and Foreign Policy*, Jefferson, NC: Mcfarland & Company, Inc., 2001.

Shannon Tiezzi, "The New Silk Road: China's Marshall Plan?", *The Diplomat*, November 6, 2014.

Simon Denyer, "China Bypasses American 'New Silk Road' with Two if Its Own", *The Washington Post*, October 14, 2013.

Sook Jong Lee and Jan Melissen, ed., *Public Diplomacy and Soft Power in East Asia*, New York: Palgrave Macmillan, 2011.

Theresa Fallon, "The New Silk Road: Xi Jinping's Grand Strategy for Eurasia", *American Foreign Policy Interests*, Vol. 37, No. 3, 2015.

Tim O'Sullivan ed., *Key Concepts in Communication and Cultural Studies*, London: Routledge & Kegan Paul, 1994.

Toshiya Nakamura, "Japan's New Public Diplomacy: Coolness in Foreign Policy Objectives", March 2013, http://www.lang.nagoya-u.ac.jp/media/public/mediasociety/vol5/pdf/nakamura.pdf.

Walter Roberts, "What Is Public Diplomacy? Past Practices, Present Conduct, Possible Future", *Mediterranean Quarterly*, Vol. 18, No. 4, 2007.

Wendell Minnick, "China's 'One Belt, One Road' Strategy", *Defense News*, April 12, 2015.

William Yale, "China's Maritime Silk Road Gamble", *The Diplomat*, April 22, 2015.

索　引

C

草原之路　157

D

第三部门　137－139，144

G

公共物品　77，78，132
公民社会　20，24，38，44，46，47，55，62－64，89
古代丝绸之路　76，77，95－98，100－103，109－112，188，239，249
国际传播　17，22，33，49，50，64－67，70，71，120－122，139，147，148，174，175，187，206，214，215，217，219，220，223，224，227，228，262
国际公关　4，17，21，22，28，33，36，70，71，86，160，162，214，228－231，237－240，262，263
国家利益　3，4，15，24，26－31，33，34，42，49－51，57，66，67，69，75，83，87，103，109，118，136，167，233
国家形象　4，24，26，28，35，39，43，50，51，58，69，89，128，129，136，138，139，154，166，167，171，175，178，187，190－193，195，238，245，247

H

海上丝绸之路　1，2，11，76，82，95－99，101，134，221，249－251，255
互联互通　1，2，76－79，82，108，110，122，186，218，221，246，258，265
话语权　9，22，37，50，78，84，120，214－220，222，223，227，228

J

街头政治 153, 154

L

利益共同体 19, 21, 76–78, 80, 107–110, 170, 221, 251

M

马歇尔计划 5, 170, 174, 221
贸易畅通 3, 76, 78
媒体公众 68, 91, 92, 94, 231
民粹主义 155
民心相通 3–5, 7, 8, 17, 24, 75, 76, 78, 85, 186, 240, 241, 243–245, 247, 248, 250, 252, 257, 258, 260, 265
民主转型 152

O

欧亚经济联盟 157

P

普力夺社会 153

Q

巧实力 140
全球治理 3, 77–79, 85, 89, 92, 127, 220, 266

R

人类命运共同体 2, 6, 8, 108, 115, 118, 119
软实力 16, 19, 21, 28, 29, 31, 34, 37, 43, 50, 56, 69, 114, 120, 125, 126, 129, 130, 132–134, 141, 167, 201, 205, 220

S

设施联通 3, 76
丝绸之路经济带 1, 2, 8, 76, 221
丝路基金 2, 263

W

危机管控 19, 169, 181–184
文明冲突 35
文明共同体 19, 21, 108, 110–112
文明互鉴 79, 101, 250

X

新型大国关系 61, 118, 119, 123
新型国际关系 61, 115, 118, 119, 123
信息管理 72, 73, 75

Y

亚洲基础设施投资银行 2, 78, 83, 122, 132, 263
亚洲命运共同体 108
意见领袖 20, 22, 50, 91–94,

102，164，176，215，226－228，231
游说外交　22，232

Z

责任共同体　76－78，80，107，108，170，221，251
战略沟通　20，22，72－75，238，239
正确义利观　61，115，117，118

政策沟通　3，76，78，244，247，259，260
中阿命运共同体　108
中国—东盟命运共同体　1，107
中国梦　10，85，115，116，120，125，257，266
中国式现代化　131
中国威胁论　155，174
中拉命运共同体　108
资金融通　3，76

后　　记

本书是在我的博士学位论文的基础上修改而成的。本书保留了论文的主要内容，只在结构上做了个别调整，并补充了一些新的资料和新的思考。本书也是我承担的教育部人文社会科学研究青年基金项目"新时代中国特色周边公共外交战略研究"和中央高校基本科研业务费专项资金项目"马克思主义国际合作观研究"的阶段性成果。

2011 年我保送本校兰州大学攻读硕士学位，师从张新平教授从事国际关系理论与中美关系的研究。2014 年硕士毕业后，我继续跟随张老师攻读博士学位，从事马克思主义国际关系理论与中国外交的研究。博士阶段开始后，我结合自己的研究基础和研究兴趣，选择了"一带一路"作为研究方向。经过与张老师协商沟通，我最终将"一带一路"公共外交作为博士学位论文选题。在张老师的精心指导下，我顺利完成学位论文并通过专家评审，论文也先后获评"兰州大学优秀学位论文""甘肃省优秀学位论文"。

2019 年我将博士学位论文申请了中国社会科学出版社《中国社会科学博士论文文库》。经过中国社会科学出版社专家评审，我的博士学位论文成功入选并得以出版。在书稿付梓之际，谨向多年来对我学习、工作，尤其是博士学位论文写作和出版提供指导、帮助、关怀的领导、师长、家人致以最诚挚的感谢。

感谢我的导师、兰州大学马克思主义学院张新平教授。能成为张老师的学生，听老师耳提面命之教诲，受老师春风化雨之关怀，是一件莫大的幸事。在兰大求学和工作的十余年里，张老师不仅在学业和工作上给予我悉心指导，亦在生活上给予我无微关照，我的每一件人生大事几乎都受到了张老师的挂念和帮助，让我独在异乡却备感亲切、温暖和眷恋。张老师渊博的学识修养、严谨的治学态度、崇高的师德风范、宽厚的处世原则始终为我所敬重和仰慕。在论文写作过程中，张老师在论文选题、标题拟定、结构安排、内容阐释、行文规范等方面都提出了具体的指导意见，耗费了他大量心血。在论文出版过程中，张老师多次询问出版进展，并叮嘱我认真修改、仔细完善。正是在张老师的指导下，我的论文才能够顺利完成和出版。师恩厚重，无以为报，唯当在今后的学习、工作和生活中以老师为榜样，不忘教育初心、牢记育人使命，上下求索、奋勇向前，以期不辜负老师的期盼和培养。

感谢杨恕教授、王学俭教授、王维平教授、刘先春教授、倪国良教授、马云志教授、蔡文成教授、杨宏伟教授、蒙慧教授、丁志刚教授等老师对我的授业和教导。老师们不辞辛劳地授业和教导不仅使我在专业知识方面收获颇丰，更让我学到了许多学术研究的思想和方法，他们对我博士学位论文提出的有益建议也使我在写作过程中避免了许多漏洞与错误。同时，感谢赵泽斌书记、蒋慕群老师以及马克思主义学院其他老师对我的指导、关心和鼓励。

感谢兰州大学社科处、马克思主义学院各位领导在本书出版过程中给予的支持。感谢兰州大学"双一流"建设资金人文社科类图书出版经费对本书的资助以及社科处李树军老师提供的热情帮助。

我的大学同学、中国社会科学院世界经济与政治研究所郭枭博士为本书出版做了大量工作，并提出了宝贵修改意见，向他表示衷心感谢。此外，还要感谢中国社会科学出版社侯聪睿编辑，正是因为她专业、细致的工作，本书才能顺利出版。

在本书的写作过程中，我还吸收借鉴了国内外相关领域专家学者的研究成果，在此一并表示感谢。

最后，感谢父母的辛勤养育。三十年来，父母任劳任怨的付出和默默无闻的支持始终是我不断前行的精神动力。谨以此书献给我的父母，感谢父母的养育之恩。

由于学识和能力所限，书中难免存在诸多纰漏和差错，恳请各位专家、学者批评指正。

杨荣国
2021年3月于兰州